东盟区域国别研究丛书（第一辑）
孙杰远 宋树祥 总主编

马来西亚国际经贸地理

唐礼智　唐　燕　张学龙　著

厦门大学出版社
国家一级出版社
全国百佳图书出版单位

图书在版编目(CIP)数据

马来西亚国际经贸地理 / 唐礼智，唐燕，张学龙著.
厦门：厦门大学出版社，2024.7. -- (东盟区域国别
研究丛书 / 孙杰远，宋树祥总主编). -- ISBN 978-7
-5615-9433-9

Ⅰ.F753.388
中国国家版本馆 CIP 数据核字第 20241M1D92 号

责任编辑	潘　瑛
美术编辑	蒋卓群
技术编辑	朱　楷

出版发行　厦门大学出版社
社　　址　厦门市软件园二期望海路 39 号
邮政编码　361008
总　　机　0592-2181111　0592-2181406(传真)
营销中心　0592-2184458　0592-2181365
网　　址　http://www.xmupress.com
邮　　箱　xmup@xmupress.com
印　　刷　厦门集大印刷有限公司

开本　720 mm×1 000 mm　1/16
印张　16
插页　2
字数　240 千字
版次　2024 年 7 月第 1 版
印次　2024 年 7 月第 1 次印刷
定价　88.00 元

本书如有印装质量问题请直接寄承印厂调换

厦门大学出版社
微信二维码

厦门大学出版社
微博二维码

作者简介

唐礼智

厦门大学经济学院统计学与数据科学系教授，博士生导师。

唐　燕

厦门大学经济学院统计学与数据科学系 2022 级在读博士生。

张学龙

广西师范大学经济管理学院教授，管理学博士，管理科学与工程博士后。

前　言

这里的榴莲很出名,有100多个品种,即使每天吃1种都可以吃3个多月;这里的石油价格比水便宜,加1升汽油约合人民币2.65元,买1升矿泉水约合人民币3元;这里超过95%的人民可享用干净水源,而且全部免费;这里的大多数电梯没有4和14按钮,一般用3A代替4,用13A代替14;这里是除中国之外华文教育最为系统、中华文化保存最好的国家……这里就是马来西亚!

马来西亚(Malaysia)位于亚洲东南部,地处两大洲和两大洋的交会处,南北贯通亚洲大陆与大洋洲,东西连通太平洋与印度洋,是海上交通要道,地缘位置十分重要。与此同时,马来西亚是最早响应和积极参与共建"一带一路"倡议的国家之一。在共建"一带一路"框架下,中马两国在基础设施、文化、教育等领域开展了大量合作,如马来西亚东海岸铁路、"两国双园"等重大项目不断推进,厦门大学马来西亚分校影响力持续提升,联手打造《又见马六甲》情景体验剧等等,并且两国中小企业和民间组织在经贸、投资、文化艺术等领域也开展了更为丰富多彩的交流合作。

不过,迄今为止,国内从国际经贸地理视角阐述马来西亚经济发展的专著尚未检索到。本书的特点主要表现为:一方面,基于马来西亚特有的地域环境分析,深入挖掘产业发展和空间布局选择,而不是简单停留在概述性、一般性描述上,突出写作的系统性和逻辑性;另一方面鉴于马来西亚强烈的外向型经济特征,从营商环境比较和"一带一路"视角剖析和揭示马来西亚国际贸易、双向投资以及中马两国经贸发展规律,突出专著写作的实用性和新颖性,以期为马来西亚学术研究、商业决策以及政策咨询提供有价值的参考。

本书试图深化读者对马来西亚独特而多样化的经济地理特征，及其经济社会活动在一定地区范围内的空间分布、形成和发展规律的认识，并结合"一带一路"倡议背景，探讨中马经贸合作的现状和未来发展趋势。本书按照"地理基础—产业支撑—动力源泉—内在特征—发展互鉴"的逻辑框架推进，共分为五篇：第一篇从地理条件、自然资源、人口和政治环境四个方面阐述了马来西亚的自然地理及人文地理环境，为后续分析提供坚实的地理基础；第二篇从第一、第二、第三产业，以及海洋产业和高新技术产业五个方面详细剖析了马来西亚的产业发展和空间布局，为全面分析马来西亚国际经贸发展提供产业支撑；第三篇首先介绍营商环境的概念、内涵及评价体系，再对马来西亚的整体营商环境做出综合评价，最后分别对马来西亚各州的营商环境进行详细介绍，以期揭示马来西亚国际经贸发展的动力源泉；第四篇从国际贸易市场和结构、外国投资和对外投资、对外开放重点区域三个层面，系统探析了马来西亚国际贸易与国际投资的内在特征；第五篇基于"一带一路"倡议分析了中马经贸合作的发展历程、典型案例、合作新趋势，力图从发展互鉴的视角体现本书的参考和指导价值。另外，鉴于许多资料和数据的不可获得性，本书主要采用2021年、2022年的统计数据，少部分使用2020年、2023年的统计数据。所使用的公开数据主要来源于世界银行、CEIC全球经济数据库、中国政府官方网站以及马来西亚政府官方网站等渠道。

本书是厦门大学经济学院唐礼智教授带领研究生团队于2021—2023年疫情期间共同研讨、学习、跟踪的结果，也是厦门大学研究生校内暑期社会实践的最终结晶，后续经过不断修改以及实时的资料和数据更新，力图尽可能反映马来西亚国际经贸地理发展的最新进展。全书的写作分工具体如下：前言、第五篇第十五章（唐礼智）；第一篇、第二篇、第三篇、第四篇、第五篇第十三章、第五篇第十四章（唐礼智、唐燕）。广西师范大学经济管理学院张学龙教授在本书的架构设计、章节安排、资料引用、文字修改上提出不少有价值的、详实的写作建议。最后由唐礼智、唐燕对全书进行统稿、修改和定稿。我们特别感谢福建师范大学经济学院欧阳芳副教授在本书初步资料搜集阶段所做出的重要贡献与支持,为研究的深入开展奠定了坚实的基础。衷心感谢研究生团队的曾彩琳和习文龙(第三篇)、闫旭升(第二篇第五章第一节和第二节、第五篇第十三章)、林雪倪(第二篇第三章、第五篇第十三章)以及唐玺(第二篇第四章、第二篇第六章)等各位同学在相应章节的资料收集、数据搜寻等方面所付出的辛勤汗水与智慧。

在本书的写作与出版之路上,我们得到了多方的鼎力支持与帮助,特别感谢广西师范大学东盟区域与国别研究院、广西师范大学经济管理学院将本书列为"东盟区域国别系列丛书"之一并给予出版资助;感谢华东师范大学全球创新与发展研究院、马来西亚东盟"一带一路研究院、马来西亚《亚太财经智库》杂志社、厦门大学国际关系学院/东南亚研究中心等单位为本书提供了丰富的学术背景与精准的信息支持;感谢厦门大学出版社领导以及本书责任编辑在本书出版过程中给予的悉心指导与细致工作。在此,我们向所有在本书写作与出版过程中提供支持与帮助的单位与个人表示诚挚的感谢与崇高的敬意!

唐礼智
2024 年 6 月

目 录

第一篇　马来西亚经济发展的地域环境

第一章　马来西亚自然地理环境 003
第一节　地理条件 003
第二节　自然资源 007
第三节　自然地理环境总体评述 024

第二章　马来西亚人文地理环境 026
第一节　人口地理 026
第二节　政治环境 031
第三节　人文地理环境总体评述 033

第二篇　马来西亚产业发展和空间布局

第三章　第一产业的发展和空间分布 037
第一节　第一产业发展历程 037
第二节　种植业 039
第三节　畜牧业 052
第四节　林业 055

第四章　第二产业发展和空间分布 057
第一节　第二产业发展历程 057

第二节　能源产业……………………………………………… 062

第三节　制造业………………………………………………… 070

第四节　原材料工业…………………………………………… 078

第五章　第三产业发展和空间布局……………………………… 088

第一节　第三产业发展历程…………………………………… 088

第二节　交通运输业…………………………………………… 091

第三节　旅游业………………………………………………… 098

第四节　金融服务业…………………………………………… 109

第六章　海洋产业发展与空间布局……………………………… 119

第一节　海洋渔业……………………………………………… 119

第二节　海洋油气业…………………………………………… 122

第三节　船舶制造业…………………………………………… 123

第四节　海洋旅游业…………………………………………… 124

第七章　高新技术产业发展与空间布局………………………… 126

第一节　高新技术产业发展历程……………………………… 126

第二节　科技创新体系………………………………………… 128

第三节　生物技术产业………………………………………… 130

第四节　信息和通信技术产业………………………………… 132

第三篇　马来西亚国际营商环境评估

第八章　马来西亚营商环境评估综述…………………………… 137

第一节　营商环境评估体系介绍……………………………… 137

第二节　总体评估结果………………………………………… 143

第三节　各项指标分析………………………………………… 145

第九章　马来西亚各州营商环境介绍 ································ 163
　第一节　雪兰莪州 ·· 163
　第二节　霹雳州 ·· 165
　第三节　吉打州 ·· 168
　第四节　槟城州 ·· 170
　第五节　玻璃市州 ·· 172
　第六节　吉兰丹州 ·· 174
　第七节　登嘉楼州 ·· 175
　第八节　彭亨州 ·· 177
　第九节　柔佛州 ·· 178
　第十节　森美兰州 ·· 180
　第十一节　马六甲州 ··· 181
　第十二节　沙捞越州 ··· 183
　第十三节　沙巴州 ·· 185
　第十四节　马来西亚三个联邦直辖区 ···································· 187

第四篇　马来西亚国际贸易与投资

第十章　马来西亚国际贸易发展 ·· 193
　第一节　国际贸易发展历程 ·· 193
　第二节　主要市场和贸易结构 ··· 196

第十一章　马来西亚国际直接投资发展 ·································· 198
　第一节　马来西亚外国直接投资 ·· 198
　第二节　马来西亚对外直接投资 ·· 204

第十二章　马来西亚对外开放重点区域 ·································· 207
　第一节　五大经济发展走廊 ·· 207
　第二节　"大吉隆坡"计划 ·· 212

III

第三节　巴生港自由贸易区……………………………………… 213
第四节　数字自由贸易区…………………………………………… 214

第五篇　"一带一路"倡议下中马经贸合作

第十三章　中马经贸合作的发展概况……………………………… 219
　第一节　两国建交以来经贸发展历程…………………………… 219
　第二节　双边贸易………………………………………………… 222
　第三节　双边投资………………………………………………… 224

第十四章　"一带一路"倡议下中马经贸合作典范——"两国双园"
　　　　　新模式……………………………………………………… 226
　第一节　中马钦州产业园概况…………………………………… 226
　第二节　马中关丹产业园概况…………………………………… 229
　第三节　"两国双园"效益评价…………………………………… 231

第十五章　"一带一路"倡议下中马经贸合作新趋势……………… 238
　第一节　"一带一路"倡议下中马经贸合作机遇与挑战………… 238
　第二节　中马经贸合作的发展趋势……………………………… 241

第一篇

马来西亚经济发展的地域环境

第一章
马来西亚自然地理环境

第一节 地理条件

马来西亚（Malaysia）全称"马来西亚联邦"（The Federation of Malaysia），俗称大马，是一个位于东南亚地区的多民族、多元文化国家。公元1世纪，马来半岛相继出现过羯荼、狼牙修等古国；15世纪初以马六甲为中心的满剌加王国统一了马来半岛的大部分；16世纪开始先后被葡萄牙、荷兰、英国占领；20世纪初完全沦为英国殖民地。加里曼丹岛上沙捞越、沙巴两地历史上属于文莱，1888年沦为英国保护地。二战时期，马来半岛、沙捞越、沙巴被日本占领，战后英国恢复殖民统治。1957年8月31日，马来亚联合邦宣布独立。1963年9月16日，马来亚联合邦同新加坡、沙捞越、沙巴合并组成马来西亚联邦，1965年8月9日新加坡从马来西亚联邦脱离独立，马来西亚现在的疆域框架最终形成。

一、区位条件

马来西亚国土位于北纬1°～7°，东经97°～120°[①]，地处东南亚的核

[①] 数据来源：一带一路生态环保大数据服务平台，https://www.greenbr.org.cn/gb/gbmlxy/，引用日期：2024年7月12日。

心地带,是一个集半岛与岛屿特征于一体的海洋国家。马来西亚陆地面积约 33 万平方千米。其国土被南海分隔成东、西两部分,全国海岸线总长达 4 192 千米。[①]

西马来西亚(简称西马)位于马来半岛南部,北与泰国接壤,西濒马六甲海峡,东临南中国海,南接柔佛海峡,并以新柔长堤和第二通道与新加坡相连。东马来西亚(简称东马)由沙捞越和沙巴两州组成,位于加里曼丹岛北部,与印度尼西亚和文莱接壤,东与菲律宾隔海相望。马来西亚首都吉隆坡(Kuala Lumpur)位于马来半岛西部,距离海岸线约 40 千米,联邦政府行政中心则位于吉隆坡以南约 25 千米的布城(Putrajaya)。

马来西亚地处两洲(亚洲、大洋洲)与两洋(太平洋、印度洋)的交会处,构成了连接两大洋的关键交通枢纽,被誉为东西方交流的"十字路口"。在西马的西南方,著名的马六甲海峡蜿蜒狭长,它不仅是连接太平洋与印度洋的重要海上通道,也是全球最繁忙的水运要道之一。马来西亚凭借其得天独厚的区位优势,成为"21 世纪海上丝绸之路"的重要节点国家,并在"一带一路"倡议中扮演着连接东盟、中东、西亚和南亚的桥梁角色。

二、地形地貌

(一)西马地形特征

马来半岛狭长而崎岖,属于马来西亚(西马地区)的部分南北长约 800 千米,东西轴线最宽处约 320 千米。西马地区地势北高南低,蒂迪旺沙山脉(Titiwangsa Mountains,即"中央山脉")是马来半岛的自然

[①] 中华人民共和国外交部:《马来西亚国家概况》,2024 年 4 月,https://www.mfa.gov.cn/web/gjhdq_676201/gj_676203/yz_676205/1206_676716/1206x0_676718/,引用日期:2024 年 7 月 12 日。

分隔线,将半岛分成东岸及西岸地区。东、西两侧沿海地区为平原,中部则以山地为主,其中蒂迪旺沙山脉最高峰是可布山(Korbu)的可布峰,海拔高2 183米。中央山脉以东的土地比西部土地广阔,海拔在50米以下,分布着宽窄不等的冲积平原,平均宽度20~30千米,地势低平,土壤肥沃,是主要农作物区。马来半岛西海岸濒临有"海上十字路口"之称的马六甲海峡,由于航行条件优越,分布有很多重要的海港。

(二)东马地形特征

马来西亚沙捞越、沙巴两个州位于世界面积第三大岛屿——加里曼丹岛的北部,两州之间夹着文莱国(Brunei),是一个约1 125千米的狭长地带,最大宽度约275千米。两州的沿海多为平原,内地多为森林覆盖的丘陵和山地,克罗克山脉(Crocker Range)由沙捞越向北延伸,穿过沙巴将西部沿海平原与马来西亚最高峰基纳巴卢山(Mount Kinabalu Gunung Kinabalu)南部的沙巴州其他地区分开,分割了沙巴州的东西海岸,有"沙巴的脊柱"之称。总体来看,东马地区由海岸线向内陆形成三个明显的阶梯状地形地貌特征:第一级阶梯是平坦的沿海平原,其中沙捞越州的海岸线较为规则,平均宽度为30~60千米;沙巴州的海岸线崎岖且深凹,平均宽度15~30千米。第二级阶梯是丘陵、山谷,平均海拔低于300米,一些孤立的山丘群高度可达750米以上。第三级阶梯是山脉,构成了东马地区与印度尼西亚加里曼丹地区之间的分界线。

三、气候条件

马来西亚地处赤道附近,受海洋影响,属于热带雨林气候,同时也兼有热带季风气候特点,全年气温均偏高,温差变化极小,无明显的四季之分,故有"四季皆夏,一雨成秋"之说。全年平均温度26~32℃,内地山区年均气温22~28℃,沿海平原年均气温25~30℃。

尽管马来西亚属于热带雨林气候,但其中央山地的核心地带与平坦的、侧翼的沿海平原有利于海洋性气候向内陆渗透,东北季风经常给沙捞越西南部、沙巴北部和马来西亚半岛东海岸带来暴雨和海浪,引发马来西亚半岛东部的洪涝灾害;西南季风则主要影响沙巴州西南海岸带。另外,尽管马来西亚不在热带气旋带内,但其海岸偶尔会受到与飑线相关的大暴雨的影响。

马来西亚全年平均湿度为60%～90%。全年雨量充沛,平均年降雨量达2 000～2 500毫米。每年10月到次年3月,受来自亚洲大陆东部的寒冷的东北季风影响,形成雨季,降雨量大,月降雨量可达500～600毫米,这一时期的降雨量占全年降雨量的45%～65%。[①] 在西马地区,年均降雨量甚至可达3 000毫米以上,其中最干燥的地方是吉隆坡附近的瓜拉克拉旺(Kuala Kelawang),每年降雨量约为1 650毫米;而最潮湿的地方是怡保西北的太平山(Maxwell's Hill),每年的降雨量约为5 000毫米。在东马地区,沙巴州的年均降水量约为2 030～3 560毫米,而沙捞越州大部分地区年均降水量达3 050毫米以上。

在东马沙捞越州,有一种造型特别的民居——马来长屋(马来语Rumah Melayu),短则数十米,长则超过百米。长屋的居住者是生活在沙捞越州热带雨林的达雅克人(Dayak),一座长屋中通常会有几户或几十户人家共同生活。根据不同的地形或河岸分布,有的长屋呈"一"字形,外观整齐;有的则蜿蜒起伏,连绵成片,成为马来西亚特有的人文景观。长屋以竹木结构为主,以木板或椰树叶覆盖屋顶,由高架木桩支起,通常离地面2～3米,上面住人,屋下饲养家禽牲畜,与中国湘西、鄂西、黔东南等地区的"吊脚楼"有些相似。房屋各面都有很多窗户,四面透风,并且屋顶的斜度也比较大。长屋的构造与当地高温、潮湿、多雨的气候密切相关,很好地满足了防潮、防洪、通风的需求。

[①] 马燕民、张学刚、骆永昆:《列国志:马来西亚》,社会科学文献出版社2011年版,第8页。

受终年高温多雨的热带雨林气候影响,加之地处石英岩和花岗岩等含铁矿物的地质构造区域,马来西亚大部分地区形成了酸性的砖红色土壤,这些土壤在肥力上呈现出黏瘦的特征。其土壤类型可以大致分为两类,即在内陆形成的各种岩石类型的土壤和沿海冲积平原的土壤。其中岩石类土壤是在火成岩、沉积岩和变质岩等成土母质上形成的高岭土黏土矿物;覆盖马来西亚半岛西海岸的大片区域主要是质地细腻的黏土和壤土,东海岸土壤则主要由高岭土、黏土组成,质地较粗糙。另外,在马来西亚半岛东海岸地区、沙捞越河西海岸平原和沙巴沿海地区还分布有泥炭土(270万公顷)、酸性硫酸盐土壤(10万公顷)和泥质土壤(接近20万公顷)等土壤类型。

第二节　自然资源

马来西亚自然资源丰富。橡胶、棕榈油和胡椒的产量和出口量居世界前列;曾是世界产锡大国,因过度开采,锡产量逐年减少;石油储量丰富,此外还富有铁、金、钨、煤、铝土、锰等矿产;盛产热带硬木;原始森林中栖息着濒于绝迹的异兽珍禽,如善飞的狐猴、长肢棕毛的巨猿、白犀牛和猩猩等等,鸟类、蛇类、鳄鱼、昆虫等野生动物数量也很多;兰花、巨猿、蝴蝶被誉为马来西亚三大珍宝。

一、矿产资源

(一)矿产类型

石油和天然气在马来西亚的矿产资源中占据着重要地位。根据2021年《BP世界能源统计年鉴》,2021年马来西亚原油储量为27亿桶,为亚洲原油储量第十大国,天然气储量为9 000亿立方米。作为东南亚第二大油气生产地,原油、精炼石油以及液化天然气共同构成了马来西亚商品出口收入的重要来源。马来西亚已探明的石油多为油质好、含硫低的轻质油。根据马来西亚国家石油公司(PETRONAS)公布的数据,马来盆地近海的Tapis油田贡献了超过四分之一的原油产量。然而,随着油田逐渐老化,其产油量正面临着下滑的趋势。

除天然气、石油外,煤炭是也马来西亚较为重要的能源资源。根据马来西亚地矿部统计数据,截至2017年年底,该国煤炭总推测储量为12.79亿吨,探明储量为2.8亿吨,煤类涵盖烟煤、次烟煤、焦煤、褐煤、半无烟煤和无烟煤。马来西亚的煤炭资源主要集中在沙捞越州和沙巴州,霹雳州、雪兰莪州和玻璃市州也有少量分布。沙捞越州主要有三大煤田:一是美里—皮拉煤田,其煤层厚度为1～3米,属于高挥发、中灰分、低硫的次烟煤,储量超过3.7亿吨。目前,该州有两个在产煤田,即美里—皮拉煤田和阿巴克煤田。① 二是锡里泰克煤田,煤层厚度约1米,产自始新统-渐新统锡里泰克组。三是宾土卢煤田,属于低灰分、高挥发的烟煤,主要用于冶金。此外,沙巴州的煤田主要分布在梅里瑙盆地。

马来西亚矿产资源较丰富,除了石油、天然气、煤炭等能源以外,发现的主要矿产有锡、铝土矿、铁、金、银、铜、锑、钴、镍、稀土等金属矿产,重晶石、高岭土、硅砂等非金属矿产也较丰富。其中,锡矿曾在全球居于重要地位,素有"锡国"美称。马来西亚的矿产品主要用于出口,矿业在国民经济中占有较重要的地位。

锡矿是马来西亚重要的矿产资源,其锡储量曾仅次于中国,位居世界第二,并以高品位著称。在马来半岛,锡矿资源主要分布于11个州中的9个州,其中霹雳州和雪兰莪州的锡矿资源尤为丰富。矿石类型以砂矿为主,主要为冲积砂矿,如世界著名的坚打谷锡矿区和吉隆坡锡

---

① 陈秀法、何学洲、张振芳等:《马来西亚矿产资源地质特征及时空分布规律》,《中国矿业》2023年第32卷,第118～122页。

矿区,锡石中伴有独居石、钛铁矿和磷钇矿等,大多来自印支期花岗岩与志留—二叠纪碎屑岩和灰岩内外接触带附近的锡石-石英脉;原生锡矿占次要地位,其成因类型有热液型矿床、接触交代(矽卡岩)型矿床和伟晶岩型矿床。近年来,由于易于开采的冲积矿床逐渐枯竭、采矿成本上升以及世界锡市场需求经常性波动,马来西亚锡业开采显著萎缩,但它仍是世界上主要的锡供应国之一。根据美国地质调查局(USGS)2019年发布的数据,马来西亚在全球锡矿生产国中排名第11位,估计锡矿储量排名全球第8位,占全球储量的3.7%。此外,马来西亚还从国内生产和进口的锡精矿中生产了大量精炼锡,成为全球第三大精炼锡生产国。

马来西亚的铁矿床规模普遍不大,主要分布在丁加奴州、柔佛州、彭亨州和吉打州等地。其中,主要矿床类型包括矽卡岩型和残余矿床。矽卡岩型铁矿主要与花岗质侵入岩有关,其主要矿石矿物为磁铁矿。典型矿床如丁加奴州的武吉伯西铁矿、柔佛州的佩莱卡南铁矿,其铁含量(TFe)在42%~45%之间。残余矿床主要产于超基性岩风化层中,典型矿床如塔瓦伊铁矿,其铁含量(TFe)在40%~49%之间,镍含量(Ni)在0.4%~0.55%之间,矿区面积约为15平方千米。根据领英(ReportLinker)发布的《马来西亚铁矿石行业展望2024—2028》,自1994年以来,马来西亚对铁矿石的需求平均每年增长3.3%,2023年马来西亚铁矿石进口量在全球排名第6位。自1994年以来,该国的铁矿石供应以平均每年6%的速度激增,2023年马来西亚在铁矿石出口中排名第8位。

马来西亚的铝土矿资源主要分布在沙越州、沙巴州和柔佛州等地。近年来,彭亨州的关丹地区从传统的铁矿产区转变为铝矿的重要产地。然而,2016年马来西亚政府对彭亨州实施了铝土矿开采禁令,原因是该州的铝土矿开采活动无节制且当地环境污染严重。该项禁令于2019年到期,并在当年在彭亨州实施了新的铝土矿开采标准操作程序,承诺对该行业进行更严格的监管。在2015年,马来西亚是全球第三大铝土矿生产国。到了2017年,马来西亚的铝土矿储量为2 332万吨,而当年的铝产量仅为22万吨。[①] 根据美国地质调查局(USGS) 2019年发布的数据,马来西亚的铝土矿产量在2019年排名第11位(不包括美国的产量)。

马来西亚的金矿主要分布在马来半岛中部的金矿带,包括彭亨、吉兰丹、丁加奴等州,以及沙捞越西部的巴乌和武吉涌、沙巴州的马穆特及塞加马河谷,多为砂矿。在吉兰丹州南部的Sokor地区,主要为砂金,尚未发现原生金矿。在原生矿中,巴乌金矿最大,位于巴乌背斜与花岗二长斑岩侵入体的交界处,为硅化含金砂卡岩型矿床;武吉涌金矿的矿化主要局限于侏罗系硅化灰岩和页岩与石英斑岩岩墙的接触带,矿体不规则。

马来西亚拥有着较为丰富的稀土资源,其开发潜力巨大。根据美国地质调查局(USGS)统计的数据,在2019年,马来西亚的稀土资源储量仅为3万吨;然而,在2023年,由于稀土资源的新探明,马来西亚的稀土资源储量突破至1 610万吨,主要分布在柔佛、吉打、吉兰丹等10个州。尽管如此,由于马来西亚国内尚未具备成熟的稀土开采及精炼技术,目前该国稀土行业仍处于早期阶段。

(二)矿带分布

由于西马和东马的地质背景不同,二者的成矿特征也具有明显差异。西马地区主要分为三个矿带,包括西部锡矿带、中央金矿带和东部锡矿带。东马地区主要分为三个矿带,即西沙捞越金矿带、东沙捞越能源矿带和沙巴铜镍矿带。

西马地区的两条锡矿带均属于东南亚锡矿带的一部分。东南亚锡矿带北起缅甸东部、泰国西部,穿过马来半岛直到南部的印度尼西亚邦

---

① 王昕、黄亚伟、张君华等:《"一带一路"国家金属资源的稀缺性分析》,《北京师范大学学报(自然科学版)》2021年第57卷,第5期,第718~724页。

加勿里洞岛，该锡矿带的锡资源占全球储量的近一半。西部锡矿带和东部锡矿带都呈南北走向。中央金矿带位于东西两个锡矿带之间，发育一系列金矿床以及锰、铁、重晶石等贱金属矿床。

在东马地区的沙捞越州，以卢帕河谷（Lupar Valley）为界分为两个成矿带，但是主要的金属矿产几乎全部分布于卢帕河以西的西沙捞越成矿带。西沙捞越金矿带属于巽他陆块区域，以金为主，伴生有铜、铅、锌、银、铁、锑以及汞等。位于卢帕河谷东北的东沙捞越能源矿带主要蕴藏煤、石油、天然气等能源矿产。而沙巴铜镍矿带的主要矿床为小型的热液型铜矿、镍矿和铬铁矿。

（三）矿产政策

马来西亚联邦政府于2004年新一届政府组建之际设立自然资源和环境部。该部门下设矿产与地球科学局，直接负责矿产资源管理工作，主要职责包括开展全国所有矿产勘查和开发的监督与管理、促进矿产资源的开发、为政府提供有关矿业开发政策咨询等。

马来西亚联邦政府为吸引更多的矿业投资和振兴矿业，制定颁布了一系列国家矿产政策，主要目的是为矿业提供一个高效、现代化的和具有国际竞争力的环境，以便多样化地发展国家经济。在不断推进矿业多样化发展的同时，政策着力点主要表现为在最适宜的地点进行勘探、开发和利用矿产资源，实施重点在于最充分地利用调查和开发技术以及现代化技术。这其中有两个堪称马来西亚矿产政策的"基本法"——《联邦矿产开发法》和州矿产条例。[1]

1.《联邦矿产开发法》

马来西亚1994年颁布的《联邦矿产开发法》为联邦政府监督和管理矿产资源勘探和开采以及其他相关问题提供了基本法律框架。《联

---

[1] 钟继军、唐元平：《马来西亚经济社会地理》，世界图书出版公司2014年版，第23~24页。

邦矿产开发法》规定,沿海大陆架和专属经济区的一切矿产资源所有权归联邦政府,沙捞越和沙巴在海域矿产资源的所有权方面也享有一定权利。各州的矿产资源归州政府所有。州政府负责批准和颁发其所辖土地上的勘查许可证、勘探许可证和采矿许可证。但是颁发这些许可证必须与联邦政府相关机构(如矿产和地球科学局环境局和其他相关机构)协商之后才能决定,并受矿开发法的约束。联邦政府和州政府通过相关的条例行使各自管理矿业的职能,并对固体矿产和油气矿产实行不同的管理方式。

2.州矿产条例

州矿产条例规定了州政府关于颁发矿权的权力和职权,像探矿权和采矿权的颁发和采矿许可证的分领发都属于州政府矿业部门的管理范畴。马来西亚州矿产条例对勘查许可证,勘探许可证和采矿租约3种矿权进行了规定:

(1)勘探许可证:勘探对象为冲积型矿床,面积25～400公顷,期限2年,可延期2年,如果要更新,必须在许可证期满前的6个月之前提出申请。

(2)勘查许可证:勘查对象为原岩矿床,面积400～20 000公顷,期限10年,可延期5年,如果要更新,必须在许可证期满前的12个月之前提出申请。

(3)采矿租约:初始期限21年,可以延期21年。租约持有者在进行矿产开采前必须先进行矿山的可行性研究;如果有要求,还要制订土地复垦计划;根据1974年《环境质量法》,如果有要求,还要进行环境影响评估。

二、水资源

马来西亚水系发达,河流众多,纵横交错,水资源丰富,全年湿润多雨,为农业发展提供了得天独厚的自然条件。

(一)河流概况

西马地区河流以中央山脉为分水岭,分别向东西两侧流入太平洋和印度洋。东侧河流又称南海水系,以彭亨河(Pahang River)为最长。彭亨河全长434千米,流域面积为29 137平方千米,约占马来半岛面积的1/4。其上游地势陡峻,穿行在山崖中;中下游河水含沙量大,经常改道,并且东北季风期间多山洪,三角洲上常泛滥成灾,而中下游沿岸也是全国重点垦殖区。西侧河流又称为马六甲海峡水系,以霹雳河(Perak River)为最长。霹雳河是马来西亚第二大河,全长350千米,流域面积为15 151平方千米。其上游穿行切割在山地中,多峭壁、峡谷与急流,富水力,建有珍德罗、巴登巴当、丁明歌、柏西西、肯尼宁等一系列水库与电站,水力资源开发居马来西亚各河之首;下游曲折,多沙洲,水浅,雨季常有洪汛;河流沿岸多矿场、种植园和稻田,物产富饶,人口稠密。

东马地区河网密布,水深量大,具备很好的通航价值。主要河流包括基纳巴甘河(Kinabatangan River)、巴兰河(Baram River)、卢帕河(Lupar River)、拉让河(Rajand River)等。基纳巴甘河是沙巴境内第一大河,长约560千米,流域面积为10 400平方千米,全河可通航距离达到320千米。卢帕河是马来西亚最宽的河流,河口以上50千米一段河面宽达4 000~5 000米,再向上溯20千米,还可以行驶吃水2米深的轮船。拉让河全长592千米,流域面积为39万平方千米,是马来西亚第一大河,在下游岔流如网,有4个较大的河口,海潮能倒灌60千米之远,其景甚为壮观。巴兰河源自东马沙捞越州内地势最高、雨量最丰富的东部山区,全长400千米,其支流长度、水量与水力都居东马各河流之首。

(二)水资源发展现状

马来西亚的水资源主要来源于150多个河流流域,能满足全国

98%的生产生活用水需求，剩余部分由地下水提供。但是，水资源供应受季节和气候的影响较大，每年 6、7 月降雨量最少，8—12 月降雨量最多。马来西亚的年平均降雨量为 3 000 毫米[①]，据估计每年的水资源总量约为 9 900 亿立方米。其中，年地表径流的总量约为 5 660 亿立方米，渗入地下的地下水量约为 640 亿立方米。地下水占淡水资源的 90%。可再生水资源总量，即地表径流和地下水补给的总和，约为 6 300 亿立方米。即地表径流和地下水补给的总和。马来西亚的水资源概况见表 1-1。

表 1-1 马来西亚的水资源概况

类型	水量/亿立方米
年均降水量	9 900
地表径流	5 660
蒸散	3 600
地下水回灌	640
地表人工蓄水池（水坝）	250
地下水储存（含水层）	50 000

资料来源：联合国粮食及农业组织。

世界资源研究所（World Resources Institute，WRI）的评估表明，2007 年马来西亚平均每人每年可再生水供应量为 22 100 立方米，比 2006 年的 22 484 立方米下降约 2%，但是预计到 2025 年，马来西亚人均年供水量将下降到 10 000 立方米。如果不保护水资源，马来西亚也会变成缺水国。此外，由于经济的快速发展，河流系统遭到破坏和退化，水质普遍下降。因此，为了提高国家的供水服务质量，特别是保护消费者的权益，马来西亚制定了两个联邦立法框架，即分别于 2007 年和 2008 年实施的《2006 年国家水务委员会法案》（Suruhanjaya

---

① WWF-Malaysia，https://www.wwf.org.my/our_work/freshwater/，引用日期：2024 年 7 月 13 日。

Perkhidmatan Air Negara 2006 Act)(第 654 号法案)和《2006 年水务服务行业法案》(第 655 号法案),以期提高水务行业的效率和长期的可持续性。

(三)水资源未来发展规划

针对当地水处理设施资源陈旧和技术缺乏的问题,马来西亚联邦政府积极寻求变革,制定了"水务部门 2040 年转型议程"(WST 2040),并纳入 2021 年公布的"第 12 个马来西亚计划"(12MP),以提高水务部门管理效率,确保安全和可持续的供水。WST 2040 规划建设分为四个阶段:

第一阶段,12MP(2021—2025 年),在联邦、州和地区各级实施"加快采用水资源综合管理"(IWRM),通过加快集水区域的名录编制和保护,以改善水资源管理,并建设综合废水处理厂,以控制污染。

第二阶段,13MP(2026—2030 年),将侧重于开发与国际标准相当的本土技术。

第三阶段,14MP(2031—2035 年),将侧重于实现规模经济。

第四阶段,15MP(2036—2040 年),将专注于成为区域水工业中心。

三、森林资源

森林资源是马来西亚最重要的自然资源之一,对国家社会经济的发展作出了相当大的贡献。森林与木基工业一直是国民经济收入的重要来源。

(一)森林资源概况

马来西亚的热带雨林经过 1.3 亿年的进化,形成了非常丰富的动植物群落,构成了其生物多样性的核心。根据《生物多样性公约》(CBD)的国家生物多样性指数,马来西亚是世界上生物多样性最丰富的国家之一,拥有18.5万种动物和约1.5万种维管植物,在全球排名第12位。

常绿雨林覆盖了马来西亚半岛超过2/5的面积、沙捞越和沙巴2/3左右的面积,也孕育了世界上最丰富的植物群。马来西亚的植物多样性尚无完全统计,保守估计大约有15 000个物种。例如,在马来西亚半岛,26%以上的树种是当地特有的。1995年发布的马来西亚半岛维管植物清单列出了约8 893个分类单元(物种、亚种和变种),涵盖马来西亚半岛超过8 200个本地物种和690个归化物种。

马来西亚天然林主要分为干旱内陆林、泥炭沼泽林和红树林三种生物类型。根据亚太森林组织(APFNet)发布的数据,2016年马来西亚森林总面积约为1 831万公顷,森林覆盖率约为55.8%,沙巴和沙捞越的森林比例远高于马来半岛。其中,内陆干旱森林为1 597万公顷,占天然林总量的89.2%;泥炭沼泽林为136万公顷;红树林为58万公顷。除天然林之外,还有小规模人工林40万公顷。此外,农地上人工种植的橡胶、油棕、可可和椰子等多年生树木作物面积555万公顷,占土地总面积的16.9%。加上作物面积,马来西亚林木覆盖总面积将增加到2 386万公顷,占国土面积的72.7%。

表1-2 2016年马来西亚森林面积及其分布

区域	内陆干旱森林/百万公顷	沼泽森林/百万公顷	红树林/百万公顷	人工林/百万公顷	森林总面积/百万公顷	森林覆盖率/%
马来半岛	5.41	0.30	0.10	0.07	5.88	44.7
沙巴	3.70	0.12	0.34	0.20	4.36	59.2
沙捞越	6.86	0.94	0.14	0.13	8.07	65.6
马来西亚	15.97	1.36	0.58	0.40	18.31	55.8

资料来源:The Asia-Pacific Network for Sustainable Forest Management and Rehabilitation(APFNet)。

从生态地理条件来看,在马来西亚的平原和低山地区,内陆干旱森林占据主导地位,形成茂密的森林;在较高海拔的山区,森林逐渐变得稀疏;在沿海地区,高大的森林往往被沼泽地区的沼泽植物群和红树林取代。按照用途可以将森林划分为永久保存林、保护区、转化林、人工林和经济林。

1.永久保存林

《国家森林法》(1993年修订)把全国永久保存林划分为:可持续经营用材林、土壤保护林、土壤改良林、防洪林、水源涵养林、野生生物保护区、原始林保护区、休憩林、教育林、研究林和综合用途林。为确保森林的可持续经营,马来西亚政府划出1 530万公顷的天然林作为永久保存林,约占土地面积的46.6%,其中1 219万公顷的森林为生产林(商品林),其余311万公顷为生态保护林。

表1-3 永久保存林面积及分布

区域	永久保存林 生态保护林/百万公顷	永久保存林 生产林(商品林)/百万公顷	面积/百万公顷	占土地面积/%
马来半岛	1.52	3.18	4.7	35.7
沙巴	0.59	3.01	3.6	48.8
沙捞越	1.00	6.00	7.0	56.9
马来西亚	3.11	12.19	15.3	46.6

资料来源:The Asia-Pacific Network for Sustainable Forest Management and Rehabilitation(APFNet)。

2.保护区

马来西亚复杂的森林生态系统中蕴含着丰富多样的植物和动物资源。为了保护这些动植物资源,除永久保存林以外,约有180万公顷的森林被规划为国家公园和野生动植物保护区。因此,可持续经营的天然林总面积达1 600万公顷。

3.转化林

考虑到土地的综合利用,需要将某些领域的森林转化为其他用途,如基础设施、学校、医院、住宅、农业和工业等等,以满足人口不断增长的需求。这部分森林被称为转化林,面积约284万公顷。从长期来看,转化林作为马来西亚经济多元化的一种途径,将减少国家经济对木材出口的依赖。随着制造业取得很大发展,马来西亚大规模转化林地发展农业的步伐已经慢下来,正逐步迈向工业化。

4.人工林

除天然林之外,马来西亚也开展了人工造林,以提供一般用途的木材,补充天然林木材供应的不足。事实上,营造商业人工林可追溯至20世纪50年代在吉打州和玻璃市州种植柚木林。人工林现已扩展到其他速生树种,主要造林树种有金合欢(Acacia mangium)、云南石梓(Gmelian arborea)、南洋楹(Paraserianthes falcataria),次要树种有剥桉(Eucalyptus deglupta)、松树(Pinus)和南洋杉(Araucaria)。但目前人工林的规模还很小,面积约40万公顷,其中马来西亚半岛约7万公顷,沙巴约20万公顷,沙捞越约13万公顷。

5.经济林

马来西亚拥有橡胶、油棕、椰子、可可等种植园(经济林)。人工多年生树木作物,如橡胶木已逐渐成为天然林木材供应的替代来源,该国约80%的家具均采用橡胶木材。农地上人工种植的橡胶、油棕、可可和椰子等多年生树木作物面积约555万公顷,占土地总面积的16.9%。[1]

(二)林业资源的可持续经营方式

马来西亚所有的森林资源属国有林,为联邦、州政府所有,其中95%的森林和林地由公有机构经营管理。长期以来,得天独厚的森林资源支撑着马来西亚的木材工业。至今,木材工业仍然在马来西亚的社会经济发展中起着重要的作用。目前,马来西亚约有4 000家木材

---

[1] 亚太森林组织:《马来西亚森林管理与林业发展》,2021年10月7日,https://www.apfnet.cn/InformationSharing/APFInformations/,引用日期:2023年1月3日。

加工厂,为33.7万人提供了直接就业机会,占全国劳动力的3.5%。

马来西亚是世界热带木材的主要出口国。亚洲是马来西亚木材产品的最大出口市场,日本(胶合板)以及印度、泰国和中国(原木、锯木和胶合板)是主要出口目的地,近年来美国和欧盟也从马来西亚大量进口胶合板、锯木和家具等木材产品。

马来西亚政府高度重视森林资源的保护与开发。1972年,马来西亚成立国家林业委员会。1976年马来西亚通过了森林经营政策和战略。1978年,国家林业委员会通过《国家林业政策》,并于1992年对其进行修订,以适应国际社会对生物多样性保护和森林资源可持续利用重要性的要求。1984年,马来西亚议会通过《国家森林法》和《木材工业法》,防止森林边缘地带受到非法侵犯和木材盗伐。1993年,国家对《国家森林法》作了修订,强调"根据可持续生产的原则有序采伐、更新和保护树木"。作为国际热带木材组织(ITTO)的创始国之一,马来西亚还于1994年成立了国家森林可持续经营委员会,并制定了森林可持续经营标准。马来西亚森林经营从可持续木材生产向可持续森林生态系统经营转变。

随着可持续森林管理的有效实践,马来西亚政府出台了更严格的森林采伐法律、政策和条例,制订了林木5年允许采伐量控制计划(表1-4),减少了天然林的采伐量。马来西亚半岛禁止销售圆木,沙巴也在2019年禁止原木销售(人工种植园原木除外),而沙捞越则保持森林木材许可证的配额。

表1-4 林木5年允许采伐量控制计划

时间	木材采伐	
	面积/(公顷/年)	总面积/公顷
2006—2010年	36 940	184 700
2011—2015年	40 334	201 670
2016—2020年	40 334	209 440

资料来源:Forestry Department of Peninsular Malaysia。

四、渔业资源

(一)渔业资源概况

马来西亚渔业资源丰富,可捕的渔业品种繁多,具有经济价值的可捕鱼类达 80 多种。渔业资源对马来西亚的经济和粮食安全至关重要,不仅是重要的外汇收入来源,创造了大量就业机会,也是当地居民动物蛋白的重要来源,2019 年平均可供消费的鱼类达到 57.80 千克/人。

马来西亚以沿近海渔业为主,其中超过 85% 的渔获量来自 12 海里内的沿岸海域。马六甲海峡一带曾经是最重要的渔场,但近 10 年来由于海面污染日益严重,捕捞量猛增,渔业资源日渐减少,其捕鱼重心正日益向南海纵深地带推进,具体分布在 4 个区域:马来西亚半岛西海区、马来西亚半岛东海区、沙捞越和沙巴。根据马来西亚近年渔业统计年鉴,2021 年马来西亚半岛西、东两个海区的海洋渔获量占全国的 75%,其中西海区又是捕捞最为密集的海区,上市量占比高达 47.7%;东海区虽然面积较大,但其在总上市量中仅占 26.2%。另外,东马的沙捞越和沙巴分别占总上市量的 8.9% 和 17.1%。

捕捞渔业和水产养殖是马来西亚两个重要渔业部门。根据马来西亚近年渔业统计年鉴,2021 年马来西亚渔业产量为 175 万吨,较 2020 年下降 2.1%,包括捕捞渔业 133 万吨、水产养殖 41.7 万吨和内陆渔业 5 561 吨。渔业产值为 148 亿林吉特,较 2020 年增长 6.9%,对农业的贡献率为 11%,对 GDP 的贡献率为 0.8%。其中,捕捞渔业 108 亿林吉特,水产养殖 34.3 亿林吉特,分别占比 76% 和 24%。

表 1-5 马来西亚渔业各部门产量和价值

渔业部门	2020年 数量/吨	2020年 价值/林吉特	2021年 数量/吨	2021年 价值/林吉特	变化 数量/%	变化 价值/%
海洋捕捞	1 383 299.07	10 098 247 677	1 328 041.38	10 802 826 870	−4.0	7.0
滨海	1 169 200.72	8 908 932 099	1 168 971.74	9 778 014 052	−0.02	9.8
深海	214 098.35	1 189 315 578	159 069.64	1 024 812 818	25.7	−13.8
内陆捕捞	5 625.14	83 178 104	5 561.94	93 891 663	−1.1	12.9
水产养殖	400 017.57	3 114 738 204	417 187.69	3 430 341 044	4.3	10.1
淡水	97 210.32	766 471 577	105 904.01	856 354 844	8.9	11.7
沼泽水/海洋	120 746.25	2 289 393 444	132 395.55	2 516 450 343	9.6	9.9
海藻	182 061.00	58 873 182	178 888.12	57 535 856	−1.7	−2.3
可食用渔业产品	1 788 941.77	13 296 163 985	1 750 791	14 327 059 577	−2.1	7.8
观赏鱼	227 944 067.00	494 405 012	242 498 244.00	534 359 734	6.4	8.1
水生植物	41 990 762.00	53 573 049	24 413 659.00	21 449 992	−41.9	−60.0

数据来源：马来西亚渔业部渔业统计年鉴。

1. 捕捞渔业

马来西亚渔业以捕捞渔业为主，2021年总捕捞量为133.4万吨，而捕捞渔业又以海洋捕捞为主，产量达132.8万吨，占渔业总产量的75.85%。其中，滨海捕捞产量占比88.02%，深海捕捞产量占比11.98%。近年来，由于近岸海域渔业资源被过度开发，马来西亚政府开始对沿岸渔业资源实施养护与管理，限制沿岸渔区的捕捞量，并逐步引导渔民向水产养殖、食品加工、深远海渔业捕捞等领域转移。

马来西亚渔业部（DOF）依据1985年《渔业法》对海洋捕捞业进行管理和监管。根据该法，无证捕鱼是犯罪行为，将受到起诉。DOF于1982年实施了四区海洋保护区（MPA），分别为第一渔区（0～5海里）、第二渔区（5～12海里）、第三渔区（12～30海里）和第四渔区（30海里以上)。2014年引入新的分区系统,即保护区(0～1海里)、第一渔区(1～8海里)、第二渔区(8～15海里)和第三渔区(15海里以上),以减少拖网渔船的数量及其在传统捕鱼区的侵占活动,并加强对幼鱼的保护。但是,新的分区制度只适用于霹雳州、雪兰莪州、槟城州、玻璃市和吉打州,其他州仍保留了旧制度,因此遭到一些渔业团体抗议,尤其是拖网渔船,认为政府给予手工渔民太多特权。①

2. 水产养殖

根据2011—2020年国家农业政策,水产养殖被确认为一个新的增长领域。2019年,马来西亚共有3.47万公顷的水面被用于水产养殖,包括池塘养殖、网箱养殖、水泥池养殖、围栏养殖、矿区蓄水池养殖等模式。水产养殖产量达41.18万吨,其中75%来自海水养殖。水产养殖种类超过16种,其中海水养殖品种主要为对虾、鲷鱼、金目鲈鱼等;淡水养殖品种主要为巴沙鱼、罗非鱼等。

(二)渔业资源国别比较

依据《东南亚渔业统计公报2020》,印度尼西亚2020年渔业产量最高,约占东南亚渔业总产量的47.2%;其次是越南,约占18.7%;缅甸排名第三,约占13.0%;菲律宾排名第四,约占9.5%;泰国排名第五,约占5.2%;马来西亚排名第六,约占3.9%。按产值计算,印度尼西亚约占东南亚地区渔业生产总值的51.8%;缅甸排名第二,约占20.1%;菲律宾排名第三,约占10.8%;泰国排名第四,约占10.4%;马来西亚排名第五,约占6.7%。

海洋捕捞渔业方面:印度尼西亚对东南亚地区总产量的贡献最大。2020年印度尼西亚的产量为649万吨,约占该地区总产量的35.6%,其次是越南370万吨(20.3%)、缅甸326万吨(17.9%)、菲律宾190万

---

① 东南亚渔业发展中心:《渔业国家状况:马来西亚》,2022年12月,http://www.seafdec.org/fisheries-country-profile-malaysia/,2023年1月。

吨(10.6%)。马来西亚和泰国的海洋捕捞渔业产量相当,分别为138万吨(7.6%)和131万吨(7.2%)。从产值来看,2020年印度尼西亚在东南亚国家中居首位,占该地区海洋捕捞渔业产值的49.4%;缅甸排名第二,约占21.9%;排名第三的菲律宾贡献了约10.9%;马来西亚排名第四,为9.8%,最后是泰国贡献了约7.7%。

渔船数量方面:《东南亚渔业统计公报2020》公布了除柬埔寨和老挝以外的东南亚国家登记的船只数量。截至2020年,印度尼西亚的船只数量最多,为116.13万艘,包括15.94万艘无动力船只和100.19万艘动力船只。马来西亚紧随其后,拥有48 826艘船,其中3 111艘为无动力船,45 715艘为动力船。船只数量排名第三的是越南,有35 214艘船,接下来依次是缅甸22 407艘船、泰国10 388艘船、菲律宾5 557艘船、文莱1 332艘船、新加坡31艘船。

渔民数量方面:缅甸渔民人数最多,为274.69万人,其中47.6%从事海洋捕捞渔业,46.9%从事内陆捕捞渔业,5.5%从事水产养殖。马来西亚的渔民数量位居第二,为14.32万人,从事海洋捕捞渔业者占83.7%,从事内陆捕捞渔业者占2.2%,从事水产养殖者占14.1%。文莱和新加坡的渔民数量,分别为2 507人和555人。

总体来看,马来西亚的渔业资源在东南亚地区处于中等水平,与泰国大致相当。近年来,马来西亚渔业外贸持续逆差,并呈逐年增长态势。根据马来西亚渔业统计年鉴数据,2021年渔业部门出口产品37.38万吨,价值38.76亿林吉特,虽然出口数量较2020年下降61.4%,但出口产品的贸易价值增长了3.27%。进口方面,2021年进口鱼类和鱼类产品66.15万吨,价值58.37亿林吉特,进口数量和价值同比增长18.31%和14.66%。如表1-6所示。

表1-6 马来西亚渔业进出口数量和价值

年份		2019年	2020年	2019—2020变化	2021年	2020—2021变化
出口	数量/吨	316 290.56	968 229.06	206.12%	373 763.53	−61.40%
	价值/百万林吉特	3 776.90	3 753.48	−0.62%	3 876.36	3.27%
进口	数量/吨	473 866.48	559 103.64	17.99%	661 502.52	18.31%
	价值/百万林吉特	4 848.63	5 090.87	5.00%	5 837.44	14.66%
贸易差额		−1 071.73	−1 337.39	24.79%	−1 961.08	46.63%

数据来源：马来西亚渔业部渔业统计年鉴。

第三节 自然地理环境总体评述

马来西亚地理位置优越，地处亚洲、大洋洲与太平洋、印度洋的交会处，位于东亚的生命通道——马六甲海峡东岸，并依托地理位置优势修建了马六甲港、巴生港、槟城港等许多世界著名的港口。位置与港口对于马来西亚的经济发展起到了重要的推动作用。

马来西亚地处东南亚，属热带雨林气候，农业资源丰富。该国的棕榈油、橡胶和水果的产量和出口量位居世界前列，成为其农产品出口的三大产业。目前，马来西亚仍是世界第二大棕榈油及相关制品生产国，全球重要的天然橡胶生产国和出口国。此外，马来西亚也是全球重要的热带水果生产地之一，特别是榴莲、山竹、菠萝等农产品近年来在国际市场上受到广泛认可与欢迎。

马来西亚拥有丰富的矿产资源，其找矿勘查与矿业开发投资历史悠久，矿业环境较为成熟。其中，锡矿资源尤为丰富，开采历史悠久，素有"锡国"的美称。除锡外,石油和天然气以及铁、铝、锰、金等金属矿产也比较丰富。马来西亚拥有丰富的石油储量,是东南亚第二大油气生产国,能够充分满足国内消费和出口需求。这些资源为马来西亚经济的快速增长奠定了坚实基础。

第二章
马来西亚人文地理环境

第一节 人口地理

一、人口概况

根据马来西亚第六次全国人口和房屋普查报告（2020 年）[①]，2020年马来西亚总人口为 3 245 万，公民人口为 2 958 万。[②] 2010 年至 2020年期间的平均年人口增长率为 1.7%，低于 2000 年至 2010 年期间的2.1%。人口位居前 5 位的州依次是雪兰莪州（699 万人）、柔佛州（401 万人）、沙巴州（342 万人）、霹雳州（250 万人）和沙捞越州（245 万人）。

2020 年男性人口数量为 1 700 万，女性人口数量为 1 550 万，男女性别比为 1.1∶1。从年龄构成来看，0～14 岁人口的百分比从 2010 年的 27.6% 下降到 2020 年的 23.8%；15～64 岁的人口从 2010 年的 67.3% 增加到 2020 年的 69.3%；65 岁及以上人口的百分比从 2010 年的 5.0% 增加到 2020 年的 6.8%。马来西亚人口已开始出现老龄化趋势。

[①] 马来西亚每 10 年进行一次人口和住房普查，最新的一次为 2020 年。
[②] 马来西亚国家统计局基于《2020 年人口和住房普查报告》估计 2022 年马来西亚总人口为 3 265 万，公民人口为 3 024 万。

表 2-1　1991—2020 年马来西亚人口概况

年份	1991	2000	2010	2020
人口数/万	1756.0	2219.0	2748.0	3244.0
年平均人口增长率/%	2.6	2.6	2.1	1.7
人口密度/平方千米	53.0	67.0	83.0	98.0
族裔结构/%				
马来裔	61.3	65.6	67.4	69.4
华裔	27.5	25.6	24.5	23.2
印度裔	7.9	7.7	7.3	6.7
年龄结构/%				
0～14 岁	36.7	33.5	27.6	24.0
15～64 岁	59.6	62.6	67.3	69.3
65 岁及以上	3.7	3.9	5.0	6.8

资料来源：马来西亚统计局。

马来西亚是一个拥有 30 多个民族的多民族国家,其中马来人、华人和印度人是马来西亚的三大民族。根据 2020 年马来西亚第六次全国人口和房屋普查报告,马来人占比为 69.4%,华人占比为 23.2%,印度人占比为 6.7%,其他民族占比为 0.7%。此外,还有少量混血种人分布在马六甲、沙捞越等州。

二、劳动力资源

2021 年,马来西亚总劳动力人口约 1 579.7 万人,同比增长 0.83%,就业人口为 1 506.4 万人,同比增长 0.72%,劳动力参与率为 68.6%。2010—2019 年,马来西亚的失业人口为 40 万至 50 万人,失业率约为 3.2%。自 2020 年以来,受新冠疫情和经济衰退的影响,失业人口增加至 70 万以上,失业率增加至 4.5% 以上。

从性别构成来看,马来西亚的就业数据显示,其女性就业率低于男性。根据世界银行的统计数据,2021年马来西亚女性的劳动力参与率为51.19%,仅占男性参与率的66.01%。在过去的31年间,女性劳动力参与率的最高值为2019年的51.74%,最低值为2008年的43.09%。

从年龄结构来看,全国失业人口中有一半是年龄介于15至24岁的年轻族群。统计数据显示,2018年马来西亚的青年失业率为10.9%,尽管低于东南亚和太平洋地区的区域平均水平(12.2%),却位列东盟第三高,仅次于印度尼西亚和菲律宾。[①]

表2-2　1982—2021年马来西亚劳动力的统计数据

年份	劳动力	雇佣	失业	外来劳动力	劳动力参与率	失业率
1982	543.1	524.9	18.2	294.5	64.8	3.4
1983	567.2	545.7	21.5	296.9	65.6	3.8
1984	586.3	556.7	29.6	312.0	65.3	5.0
1985	599.0	565.3	33.7	312.5	65.7	5.6
1986	622.2	576.0	46.2	318.8	66.1	7.4
1987	645.7	598.4	47.3	324.6	66.5	7.3
1988	663.7	615.7	48.0	330.2	66.8	7.2
1989	677.9	639.1	38.9	346.4	66.2	5.7
1990	700.0	668.5	31.5	352.0	66.5	4.5
1992	731.9	704.8	27.1	378.4	65.9	3.7
1993	770.0	738.3	31.7	387.5	66.5	4.1
1995	789.3	764.5	24.8	429.8	64.7	3.1
1996	861.6	839.1	21.7	437.9	66.3	2.5
1997	878.4	856.9	21.5	460.5	65.6	2.4
1998	888.4	860.0	28.4	493.4	64.3	3.2

---

① Calvin Cheng, *Youth Unemployment in Malaysia & the Region*, 2020-01-10, https://www.isis.org.my/2020/01/10/youth-unemployment-in-malaysia-the-region/,引用日期:2023年1月18日。

续表

年份	人数/万人				百分比/%	
	劳动力	雇佣	失业	外来劳动力	劳动力参与率	失业率
1999	915.2	883.8	31.4	509.8	64.2	3.4
2000	955.6	926.9	28.7	506.5	65.4	3.0
2001	969.9	935.7	34.2	524.0	64.9	3.5
2002	988.6	954.3	34.4	547.4	64.4	3.5
2003	1 024.0	987.0	37.0	545.9	65.2	3.6
2004	1 034.6	998.0	36.7	573.1	64.4	3.5
2005	1 041.3	1 004.5	36.8	604.8	63.3	3.5
2006	1 062.9	1 027.5	35.4	620.5	63.1	3.3
2007	1 089.0	1 053.8	35.1	633.0	63.2	3.2
2008	1 102.8	1 066.0	36.9	657.6	62.6	3.3
2009	1 131.5	1 089.7	41.8	666.6	62.9	3.7
2010	1 230.4	1 190.0	40.4	702.3	63.7	3.3
2011	1 274.1	1 235.2	38.9	702.3	64.5	3.1
2012	1 322.2	1 282.1	40.1	692.7	65.6	3.0
2013	1 398.1	1 354.5	43.5	678.1	67.3	3.1
2014	1 426.4	1 385.3	41.1	682.1	67.6	2.9
2015	1 451.8	1 406.8	45.0	687.0	67.9	3.1
2016	1 466.8	1 416.4	50.4	698.8	67.7	3.4
2017	1 498.0	1 447.7	50.3	706.5	68.0	3.4
2018	1 528.0	1 477.6	50.4	709.4	68.3	3.3
2019	1 558.2	1 507.3	50.8	710.4	68.7	3.3
2020	1 566.8	1 495.7	71.1	722.6	68.4	4.5
2021	1 579.7	1 506.4	73.3	722.1	68.6	4.6

资料来源：马来西亚统计局。

在马来西亚，外来劳工是一个广泛存在的群体，他们主要来自印度尼西亚、孟加拉、越南、缅甸，也有少部分来自新加坡和中国。2021年，马来西亚的外来劳工人数约为722万，占劳动力市场的45.7%。外来劳工的引进始于20世纪80年代,起初主要集中在种植业。随着时间的推移,马来西亚逐渐放宽了外来劳工的就业范围,涵盖了建筑业、制造业和服务业等多个领域。进入20世纪90年代,以劳动密集型产业为主的制造业开始转移到马来西亚等东南亚国家,加之当地政府大规模开展基础设施项目建设,迫切需要引进低廉的外来劳动力以弥补本国劳动力的短缺,使周边国家劳动力向马来西亚流入的数量快速增长,外来劳工成为马来西亚经济发展中一支不可忽视的重要推动力量。

三、种族文化

马来西亚种族人口发展的一个最明显特征就是马来人在总人口中所占比重快速增加,而其他民族人口比重正在逐步下降,其中又以华人占比下降的态势尤为明显。统计数据显示,1957年华人占比约40%,与马来人的人口比例不相上下,但是到2020年华人占比下降至23.2%。

从空间分布来看,呈现明显的"大杂居、小聚集"特点。马来半岛以马来人、华人和印度人为主,沙捞越以达雅克人、马来人和华人为主,沙巴以卡达山杜顺人、华人和马来人为主。具体到州一级,马来人比例最高的州是登嘉楼,约占98%;华人比例最高的州是槟城,约占45%;印度人比例最高的州是森美兰,约占14%。[①]

马来西亚以伊斯兰教为国教,全国一半以上的人口信奉伊斯兰教。其他主要宗教还有佛教、印度教、基督教、天主教等。一般而言,马来人信奉伊斯兰教,华人信奉佛教,印度人信奉印度教,小部分华人、欧亚混血人和沙巴、沙捞越的少数民族信奉基督教或天主教。

马来语是马来西亚的国语,英语作为通用语言被广泛使用。马来

---

① 马来西亚统计局:《马来西亚人口和住房普查2020》,马来西亚国家统计局,2022年,第50~62页。

西亚华人一般用汉语普通话或方言交谈,其中最普遍的方言是粤语、闽南语、客家话、潮州话、海南话、福州话等。印度族群常用泰米尔语交谈。

种族多样性和宗教多样性塑造了马来西亚的多元文化。此外,由于地处东西方交通要道,马来西亚文化也融合了一些波斯、阿拉伯和欧洲的文化色彩,各族人民汇聚形成了奇异独特的风土民情。

第二节　政治环境

一、政治体制

马来西亚是选举君主制、君主立宪制和议会民主制并存的联邦制国家。现有宪法是源于 1957 年颁布的《马来亚联合邦宪法》,1963 年马来西亚成立后改名为《马来西亚联邦宪法》,后经过多次修订而成。宪法规定:最高元首为国家首脑、伊斯兰教领袖兼武装部队统帅,由统治者会议选举产生,任期 5 年。最高元首拥有立法、司法和行政的最高权力,以及任命总理、拒绝解散国会等权力。1993 年 3 月,马来西亚议会通过宪法修正案,取消了各州苏丹的法律豁免权等特权。1994 年 5 月修改宪法,规定最高元首必须接受并根据政府建议执行公务。2019 年 7 月,马议会通过宪法修正案,将投票及参选年龄从 21 岁降至 18 岁,同时实行自动选民登记制度。2021 年 12 月,马议会再次通过修宪法案,恢复沙巴与沙捞越 1963 年加入马来西亚联邦时的"邦"的地位。

马来西亚最高元首是以选举方式在统治者会议中产生,即实行选举君主制(Elective Monarchy)。统治者会议由柔佛、彭亨、雪兰莪、森美兰、霹雳、登嘉楼、吉兰丹、吉打、玻璃市 9 个州的世袭苏丹和马六甲、槟榔屿、沙捞越、沙巴 4 个州的州元首组成。统治者会议的职能是在 9 个世袭苏丹中轮流选举产生最高元首和副最高元首;审议并颁布国家法律、法规；对全国性的伊斯兰教问题拥有最终裁决权；审议涉及马来族和沙巴、沙捞越土著民族的特权地位等重大问题。未经该会议同意，不得通过有关统治者特权地位的任何法律。内阁总理和各州州务大臣（有苏丹的州）、首席部长（无苏丹的州）协助会议召开。

马来西亚有3个政府部门，即行政机关、立法机关和司法机关。国会是最高立法机构，由上议院和下议院组成。下议院共设议席222个，任期5年，可连任。上议院共70席，由全国13个州议会各选举产生2名，其余44名由最高元首根据内阁推荐委任，任期3年，可连任两届。

最高法院于1985年1月1日成立。1994年6月改名为联邦法院。设有马来亚高级法院（负责西马）和婆罗洲高级法院（负责东马），各州设有地方法院和推事庭。另外，还设有特别军事法庭和伊斯兰教法庭。

全国分为13个州和3个联邦直辖区。13个州包括位于西马的柔佛、吉打、吉兰丹、马六甲、森美兰、彭亨、槟榔屿、霹雳、玻璃市、雪兰莪、登嘉楼以及位于东马的沙巴、沙捞越，另有吉隆坡、布城（Putrajaya）和纳闽（Labuan）3个联邦直辖区。首都吉隆坡位于马来半岛西海岸，城市面积为243平方千米，人口约180万，是马来西亚最大城市，也是对东南亚的文化、教育、经济、财政和金融都拥有极大影响力的大国际大都会。联邦政府行政中心布城位于吉隆坡以南25千米处，面积达49平方千米。

二、主要党派

马来西亚的注册政党有40多个。主要党派有人民公正党（People's Justice Party / Parti Keadilan Rakyat，简称PKR）、民主行动党（The Democratic Action Party，简称DAP）、国家诚信党（Parti Amanah Negara，简称AMANAH）、马来民族统一机构（The United Malays National Organization，简称"巫统"，UMNO）、马来西亚华人公会（Malaysian Chinese Association，简称"马华公会"，MCA）、马来西亚印度人国

大党(Malaysian Indian Congress,简称"国大党",MIC)、土著团结党(Parti Pribumi Bersatu Malaysia,简称 BERSATU)和伊斯兰教党(Parti Islam Malaysia,简称 PAS)等。

马来西亚根据宪法实行多党制的政党制度,但实际中却推行一种由几个政党联合组成政党联盟执政的制度。这种政党联盟形式最早出现在 1955 年 4 月马来亚联邦独立前,当时的巫统、马华公会和马印国大党为谋求马来亚的独立成立了以马来民族统一机构即巫统为首的政党联盟——国民阵线,国民阵线曾在 1957 年至 2018 年长期执政。2018 年 5 月由人民公正党、民主行动党、国家诚信党和土著团结党组成的"希望联盟"取代国民阵线上台执政。2020 年 3 月,由土著团结党、伊斯兰教党等组成的"国民联盟"联合巫统,取代希望联盟上台执政。2022 年 11 月 20 日,马来西亚举行第十五届大选,参加选举的各政党和政党联盟无一可取得国会下议院过半数议席,马来西亚出现了历史上首度无一方过半的"悬崖国会"。11 月 24 日,由人民公正党、民主行动党、国家诚信党组成的希望联盟同国民阵线、东马主要政党组成联合政府,希盟主席、前副总理安瓦尔·易卜拉欣(Dato' Seri Anwar bin Ibrahim)宣誓就任第 10 任总理。[①]

第三节　人文地理环境总体评述

马来西亚是一个多元融合的国家,体现在其多元民族、多元宗教以及多元文化上。该国拥有超 30 个民族,以马来人,华人和印度人为主,其中马来人在总人口中所占比重快速增加,而其他民族人口比重正在

[①] 中华人民共和国外交部:《马来西亚国家概况》,2024 年 4 月,https://www.mfa.gov.cn/web/gjhdq_676201/gj_676203/yz_676205/1206_676716/1206x0_676718/,引用日期:2024 年 7 月 13 日。

逐步下降。官方宗教虽为伊斯兰教,但国民宗教自由权由马来西亚宪法保障。在这片土地上,各个族群汇聚形成了丰富的风土人情。各民族和谐共处,各族文化相辉映,彼此相互融合形成独特且极富特色的马来西亚文化。

马来西亚是选举君主制、君主立宪制和议会民主制并存的联邦制国家。政治体制总体上沿袭英国的威斯敏斯特模式[①],但是又具有自身特点,如马来西亚最高元首是以选举方式在统治者会议中产生。推行一种由几个政党联合组成政党联盟执政的政党制度。

马来西亚实施积极的外交政策。1957年刚脱离英国独立不久就加入世界贸易组织前身《关税与贸易总协定》并成为创始成员。马来西亚是东盟的创始国之一,视东盟为外交政策基石,优先发展同东盟国家关系。它是英联邦、不结盟运动、伊斯兰合作组织、亚太经合组织、环印度洋联盟等组织参与国,已与世界上132个国家建交,在84个国家设有110个使领馆。[②] 同时,马来西亚大力开展经济外交,积极推动南南合作,反对西方国家贸易保护主义。

[①] 威斯敏斯特模式(Westminster model),又称为西敏寺模式,以英国威斯敏斯特宫的名字命名,主要内容是对议会制的确立,即内阁是国家最高的行政机构,国家首脑为首相,而女王只是国家的虚位元首,礼仪上代表国家。首相和内阁对议会负责。

[②] 中华人民共和国外交部:《马来西亚国家概况》,2024年4月,https://www.mfa.gov.cn/web/gjhdq_676201/gj_676203/yz_676205/1206_676716/1206x0_676718/,引用日期:2024年7月13日。

第二篇

马来西亚产业发展和空间布局

第三章
第一产业的发展和空间分布

第一节 第一产业发展历程

马来西亚终年高温多雨,水热条件好,农业资源丰富,尤其适合热带经济作物种植,是传统的农业出口国。从殖民经济到独立后农业重组、20世纪80年代开始实施国家农业政策以及近10多年来的现代农业大发展,马来西亚农业发展大致经历了六个阶段。

第一阶段:1957年国家独立前。在资本主义殖民时期,马来西亚先后经历了葡萄牙、荷兰和英国的殖民统治,农业经济成为宗主国的附庸,大量种植地被国外组织垄断,经济作物的生产和流通的控制权掌握在外国垄断组织手中,马来西亚广大农民的生活水平并没有得到提高。

第二阶段:1957—1970年。1957年,马来西亚宣布独立,但此时国家的农业经济正面临多重挑战,包括农业对经济的依赖度过高、耕地面积严重不足、农民失业率居高不下、贫困人口数量庞大等诸多问题。为了应对这些问题,马来西亚政府连续推出了三个五年计划,专注于重塑农业经济结构,推动农业多元化,并取得了一定的成效。尽管这三个五年计划对促进农业经济发展起到了积极作用,但农业领域内的一些根本性问题仍未得到彻底解决。

第三阶段:1970—1983年。1970年,马来西亚开始实行新经济政策。这一时期,政府在发展工业的同时继续扶植农业。到1980年,农业总产值相较1965年增长了97.8%,其中,棕榈油产、销量分别占世界的62%和80%;粮食自给率从独立之前的不足50%增加至85%;猪肉、鸡肉、蛋类基本自给有余,农民的生活有所改善。此外,马来西亚亦是热带硬木及胡椒的最大产销国之一。[①] 虽然农业发展取得了较好的成果,但其发展速度仍慢于国内生产总值的增长速度。

第四阶段:1984—1999年。20世纪80年代开始,马来西亚加快从农业国向工业国转型,农业在国民经济中的地位不断下降,其占比由1960年的38%下降到1990年的18.7%。20世纪90年代前5年,马来西亚经济的年均增长率在8%以上,但农业却几乎没有增长。[②] 在1997年金融危机发生时,农业成为全国受金融危机冲击较轻的部门,但是随着世界农产品价格的下降,农业发展形势仍然严峻。[③]

第五阶段:2000—2010年。根据马来西亚第三个国家农业政策,马来西亚政府制定了农业发展的新目标——农业产值从2000年的178亿林吉特增加到2010年的311亿林吉特,农业在国内生产总值的比重提高到22.4%,同时还出台了多项提高劳动生产率的奖励措施如《2005年经济预算案》拨款15亿林吉特推动农业发展计划;2006年,第9个马来西亚五年计划增加对农村拨款,设立一系列食品生产园地,以促进农业发展现代化或者农业食品商业化等,但是受国际市场金融风暴和需求变动的影响,该时期橡胶、棕榈油等原产品产量下降,农业发展不乐观。

第六阶段:2010年至今。2010年马来西亚政府把农业纳入国家关键经济领域,采取各项措施鼓励私人企业投资农业,引进先进技术,提

[①] 谷源详:《东南亚各国农业》,农业出版社1984年版,第14~15页。
[②] 韦红:《马来西亚农业发展的困境及政府对策》,载《社会主义研究》2005年第5期,第78页。
[③] 汪舟:《1999—2000年泰国、马来西亚的经济发展与展望》,载《南洋资料译丛》2000年第4期,第54页。

高农业科技含量,增加农产品产量,实现农业转型升级。[1] 2011年颁布的《国家农业食品政策(2011—2020)》强调采用现代技术,使农业食品产业能够灵活地适用于城市和城郊环境等有限空间。2018年,马来西亚已拥有约1.1万个都市农业型社区。[2] 根据世界银行的统计数据,2011年马来西亚农业增加值为341.25亿美元,占GDP的比重为11.5%;2012年农业增加值下降至307.96亿美元,占GDP的比重也跌至9.8%;之后,农业增加值连续8年低于300亿美元的水平,占GDP的比重最低时仅7.2%;2021年农业增加值重新超过300亿美元,增加至358.29亿美元,占GDP的比重为9.61%。

总体而言,马来西亚政府一直支持农业的发展,但农业增长率波动较大。目前,还有14类农产品无法实现自供自给,需要通过进口来满足国内市场需求。其中,超过50%的杧果和辣椒需要从国外进口,鸡肉、鲭鱼、螃蟹、金枪鱼、猪肉、芥末、圆白菜、白米、牛羊肉、椰子和番石榴等也需要从国外大量进口。

第二节　种植业

一、主要经济作物

(一)棕榈油

油棕原产于非洲西部,自1875年引进马来西亚,1917年马来半岛

---

[1] 韦朝晖:《马来西亚:2010—2011年回顾与展望》,载《东南亚纵横》2011年3期,第26页。
[2] 《马来西亚大力推广都市农业》,2018年5月18日,http://baijiahao.baidu.com/s?id=1600752870617184621&wfr=spider&for=pc,引用日期:2023年1月18日。

建立了第一个油棕种植园。目前,马来西亚是世界第二大棕榈油生产国,其棕榈油年产量达到2 000万吨,占全世界总产量的30%左右。马来西亚油棕的种植面积约占全国耕地面积的一半以上,超过500万公顷,是农业的主要支柱产业。[1] 2022年底,马来西亚油棕种植面积为567.47万公顷,其中,成熟面积达512.73万公顷,占总种植面积的90.4%。从种植区域来看,西马的种植面积为254.43万公顷(未成熟面积占9.2%),占全国总种植面积的44.8%。分州(区)看,沙捞越州种植面积最多,玻璃市的种植面积最少。其中,沙捞越州的种植面积为162.28万公顷(未成熟占8.2%),约占总种植面积的28.6%;玻璃市的种植面积仅886公顷。此外,沙巴州也是油棕的主要种植地区之一,种植面积为150.81万公顷(未成熟12%),约占全国总种植面积的26.6%。[2]

从成本—收益的角度来看,油棕的种植收益远高于大豆、油菜籽等其他作物。由表3-1可知,油菜籽的生产效率最低为7 970元/公顷,其次是大豆,为9 119元/公顷,最高的是棕榈油,每公顷产出的价值达到12 842元,较油菜籽的效率高60%,较大豆的效率高40%。棕榈油较高的单位土地面积产量和种植效率是其具有市场竞争力的关键因素。全球植物油脂价格的低位通常由生产效率较低的品种决定,这导致棕榈油的价格不易跌破其生产成本。有鉴于此,越来越多的农户选择转种油棕,早在1989年,油棕的种植面积就已超过橡胶,成为马来西亚最主要的经济作物。如表3-2所示,2019年种植面积达到最高峰的590万公顷,2020年起受新冠疫情影响,种植面积虽有所下降,但仍保持在570万公顷以上,从事油棕种植以及棕榈油产业的人员一直处于高位

---

[1] 《马来西亚棕榈油行业概述》,2019年1月13日,http://www.malaysiaeconomy.net/my_economy/three_industries/primary_industry/oilpalm/oil_palm_product/2019-01-13/46787.html,引用日期:2023年1月18日。

[2] MPOB,"Oil Palm Planted Area 2022",2023,https://bepi.mpob.gov.my/images/area/2022/Area_summary2022.pdf.引用日期:2023年1月18日。

水平,未来棕榈油产业还可能延续这种繁荣的状态。根据马来西亚棕榈油理事会(MPOC)的数据,2024年棕榈油的价格前景仍然乐观,预计平均交易价格为4 000林吉特/吨。

表3-1 以现价测算全球油脂作物单位产出价值

油脂作物	收割面积/万公顷	产量/万吨	单产/(吨/公顷)	最终产品价值/(元/公顷)
油菜籽	3 502	7 020	2.00	7 970
大豆	12 487	34 930	2.80	9 119
棕榈油	2 307	7 226	3.13	12 842

数据来源:兴证期货研发中心。

表3-2 2011—2021年马来西亚油棕种植面积

年份	2011	2012	2013	2014	2015	2016	2017	2018	2019	2020	2021
面积/千公顷	5 000	5 077	5 230	5 392	5 643	5 738	5 811	5 849	5 900	5 865	5 738

数据来源:大马经济网。

由于马来西亚油棕种植面积较大,棕榈油产业工人出现大量缺口。目前棕榈油产业85%以上的劳动力来自海外,且以印尼、孟加拉国、印度和缅甸为主,其中95%以上从事油棕种植园的收割及采集工作。在2019年新冠疫情暴发后,由于大多数海外工人无法入境工作,而本地的全职工人很少,出现油棕果实无人采摘的尴尬局面。由马来西亚棕榈油总署(Malaysian Palm Oil Board)在2021年进行的一项前期市场调查显示,全国缺乏31 021名收割工人,占整个行业正常所需工人的76%。由于劳动力短缺导致的损失不容小觑,根据马来西亚农业部的计算,按每天收获1.5吨棕榈鲜果串的保守估计,每年280个工作日农作物损失共计1 714.3万吨,产量损失接近20%,意味着每年损失342.9万吨原棕榈油(CPO)和85.7万吨棕榈仁。在本地人不愿意为当地油棕园出力的情况下,2021年9月16日马来西亚人力资源部决定特别批准引进3.2万名外国工人从事作物业,并制定了相关的标准作业程序,且在吉隆坡国际机场附近设立了一个可容纳2 000名工人的外国工人隔离中心,以缓解种植业人力短缺的问题。同时,加快实施生产流程的自动化和机械化的呼声愈发强烈。

(二)橡胶

20世纪初,马来西亚成为世界上最早进行人工栽培巴西橡胶树的国家之一。在这一领域,马来西亚的地位举足轻重,其天然橡胶的种植面积一度居世界之首。根据历史记录,1970年,马来西亚的橡胶种植面积达到了历史最高值2 019千公顷。然而,随着时间的推移,马来西亚的橡胶种植面积开始经历萎缩。如图3-1所示,到2000年,胶园的面积缩减至1 200千公顷,而到了2010年,更是降至1 020千公顷。马来西亚的橡胶种植面积在2010年之后逐年缓慢上升,近年来保持相对稳定。根据最新统计数据,2022年,马来西亚的橡胶种植面积为1 136千公顷。

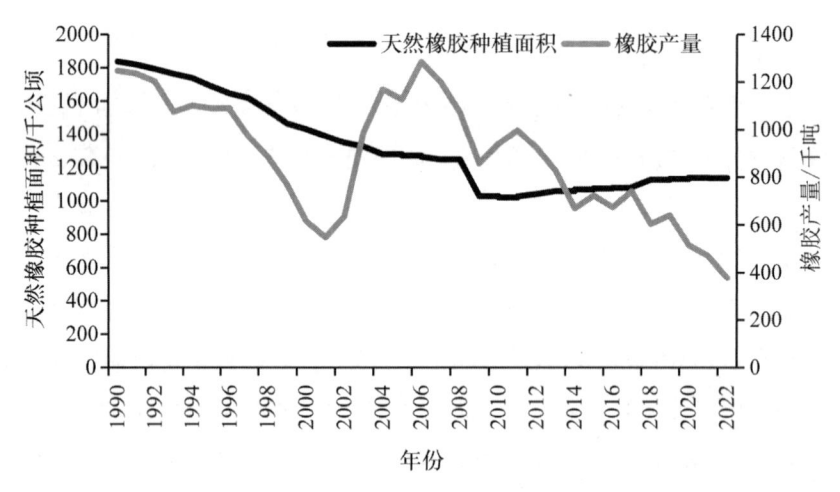

图3-1 1990—2022年马来西亚橡胶种植面积及产量

数据来源:CEIC数据库。

与马来西亚的橡胶种植面积相对应,20世纪80年代末其天然橡胶产量居世界首位,而1990年代后产量被泰国超越。2009年,马来西亚首次出现了天然橡胶进口量超过出口量的情况。随后在政府的引导下,出现了一些翻种、新种的橡胶园,使其总种植面积维持在1 000千公顷以上的水平,而产量下滑趋势却未能停止。2021年马来西亚天然橡胶产量约为47万吨,产量占全球总产量的3.3%,由原第三大主产国下降到第7位。

为什么在种植面积持稳后,马来西亚橡胶产量仍旧出现逐年下滑的现象?

一是橡胶产量在市场力量的作用下逐年萎缩。马来西亚的橡胶种植主体是小胶农,存在分散经营、市场风险较大等缺点。当油棕的产值远高于天然橡胶、生产成本当中的劳动力成本也低于天然橡胶时,农户纷纷转向种植油棕等经济作物,因此天然橡胶种植面积减少,产量也急剧下降。与此同时,近年来新种与翻种面积增量并不大,胶林老龄化比较严重,加之存在较为严重的割胶劳动力短缺以及居高不下的人工成本问题,即便天然橡胶价格重心有所上移,也难以扭转单产和开割率的向下趋势,产量在未来出现大幅回升的可能性也很低。

二是与政府政策加大对产业结构的调整有关。马来西亚政府积极发展橡胶下游产业,鼓励企业转型生产加工高附加值的橡胶工业制品,促进了马来西亚天然橡胶产业走向成熟阶段。目前,马来西亚的下游的橡胶制品有橡胶手套、充气轮胎、内胎、胶鞋、计生用品等,其中橡胶手套产业规模居世界首位。

在本国产量逐渐不能满足国内橡胶制造业需求的情况下,只能更多地将需求转向国外,马来西亚由传统的天然橡胶出口国变为了天然橡胶消费国。马来西亚每年进口大量浓乳,以满足国内浓乳产业的生产需求;进口部分天胶原料和半成品用于国内加工和再出口。2021年进口量达120万吨,乳胶约占28%,原料约占51%,其中进口泰国浓乳、非洲原料占比更大。马来西亚天然橡胶主要出口市场是中国、美国、德国、芬兰等,2021年出口量约106万吨,出口胶种主要是标胶,占比高达95%。近年来,马来西亚出口量整体有所下滑,出口至中国以标胶、混合胶为主的天然橡胶量相比其他区域下滑更为明显。

(三)可可

可可原产于拉丁美洲,1778年马来西亚开始广泛种植可可,1853年开始商业化种植可可。目前,可可是马来西亚仅次于棕榈油和橡胶的第三大出口农产品,主要产区在沙巴州约占总产量的62%,西马约占27%,沙捞越约占11%。马来西亚可可的产量在1990年达到历史最高值,约占世界总量的10%,之后便开始逐年下降,如图3-2所示。尽管马来西亚政府推出一系列政策措施致力于提高可可产量,但是由于可可树极易受到例如黑斑病菌等真菌和虫害侵袭,农户对于种植可可树始终存在顾虑。同时,可可树的生长周期一般在40年左右,新种树种一般在5至6年后才开始产果,30年后开始老化减产,40年后停止产果,因此许多农户逐渐转向种植油棕等利润更高、更易存活的经济作物,导致可可树种植面积出现萎缩和可可产量逐年降低。

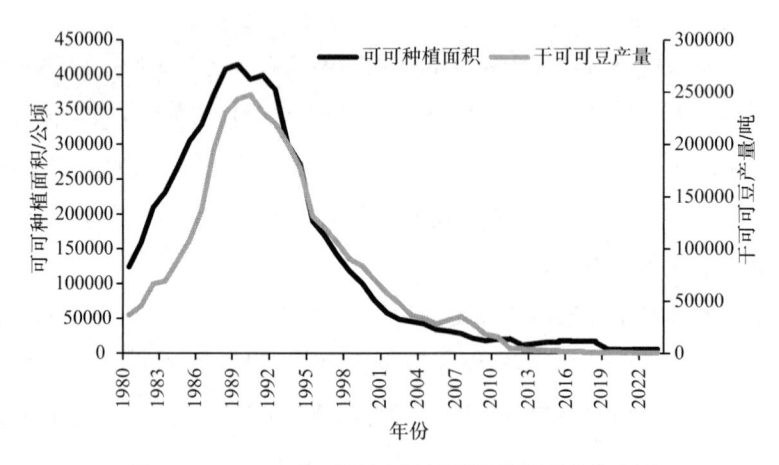

图 3-2 1980—2023 年马来西亚可可种植面积及产量

数据来源:CEIC 数据库。

目前,马来西亚已成为全球第七大以及亚洲第二大的可可产品生产国,在亚洲与大洋洲的市场占有率达22%。值得一提的是,马来西亚是亚洲重要巧克力生产国家。根据新思界行业研究中心发布的《2021—2025年马来西亚巧克力市场深度调研分析报告》,马来西亚国内共有巧克力制造企业和销售企业约数百家,产品出口超过100余个国家和地区。其中,可可油和可可粉等半制成品每年出口额约为29亿林吉特,巧克力以及巧克力相关制品每年出口额约为35亿林吉特。

(四)胡椒

胡椒原产于印度西南海岸西高止山脉的热带雨林,胡椒自古有"黑色黄金"之称,被誉为珍贵的食材佐料,是马来西亚重要的热带香辛作物,主产区为沙捞越,约占马来西亚的总生产量的98%以上。

独立后,马来西亚政府采取多元化农业发展政策,对胡椒产业进行扶植,胡椒的种植面积和产量逐渐增加。到20世纪70年代产量达到顶峰,后续种植面积和产量均大幅减少。1997年起政府开始重振胡椒产业,帮助小农户建立了27个优质白胡椒加工中心,同时开设胡椒期货市场以刺激现货交易,有效阻止了胡椒产量的下滑趋势。[1]

21世纪以来,马来西亚政府重视胡椒产业的研究与开发,通过加大资金投入、积极培育人才等手段,增强胡椒产品国际竞争力。目前全国约有2.96万名胡椒农,其中98%为沙捞越州农民。2021年胡椒种植面积为7 757公顷,产量达31 636吨,出口额达153.51百万林吉特,主要出口对象有日本、越南、韩国、中国、中国台湾、泰国、菲律宾、中国香港、西班牙等。其中,日本为马来西亚胡椒产品的最大出口国,出口量达3 180吨,占主要出口额的43%。

---

[1] 蔡东宏:《世界胡椒产销历史与现状》,载《世界热带农业信息》1999年第9期,第3页。

表 3-3　2012—2021 年马来西亚胡椒种植面积

年份	2012	2013	2014	2015	2016	2017	2018	2019	2020	2021
胡椒种植面积/千公顷	15	15	16	16	17	17.1	7.2	7.3	8	7.8

资料来源：大马经济网、Ministry of Plantation and Commodities。

(五) 椰子

椰子生产曾是马来西亚的基础农业之一，仅次于橡胶、稻米，居于第三位。但由于其收益低于可可、胡椒，更远低于棕榈油和橡胶，导致椰农纷纷转移生产重心，椰子种植面积和产量逐渐减少。如表 3-4 所示，2021 年，种植面积为 82.6 千公顷，沙巴、沙捞越、柔佛名列前 3 名。其中，位于柔佛州的峇株巴辖 (Batu Pahat) 是椰子种植著名聚集地之一，种植面积达逾 7 000 公顷。

表 3-4　2012—2021 年马来西亚椰子种植面积

年份	2012	2013	2014	2015	2016	2017	2018	2019	2020	2021
椰子种植面积/千公顷	101	88	88.1	82	84.6	83.3	83.4	86.5	84.9	82.6

资料来源：大马经济网、马来西亚国家统计局。

目前，椰子仍然是马来西亚农村经济的重要生活来源。随着椰子种植业的潜力被不断挖掘，马来西亚政府决定重振椰子产业，提出椰子复兴计划，在农业部门重点发展椰子加工业，把椰子工业视为未来 10 年的新财富来源。

(六) 其他经济作物

马来西亚还种植咖啡、茶叶和烟草等经济作物，但比重相对较小。

1. 咖啡

目前马来西亚咖啡种植面积大约为 2 000 公顷，咖啡品种及其分布主要为以下三类：(1) 小粒种咖啡分布在金马伦高原、沙巴基纳巴卢山麓丘陵和沙捞越山区,总面积估计不到100公顷;(2)中粒种咖啡种植在吉打州(薛坡、华玲、燕埠)、霹雳州(宜力)、吉兰丹州和丁加奴州;(3)大粒种咖啡在马来西亚最流行,主要种植在雪兰莪州、柔佛州、马六甲州和霹雳州。① 白咖啡是马来西亚的土特产,其原产地怡保市(霹雳州首府)是马来西亚最著名的华人城市,华人也是白咖啡的最主要消费群体之一。

2. 烟草

主要种植区在吉兰丹州,约占全国种植面积的2/3,后期开始向位于东部沿海地区的丁加奴高地(trengganu highlands)扩展。目前,马来西亚需大量进口烟草才能满足国内市场需求。2021年烟草原料出口30吨,烟草制品出口10 080吨;进口烟草原料8 520吨,进口烟草制品9 760吨。进口烟草原料数量远高于出口数量。② 2017年,政府再一次出台了烟草产品监管法案的修订案。根据新出台的修订案,计划到2045年马来西亚将成为一个无烟国家。因此,政府强化了公共场所禁烟的执法力度,例如在露天的公园内吸烟将面临高达10 000林吉特的高额罚款。③

3. 茶叶

20世纪20年代,南下打工的华人将茶叶引入马来西亚。1930年代马来西亚开始规模种植茶叶,其中金马仑高地(Cameron Highland)和沙巴州是集中产区。马来西亚茶叶的种植面积不大,每年保持在2 000公顷左右,每年产茶量约3 000吨。近年来,马来西亚的茶叶消费量显著增加,2022年全国年消费量约为3 590万千克,与2012年的

---

① John Pater、黄守宏:《马来西亚咖啡生产现状》,载《热带作物译丛》1990年第6期,第24页。

② 马来西亚原产业部:《DATA STATISTIK AGRIKOMODITI》,2022年12月6日,https://www.mpic.gov.my/kpk/statistik/stats-data-set,引用日期:2023年1月18日。

③ tabaccoreporter:2045 smoke-free target,2017年6月26日,https://tobaccoreporter.com/2017/07/21/2045-smoke-free-target/,引用日期:2023年1月18日。

2 230万千克相比,10年间增长了61%。人均消费量稳定在1千克左右。为了弥补市场需求,马来西亚从印度尼西亚、越南、中国、斯里兰卡、印度、巴布亚新几内亚、肯尼亚、马拉维、坦桑尼亚、莫桑比克、阿根廷、厄瓜多尔等主要茶叶生产国进口茶叶。据估计,目前马来西亚消费的茶中约有80%是加牛奶和糖的红茶,而中国茶和其他茶约占总消费量的20%。

二、粮食作物

长期以来,由于经济作物比重不断加大,马来西亚粮食作物的生产比较薄弱,不能自给自足。水稻是马来西亚的主导粮食作物,但仍存在较大缺口,每年需要从周边国家进口。此外,每年还要从美国、中国、加拿大、澳大利亚、阿根廷等国大量进口玉米、小麦、豆类等其他粮食作物,用以加工成饲料以满足国内畜牧业需求。

(一)水稻

马来西亚的水稻种植主要集中在马来半岛的中部和北部,其中吉打州是马来西亚米乡,被称为"米都"。马来西亚并没有本土水稻品种,主要依赖于进口的优质种子,并且水稻产量的高低落差较大。中部华人种植区的产量一般在8~10吨/公顷,高产田块甚至可达13吨,而占全国种植面积70%以上的马来人水稻种植区的产量水平一般在3~4吨/公顷。[①]

尽管马来西亚政府持续加大对稻米种植的支持力度,但仍无法满足国内日益增长的消费需求。粮食自给自足的问题始终未能得到根本性解决。自20世纪90年代以来,水稻的年种植面积基本维持在670千~700千公顷之间,大米的年产量也未超过200万公吨。然而,马来

[①] 倪建平、金千瑜:《马来西亚水稻生产、技术及经营考察》,载《中国稻米》2008年第2期,第30页。

西亚每年的大米消费量约为230万公吨。为填补产量缺口和满足国内的大米消费需求,马来西亚每年仍需从泰国、越南等国家进口大米。

表3-5 2010—2019年马来西亚稻米种植面积及产量

年份	2010	2011	2012	2013	2014	2015	2016	2017	2018	2019
稻米种植面积/千公顷	678	688	685	672	679	681	689	686	700	684
稻米产量/千吨	2 464	2 665	2 599	2 604	2 848	2 741	2 740	2 571	2 640	2 912
米产量/千吨	1 588	1 719	1 675	1 677	1 835	1 767	1 766	1 656	1 700	1 877

资料来源:马来西亚统计局。

马来西亚政府将大米生产作为确保国家粮食安全的重要保障之一,预期目标是实现83%的大米自给率,但2021年马来西亚的大米生产实际自给率仅为65%,仍有不少差距。新冠疫情期间,由于主要大米出口国限制部分出口,导致全球大米价格飙升,大米进口成本升高,低收入群体受到价格上涨的影响最大。下一步,马来西亚应加快农村基础设施升级,尤其是改善灌溉设施,减少水源浪费,同时通过引进外国优良品种、培育新品种、杂交育种、基因改造等方式不断地进行水稻品种改良,以期不断提高水稻种植的单产和质量。

(二)木薯

木薯于1836年传入马来西亚,1976年种植面积达到顶峰,随后种植面积和产量锐减。到20世纪80年代,泰国超越马来西亚成为最大的木薯出口国,马来西亚转而开始从泰国进口木薯。目前,马来西亚木薯淀粉的年进口量约为60万吨,本国木薯产业逐渐衰落,柔佛州是主要的木薯种植区。[1]

---

[1] 盘欢:《亚洲11国木薯生产概况》,载《广西热带农业》2009年第5期,第31页。

三、水果、蔬菜作物和花卉

(一)水果

水果产业在马来西亚占据着重要的地位。马来西亚主要盛产菠萝、香蕉、杧果、山竹、榴莲等热带水果,以及甜橙、柚、柠檬等少量的亚热带水果。同时,水果加工工业也已形成一定规模。水果深加工主要以菠萝汁、菠萝罐头的生产为主,其他的水果,如番石榴、百香果、菠萝蜜和香蕉等则被加工成果泥、果汁、零食、腌制品和果酱。近年来,马来西亚的水果在开拓海外市场方面取得不少突破性进展,特别是中国市场,正成为马来西亚水果产业一个庞大的新市场。2021年马来西亚出口到中国的农产品总值是33.75亿美元,主要包括菠萝、山竹、木瓜、西瓜、荔枝、龙眼、冷冻榴莲、红毛丹和椰子等水果。

榴莲是马来西亚最重要的水果,种植面积和产量均居全国首位。目前,马来西亚榴莲种植面积约7.6万公顷,榴莲总产量在40万吨左右。其中,彭亨州、柔佛州、沙捞越位列前3位,约占全国总产量的60%。榴莲是农业产业中的"黄金",可以以新鲜或冷冻的方式出口到国外,包括整颗榴莲、果肉和果泥等,近年来已成为马来西亚的主要出口商品,出口额逐年增长。根据马来西亚农业及粮食安全部统计,2017年至2023年,大马榴莲出口量为23.4万吨,总值超51亿林吉特,榴莲出口额的复合增长率为39%。截止到2023年底,马来西亚榴莲已成功出口至全球41个国家,排名前5名的国家和地区分别是中国、新加坡、中国香港、美国和澳大利亚。其中,中国是马来西亚榴莲的最大出口国,占73%,出口额接近38亿林吉特,总量超8.1万吨。为了满足中国市场的空前需求,马来西亚政府鼓励大规模种植榴莲,正在积极开发数千英亩土地,计划到2030年对中国的出口量提高50%。同时,马来西亚农业及粮食安全部也积极与中国海关总署协商,以寻求获得向中国出口榴莲鲜果的批准。

菠萝也是马来西亚重要的水果之一。菠萝的主要种植区在马来西亚半岛南部,而沙巴州的种植面积占全国菠萝种植总面积的6.1%,在所有州中排名第3。据马来西亚农业与粮食安全部统计数据,2022年菠萝产量为53.72万吨,占全年水果总产量的29.4%,近5年来首次取代榴莲(45.55万吨)登上马来西亚水果产量榜首,主要原因是国际市场对菠萝的需求不断增长,以及马来西亚政府对菠萝种植业的扶持。在2016年到2021年之间,马来西亚菠萝产品(包括新鲜菠萝、菠萝罐头等)的出口呈上升趋势,由2020年的6.42亿林吉特上升到2021年的11亿林吉特,这一数字已超过马来西亚第12个五年规划(12MP,截止到2025年)所设定的10亿林吉特的发展目标。

(二)蔬菜

在马来西亚,蔬菜的种植并不普遍。蔬菜生产基地主要集中在一些气候凉爽的山地高原,产品主要供应国内市场。并且蔬菜品种相对较少,主要是绿叶型蔬菜,如空心菜、苋菜、菜心等,而其产量也远远不能满足国内需求,因此依赖大量进口。进口的主要品种包括大葱、洋葱、大蒜、菜花、西兰花、胡萝卜、土豆、西红柿、辣椒、白菜、甘蓝、芹菜、蘑菇和韭菜等;主要进口国家和地区为澳大利亚、中国、泰国、香港、新西兰、美国和印度等。

就饮食习惯而言,马来人偏好酸辣食物。2020年的数据显示,马来西亚是中国辣椒干的最大出口目的地,其进口量达15 294.5吨。根据2021年马来西亚农业局的统计数据,马来西亚蔬菜总种植面积达到61 347公顷。其中,辣椒(包括长辣椒和米椒)的种植面积为3 946公顷,总产量为34 914.6吨。在马来西亚,农民更倾向于种植长辣椒,其种植面积(3,320公顷)是米椒(626公顷)的5倍多,而米椒的产量仅为1 889.4吨。主要生产辣椒的州属包括吉兰丹州、柔佛州和彭亨州的金马仑高原。

(三)花卉

马来西亚是全球切花的主要出口国之一,鲜切花的出口额每年超过 8 000 万美元。由于日本、新加坡和其他亚太等国家的需求增加,切花出口额在 2020 年至 2021 年间增长了 3.5%,达到 9 050 万美元。日本、泰国、新加坡、澳大利亚是马来西亚主要出口国,其中日本是最大出口国。马来西亚的大多数花卉产品都是为了满足出口市场需求而生产的,主要出口简单的气候花卉,如玫瑰、康乃馨、百合和装饰植物等。其中,兰花种类最为广泛,包括石斛、斯兰达和莫卡拉,新加坡、澳大利亚、日本和沙特阿拉伯是新鲜兰花的主要出口目的地。此外,马来西亚小菊花深受日本市场的喜爱,居所有出口花卉之首。

为促进花卉行业的增长,马来西亚政府提供了各种支持计划。在国家农业食品政策(2011—2020 年)中,政府已将花卉栽培列为其高价值产业之一,其中高原温带花卉种植区的开发面积预计将达到 120 公顷,涵盖罗晶高原、吉兰丹、金塔高原、霹雳州、沙巴州和沙捞越州等地。自 1992 年起,马来西亚政府还将每年的 7 月 2 日—9 日定为"花卉节"。在这期间,人们既可以观赏到各类传统名贵花种、新培植的高科技植物,也可以参加花车游行、花卉寻宝活动、花车游行、花卉摄影展、花艺工作坊等各项活动,以推动花卉种植和旅游业融合发展。花卉节不仅是马来西亚向国人、外国游客展示本国美丽多样植物资源的窗口,也是提升马来西亚花卉出口贸易发展的重要平台。

第三节 畜牧业

马来西亚禽畜业主要包括鸡、猪、牛、羊以及乳品加工,近年来在国民生产总值的比重平均为 0.7%,占农业总产值的比重平均为 8%。其中,猪肉、鸡肉和鸡蛋能够自给自足,但牛羊肉、牛奶及奶制品自给严重不足,需要从国外进口。

一、养鸡业

养鸡业是马来西亚禽畜业的主流,占禽畜生产总量的比例超过50%。全国共有3 000多家养鸡场和屠宰场,90%集中在西马。根据新思界行业研究中心发布的《2020—2024年马来西亚家禽市场投资环境及投资前景评估报告》,根据养殖品种不同,养鸡业大致可以分为肉鸡养殖和蛋鸡养殖两类,其中,肉鸡养殖前三品种包括AA、安拉克ANAK和HYBRO,养殖数量分别约占肉鸡养殖总数52.7%、8.9%、6.7%;蛋鸡养殖前3位的品种包括海赛克斯、巴布考克和海佩科,养殖数量分别约占蛋鸡养殖总数34.2%、25.1%、18.9%。由于马来国内民众整体对产品需求较大,所以产品优先以保障国内需求为主,少量产品用以出口,出口市场包括新加坡、新西兰等国。

目前,马来西亚养鸡业仍有不足之处,其国内养殖技术相对落后,而且大部分地区仍以小规模养殖为主,养殖企业对安全养殖认识不足,疫病防治工作存在短板,进而使得疫病风险较高。未来,普及、提升养殖技术,完善养殖体系,使之逐渐走上规模化、工业化、多元化养殖路线将是马来西亚养鸡业发展的重中之重。

二、养猪业

马来西亚的养猪业基本上采取小规模饲养场形式,大都是华人经营的农场。30万头以上的州有槟榔屿州、霹雳州、雪兰莪州和柔佛州。根据市场研究公司Statista的数据,2021年,马来西亚猪肉占肉类消费总量的8.5%(不包括海鲜)。马来西亚主要向新加坡出口冷冻猪肉和生猪,2021年马来西亚出口98 400头生猪,价值1.0945亿林吉特。与养鸡业成本构成一样,饲料成本占养猪业总成本的70%,其中进口饲料占80%~90%。近5年来,由于玉米、大豆和米糠等进口饲料价格不断上涨,加之非洲猪瘟的影响,出栏率呈现下降趋势,根据马来西亚兽医服务部门的畜牧统计数据,马来西亚的养猪出栏率已经从2018年的190万头降至2022年的160万头。

三、养牛业

马来西亚的养牛业以发展肉牛为主,肉牛占70%,水牛占16.8%,奶牛占13.2%。马来西亚养牛业多集中在西马,但饲养数量不足90万头,年产量仅有1.9万吨。相比之下,作为国内第三大消费牲畜产品——牛肉的年均需求量却高达12万吨,而牛肉自给率仅为17%。国内牛肉供应主要来自印度(77%)、澳大利亚(14%)和新西兰(5%),其中活牛通常从澳大利亚、泰国进口,而澳大利亚和新西兰牛肉则是优质清真肉的主要来源。另外,马来西亚的牛奶主要来自西马,由马来西亚兽医局管理的政府农场以及从事独立生产的个体农户供应,年供应量为2.2万吨,需求量为73万吨,自给率仅为3%,绝大多数牛奶需要从澳大利亚和新西兰进口。[①]

四、养羊业

养羊业占马来西亚禽畜业的比重很小。羊的养殖80%集中在西马地区,年均饲养数量约为38万只,年均产量约为0.09万吨,消费量为1.4万吨。本国羊肉生产不能自给,93%的羊肉需要进口,主要进口国为新西兰、澳大利亚。马来西亚的山羊养殖主要分布在吉打州和吉

---

① 《马来西亚禽畜业调研报告》,2014年2月18日,http://www.china-av.net/news-show.php?id=506,引用日期:2023年1月18日。

兰丹州,均占全国总数的18%以上,霹雳州和森美兰州则各占12%以上。绵羊养殖主要分布在吉兰丹州,约占全国总量的1/3。

第四节　林业

马来西亚的林业产业根据木制加工材料和商品类别可以细分为四个主要领域:一是锯材;二是单板和面板产品(即胶合板);三是模塑件和建筑细木工制品及木工制品(如门、窗等);四是家具和相关组件。锯材产量的近70%来自马来西亚半岛,沙捞越约占20%,沙巴约占10%;胶合板产量的约70%产自沙捞越,沙巴占20%,马来西亚半岛占10%。在木材行业中,马来西亚约80%~90%为中小型企业(森林合法性联盟)。家具制造业主要使用橡胶木、春茶木(Nyatoh)、船形木(Kembang Semangkok)、暗红柳桉(Dark Red Meranti)、娑罗双木(Balau)和相思木等木材。其中,橡胶木最受欢迎,马来西亚80%的木制家具都由橡胶木制成。

马来西亚是世界最大的热带硬木原木和锯材出口国,也是热带胶合板、单板和木线条的主要出口国。木材工业是该国出口创汇的重要来源之一。尽管受到新冠疫情的影响,马来西亚木制品出口行业在2021年仍实现了增长,出口额从2020年的220.2亿林吉特增至227亿林吉特(约合人民币344.85亿元),增长了3.1%。2022年,出口额进一步增长至252.1亿林吉特,增长10.6%。

马来西亚生产的主要木材产品有锯材、单板、木制模具、家具、规格材、木制预制房、层积材、木箱和柳条箱、铅笔、火柴、木制地板、胶合板、刨花板、模具刨花板、中密度纤维板等。然而,近年来深加工产品和非木材产品有了相当大的发展,前者包括如模具、家具、细木工板等,后者包括竹类、藤木、棕榈、树脂、蕨类、单宁酸、树皮、蔬菜、水果、油料及药用植物等。

  为提高本国木材产品的国际信誉和竞争力,马来西亚于1998年成立了马来西亚木材认证理事会(MTCC),并于2001年建立了马来西亚木材认证体系(MTCS),成为世界上最早开始组建木材认证体系的国家之一。2009年,MTCS与森林认证体系认可计划(PEFC)实现互认。目前,马来西亚已先后与丹麦、英国、德国、芬兰、比利时、瑞士、法国、新西兰、荷兰、日本、德国等41个国家实现互认,是当前亚太地区MTCS/PEFC认证的热带森林面积最大的国家。截至2021年3月31日,通过MTCS认证的森林总面积达到527.27万公顷,马来西亚有22个森林管理单位,占地面积513.98万公顷;同时还有8个森林种植管理单位,占地面积13.30万公顷;且有379名PEFC监管链证书持有人。根据马来西亚木材认证委员会的统计数据,2020年马来西亚从MTCS认证地区出口的木材产品情况如下:出口量从2019年的24.34万立方米增至2020年的26.3万立方米,增长8%;荷兰继续作为MTCS认证木材和木材产品的主要进口国,占出口总量的28%;其次是日本和英国,分别占19%和9%;孟加拉国、也门和斐济成为马来西亚MTSC产品的三个新兴市场,自2001年以来,该产品的进口国数量达到72个;马来西亚锯材出口占木材产品出口总量的比重从2019年的47%降至2020年的41%,木制装饰线条的出口也有所减少,但胶合板出口占比从2019年的8.8%上升至2020年的24%。

第四章
第二产业发展和空间分布

第一节 第二产业发展历程

独立后,为迅速改造不合理的殖民经济结构,马来西亚开始实施初级进口替代工业化战略,重点发展劳动密集型的进口替代工业,其中,20世纪60年代初期,食品、橡胶、化学等初级产品占工业部门比重较大;1960年代后期,开始向金属、食品、木制品、纺织品等行业倾斜,进口替代的轻工业开始发展;20世纪70年代转型初级出口导向工业化战略,重点发展以橡胶、锡矿、木材等资源为基础和以电器与电子元件等资源为基础的两大出口工业,其中,电机、食品、精密仪器、木制品工业、纺织业等工业部门显著增长;20世纪80年代进入到高级进口替代工业化阶段,开始扶持本国的重化工业,重点发展汽车制造、钢铁、石化、水泥制造、造纸和化肥制造等产业;20世纪90年代大力推行高级出口导向工业化,新兴制造业迅速发展,主要生产技术/资本/知识密集型工业产品,发展服务业,尤其是金融业,提出建设知识经济国家。[①]

纵观马来西亚工业化进程,具体分为以下五个阶段。

第一阶段(1957—1970年):初级进口替代工业化阶段。马来西亚

---

① 彭丽红、杨博:《海上丝绸之路重要节点:马来西亚的国家战略研究》,载《河北经贸大学学报》2016年第4期,第110~114页。

独立初期，为改造原有的殖民经济结构，马来西亚政府采取进口替代战略推进工业化进程，出台了一系列政策：(1)税收优惠，凡从事进口替代生产的本国企业或外国企业，可以按固定资产投资额及雇工多寡，享受2～5年豁免40％公司所得税的待遇；(2)允许外资企业自由汇出本利，不归国有；(3)对进口替代雷同的工业品实行进口许可制；(4)金融机构为进口替代企业提供贷款便利。① 这些举措极大地促进了制造业发展，1958—1968年，制造业产量以年均17.4％的速度迅速增加，在GDP中所占比重由1960年的8.5％上升至1970年的13.1％。② 然而，进口替代工业化的弊端也日益显现，如国内市场的饱和以及制造业受到政府过分保护不利于工业的真正繁荣；国家经济没有摆脱对外资和进口的依赖等。同时，1960年代中期经济发展与社会公平之间的矛盾愈发突出，国内种族关系越来越紧张③，为此，1968年出台了《投资奖励法》，表明工业化战略重点开始从进口替代转向出口导向。

第二阶段(1970—1981年)：初级出口导向工业化阶段。1970年，"新经济政策"(NEP)开始执行，目的是重点发展面向出口、劳工密集、资本密集的出口导向工业，通过实现经济均衡发展，改善人民生活，消除贫困。④ 1971年，《第一经济展望纲要》(OPPI)制定。1975年，马来西亚联邦政府颁布了重要的《工业调整法》，核心内容为"制造业许可制度"，即制造业企业必须申请制造业许可证。"制造业许可制度"意在提高马来人的经济收入，缩小不同族群间的经济差距。然而，这项政策同时也导致族群内部收入差距扩大。同期，华人族群内部的收入比从

---

① 沈红芳：《马来西亚工业化政策及其发展模式从比较研究的视角》，载《南洋问题研究》2007年第2期，第2～3页。

② 刘晓平：《马来西亚工业化：进程、战略及启示》，载《东南亚纵横》2015年第12期，第11页。

③ 陈晓律等：《马来西亚——多元文化中的民主与权威》，四川人民出版社2000版第139～144页。

④ 沈红芳：《马来西亚工业化政策及其发展模式从比较研究的视角》，载《南洋问题研究》2007年第2期，第3页。

1.47 增长到 1.72,马来人族群则从 1.43 增长到 1.55。① 出口导向的工业化战略刺激了寻求"廉价劳动力"的劳动密集型产业的发展,改变了产业结构,促成了马来西亚独立后最主要的商品出口繁荣期的到来。制造业占 GDP 的比重由 1970 年的 13.4% 上升至 1980 年的 20.5%,而农业占 GD 的 P 比重同期由 30.8% 下降至 22.2%。②

第三阶段(1981—1989 年):高级进口替代工业化阶段。1981 年开始实施的第 4 个马来西亚五年计划强调扶持重化工业的原则,重点发展汽车制造业、钢铁业、石化、水泥制造、造纸业和化肥制造业等。为了使重化工业有计划、有步骤地进行,政府专门成立了马来西亚重工业公司,对其实施有效的管理、协调和监督。③ 以政府为主导、重化工业为主体的第二次进口替代工业在 20 世纪 80 年代前半段有力拉动了经济增长,但重化工业项目多集中于资本密集型产业,资本回收期长,加之国际市场竞争激烈,导致产品滞销。20 世纪 80 年代中后期,马来西亚及时进行国有重化工业的产权多元化改革,重新突出出口导向工业。1985 年联邦政府大幅度放宽了《工业调整法》中针对外商投资的限制,1986 年又颁布了《促进投资法案》。1986—1990 年制造业年均增长 13.7%;到 1990 年,马来西亚制造业的产值占国内生产总值的比重已达 27%。

表 4-1　第一远景计划的第二产业主要行业目标与成就(1970—1990 年)

指标	行业	1970	1990 目标	1990 达成
占国内生产总值的比重/%	制造业	13.9	26.2	27.0
	建筑业	3.8	4.7	3.5

---

① 邹明晶:《马来西亚工业调整法对农民增收的启示》,载《云南社会主义学院学报》2013 年第 3 期,第 203 页。
② 刘正良、刘厚俊:《马来西亚工业化进程中外资影响及其借鉴》,载《亚太经济》2005 年第 1 期,第 30 页。
③ 刘晓平:《马来西亚工业化:进程、战略及启示》,载《东南亚纵横》2015 年 12 期,第 12 页。

续表

指标	行业	1970	1990目标	1990达成
占总就业率的比重/%	制造业	8.7	16.8	19.5
	建筑业	2.7	3.6	6.4

资料来源：大马经济网。

第四阶段(1990—2000)：高级出口导向工业化阶段。1991年马来西亚政府公布了两个中长期经济计划，即《第二个远景计划纲要(1991—2000年)》和《2020年宏愿(1991—2020年)》。《第二个远景计划纲要(1991—2000年)》继承了新经济政策的精神，同时强调经济公平均衡发展，鼓励不同族群之间的经济合作。《2020年宏愿(1991—2020年)》的总目标是到2020年将马来西亚建成一个工业化先进国家。这个时期工业化重点转向资本与技术密集型产业，高科技产业得到发展，国内经济日益增强。1991—1997年平均经济增长率达8.74%，制造业比重从1990年的27%升至1997年的34.3%。[1] 1997年东亚金融危机对马来西亚的货币和股市造成沉重打击，马来西亚开始认真反思工业化战略，积极扶持新兴科技产业，放宽投资政策限制，吸引外商投资。1999年经济开始复苏，2000年经济增长率达8.5%，制造业产值为675.51亿林吉特，占国内生产总值的33.4%；就业人数245.5万，占全国就业人数的27.6%。[2]

表4-2 第二远景计划的第二产业主要行业目标与成就(1990—2000年)

项目	产业	1990	2000目标	2000达成
占国内生产总值/%	制造业	24.6	37.2	33.4
	建筑业	3.5	3.5	3.3
占总就业率的比例/%	制造业	19.9	23.9	27.6
	建筑业	6.3	7.4	8.1

[1] 刘正良、刘厚俊：《马来西亚工业化进程中外资影响及其借鉴》，载《亚太经济》2005年第1期，第31页。

[2] 刘晓平：《马来西亚工业化：进程、战略及启示》，载《东南亚纵横》2015年第12期，第13页。

续表

项目	产业	1990	2000目标	2000达成
年均增长率	制造业		10.5	10.4
	建筑业		7.0	6.4

资料来源：大马经济网。

第五阶段（2000年至今）：高附加值阶段。进入21世纪以来，马来西亚联邦政府实施一系列经济调整政策和措施，促进经济快速发展与转型，工业开始向知识和技术密集型转变，工业产品附加值不断提高。2021年，制造业增加值为3 816.43亿林吉特，约占国内生产总值的23.5%。截至2021年末，制造业是唯一超过疫情前水平的领域，其他领域则仍低于疫情前水平。与疫情前相比，2021年的制造业销售额较2019年增长了13%，为1.55万亿林吉特，共有4个分支领域的销售额超越了2019年，分别是石油、化学品与橡胶产品，增长24.4%；食品与烟草产品，增长21.2%；电子产品，增长13.9%；运输设备及其它制成品，增长7.4%。[①]

从部门结构分布来看，马来西亚的工业主要由资源为基础的初级产品加工业和面向出口的制成品加工业组成。其中，本国中小企业投资集中于初级加工部门；本国大公司主要投资能源、电信、汽配、钢铁、化工、纺织、汽油、水泥和食品加工等行业；外国投资公司主要集中在轻工业、石油、电子电气、化工等部门。

为赶上工业革命4.0发展浪潮，马来西亚在过去十余年间先后出台了"多媒体超级走廊""数字经济蓝图""国家数字化转型计划"等多项计划和政策来推动数字化发展。2022年，马来西亚政府基于2030国家愿景推出名为"MyDIGITAL"的数字倡议，旨在通过促进数字技术普及、支持本地科技公司发展、吸引高价值数字投资等三大举措，提高

[①] 《2021年马来西亚制造业销售额同比增长15.5%》，2022年2月11日，http://my.mofcom.gov.cn/article/jjdy/202203/20220303284240.shtml，引用日期：2023年2月15日。

该国在全球数字革命和数字经济领域的竞争力,促进数字经济发展。

不过,随着第三产业的快速发展,工业占GDP的比重呈逐年下降趋势。据统计,工业增加值占国内生产总值的比重由2000年的48.3%下降至2021年的37.7%,第二产业对国内生产总值的贡献率也由2000年的60.3%下降至2021年的32.2%。[1]

第二节 能源产业

能源产业是马来西亚经济增长的重要推动力,占马来西亚GDP的将近20%。一方面,2010年实施的新税收政策和投资激励措施刺激了马来西亚深水和边际油田的勘探开发活动,促使能源效率不断提高,同时也促进了替代能源的发展;另一方面,马来西亚政府积极引进能源开发利用的新兴技术和下游服务项目,致力于打造集存储、贸易、发展为一体的亚洲顶级能源大国。

从能源供给来看,资源禀赋决定了马来西亚以石油天然气为主、煤炭为辅的一次能源消费结构,其一次能源供应呈现持续增长态势,但近年来增速有所放缓。而从可再生能源来看,马来西亚在水力、太阳能和生物质能方面拥有巨大潜力,2010年以来可再生能源经历了缓慢而稳定的增长,但仍然远落后于化石燃料。截至2020年,可再生能源在发电结构中的份额仅为2%。近年来,马来西亚政府重视可再生能源行业的发展,并推出了一系列投资鼓励政策,包括上网电价、税收优惠以及可再生能源拍卖政策等,能源基建市场前景较为广阔。

---

[1] 钟继军、唐元平:《马来西亚经济社会地理》,世界图书出版公司2014年版,第132~135页。

第四章
第二产业发展和空间分布

一、石油工业

马来西亚地理位置优越，位于海上能源贸易的重要航线上。截至2021年，马来西亚仍是东南亚第二大石油和天然气生产国，也是全球第五大液化天然气(LNG)出口国。

马来西亚国家石油天然气公司（Petroliam Nasional Bhd，简称Petronas）拥有马来西亚所有油气勘探和生产项目的所有权，并负责管理所有相关许可程序。马来西亚总理直接掌控Petronas及其董事会的任命。自1974年创办以来，Petronas已成为一家综合性的跨国石油天然气公司，与全球70多个国家的上下游企业有业务往来。由于油田老化，马来西亚的原油产量正面临下滑，尤其是在马来西亚半岛浅水区域的大油田。为了抵消老化油田下滑的产油量，2013年Petronas增加了油气板块勘探开发活动的支出，并逐渐转向开发深水油田，以期提高产量。

图4-1展示了2002年至2023年期间马来西亚的年原油产量、进口量以及出口量的变化趋势。从图中可以看出，2002年至2022年，马来西亚原油产量整体呈下降趋势。根据期间22年的观测结果，其原油产量的平均值为228 059.21千桶，历史最高值出现于2004年，达280 397.28千桶，而历史最低值则出现于2022年，为169 302.66千桶。2023年的原油产量为182 235.25千桶，相较于2022年有所增加。

马来西亚的原油出口量在2002—2023年间也呈现出一定的波动，但总体上其变化趋势与原油产量相似。其间出口量的平均值为108 813.09千桶，历史最高值出现于2004年，达136 343.26千桶，而历史最低值则出现于2021年，为69 823.52千桶，2022年和2023年略有回升。

相比之下，原油进口量在这段时间内波动较大，但总体上呈现出增长的趋势，尤其自2021年以来，马来西亚的原油进口量迅速增长。马来西亚的原油进口量在2002—2023年间的平均值为74 057.37千桶，2002年进口量为50 174.38千桶，而在2003年创造新高，达154 068.39千桶。

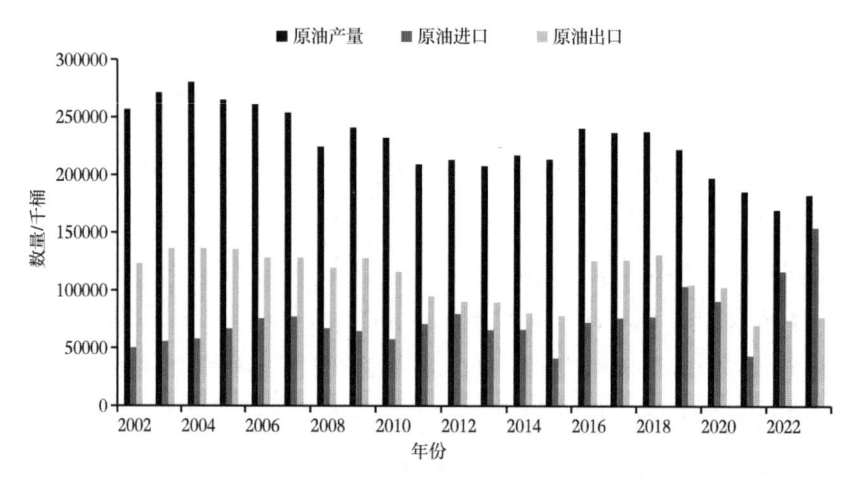

图 4-1　2002—2023 年马来西亚原油产量、进出口量

数据来源：CEIC 数据库。

随着化学、石化和运输行业对精炼石油产品的需求激增，马来西亚的炼油行业正在显著增长。自 2013 年以来，马来西亚液化石油气（LPG）的产量持续攀升。根据马来西亚统计局的数据，2021 年，马来西亚的 LPG 产量达到了约 270 万吨。在过去 20 年间，马来西亚积极投资于炼油领域，旨在满足国内对石油产品的需求。依据《世界能源统计年鉴 2023》的数据，截至 2022 年，马来西亚在全国范围内拥有 7 个炼油设施，总炼油能力达到大约 95.5 万桶/日。

二、天然气

马来西亚不仅石油方面天赋异禀，在天然气方面，还是继卡塔尔和澳大利亚之后的全球第三大液化天然气（LNG）出口国。目前，马来西亚天然气主要分布于东部沙捞越近海区域，而沙捞越和沙巴地区天然气已探明储量的增加，也使得近年来马来西亚半岛下降的油气储量得以恢复。

与石油部门类似，马来西亚政府掌控该国天然气价格，国有 Petronas 也主导着整个天然气行业。该公司垄断所有上游天然气开发活动,并在下游和LNG贸易中发挥着主导作用。大多数天然气生产都来自Petronas与外国油企合作运营的产量分成协议。壳牌仍是该国最大的天然气生产商,也是马来西亚深水项目发展的重要参与者。除壳牌外,墨菲、康菲、Nippon Oil和三菱也是在马来西亚投资上游天然气田的国际石油巨头。马来西亚天然气公司(Gas Malaysia)是马来西亚最大的非电力用途天然气分销公司,也是唯一一家可以在马来西亚半岛运作的能源企业。此外,沙捞越天然气分销公司服务于沙捞越天然气消费者,70%的股份由政府持有;沙巴能源公司在沙巴州运营天然气资产。

马来西亚是天然气管道部署最广泛的亚洲国家之一。1998年完工的半岛天然气应用计划(PGU)项目,扩大了马来西亚半岛天然气业的输送能力。半岛天然气输送管系统全长1 700多公里,设于马来西亚半岛东海岸的天然气加工厂延伸至西海岸,并由北部的马泰边界延伸至南端的新加坡,提供加工天然气于电力领域、工业区和住宅区。PGU系统涵盖6家天然气加工厂,每日总生产量达20亿标准立方英尺天然气。

根据石油输出国组织(Organization of the Petroleum Exporting Countries,OPEC)统计,1960年至2022年间,马来西亚天然气产量的平均值为16 150百万立方米,该数据的历史最高值出现于2022年,达71 287百万立方米。如图4-2所示。

马来西亚的天然气出口量在1960年至2022年间的平均值为9 550百万立方米。该数据的历史最高值出现于2022年,达40 951百万立方米。马来西亚的天然气进口量在1975年至2022年间的平均值为0百万立方米。该数据的历史最高值出现于2022年,达4 967百万立方米,相较于2021年的2 870百万立方米显著增长。

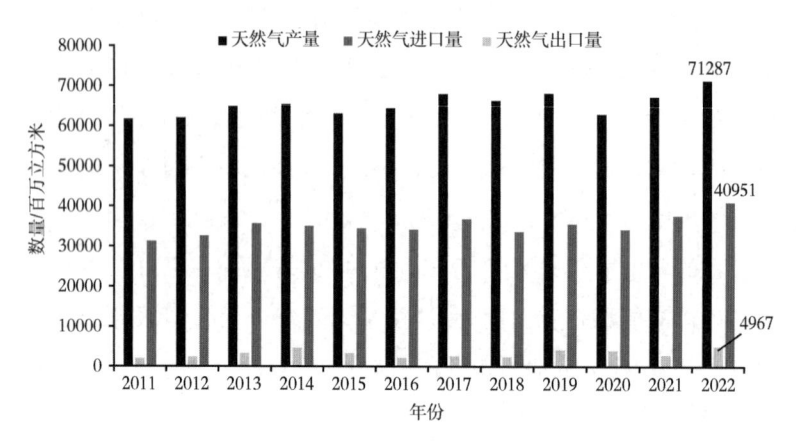

图 4-2　2011—2022 年马来西亚天然气产量、进出口量

资料来源：Organization of the Petroleum Exporting Countries。

三、煤炭产业

马来西亚的煤炭产业整体表现为低产量和高需求。储量方面，马来西亚的可开采煤炭储量仅约 17.3 亿吨，随着逐年开采的积累，煤炭产量整体呈现走低趋势。从需求方面来看，马来西亚煤炭主要用于火力发电。目前，该国的煤炭勘探和开采主要集中在沙捞越州，生产煤田集中在 Bintulu、Merit-Pila、Silantek 和 Tutoh 四个地区。特别是 Merit-Pila，作为马来西亚最大的煤田，其 80% 的产量被沙捞越能源有限公司（SEB）用于发电。

然而，马来西亚的煤炭产量远远无法满足国内的需求，因此，超过 90% 的煤炭需求依赖于进口。根据阿格斯（Argus）的信息数据，2022 年马来西亚进口了 3 180 万吨煤炭，包括非炼焦烟煤、亚烟煤和褐煤等，主要来源国为印度尼西亚、澳大利亚、俄罗斯和南非。其中，从印度尼西亚进口的煤炭大约占总进口量的 78%。

四、电力工业

马来西亚的发电方式主要有火力发电、水力发电以及非水力新能源发电这三种,由于国内石油和天然气资源储存量相对丰富,火力发电成为马来西亚的主要电力来源。根据美国能源信息管理局(EIA)的数据,2020年马来西亚的发电量中有84.57%来自化石燃料,有15.01%来自水电,有0.41%来自太阳能。马来西亚的电力来源高度依赖于化石燃料。目前,马来西亚的大部分电力来自煤炭发电,短期内其地位仍然难以撼动。位于马来半岛霹雳州西海岸一座人工岛上的曼绒电厂是当前东南亚最大的燃煤发电厂,能够为超过200万家庭供应电力,满足了马来西亚半岛约22%的电力需求。

2019年,马来西亚公布了电力领域的十年蓝图规划——《马来西亚电力改革2.0计划》,拟逐步开放马来半岛电力燃料来源、发电、输电等多个方面的投资限制,允许更多独立企业进入电力领域。此外,马来西亚政府致力于调整能源结构,大力发展可再生能源发电项目,力争到2025年实现可再生能源发电的占比达到25%,并在2050年实现碳中和的目标。为实现上述发展目标,近年来,马来西亚政府出台多项相关政策,包括停止建设所有新的燃煤电厂、提前关闭部分燃煤电厂、加大对可再生能源发电项目的支持力度、制定新法规限制能源浪费等,并且在2021年国家预算中,将绿色投资税收补贴和绿色所得税减免激励措施延长至2025年。另外,马来西亚政府还积极加强与私营部门的绿色能源贸易,并推出《2035年可再生能源转型路线图》。

根据Fitch Solutions预测,到2030年,马来西亚火力发电占总发电量的比重将由2021年的87.96%降至86.51%,水电占总发电量的比重将从2021年的11.08%上升至12.45%,而可再生能源发电量占总发电量的比重预计将由2021年的0.97%上升至1.05%。如表4-3所示。

表 4-3 2021—2030 年马来西亚发电量占比情况

年份	2021	2022	2023	2024	2025	2026	2027	2028	2029	2030
火电占比/%	88.0	88.3	88.5	88.5	88.5	88.1	87.9	87.4	87.0	86.5
煤电占比/%	46.4	45.8	45.7	45.3	45.2	44.7	44.3	44.0	43.7	43.4
天然气发电占比/%	41.1	42.1	42.4	42.8	42.9	43.0	43.1	43.0	42.9	42.7
水电占比/%	11.1	10.7	10.5	10.5	10.5	10.9	11.1	11.6	12.0	12.5
可再生能源发电占比/%	1.0	1.0	1.0	1.0	1.0	1.0	1.0	1.0	1.0	1.1

资料来源：Fitch Solutions 数据库。

值得一提的是，中马两国在可再生能源发电领域的合作不断深化。根据 2019—2021 年中国对外承包工程的新签合同，中马新签合同额大于 500 万美元的电力工程建设项目达到 19 个，涉及金额达 9.4 亿美元。其中，光伏项目有 7 个，光伏发电已逐渐成为中国对马来西亚承包工程的主要领域。2021 年中马两国部分新签电力项目如表 4-4 所示。根据 Fitch Solutions 发布的数据，预计到 2025 年，马来西亚太阳能、生物质能和沼气发电装机容量将占到总装机容量的 31%。未来中马两国在电力领域的合作潜力巨大。[1]

表 4-4 2021 年中马两国部分新签电力项目

序号	项目	企业名称
1	马来西亚沙捞越州 4X11 兆瓦生物质电站项目群	中国能源建设集团国际工程有限公司
2	马来西亚巴莱水电站主体机电项目	中国水电建设集团国际工程有限公司
3	马来西亚沙巴州特雷克森 40 兆瓦小水电设计、采购、施工和调试（EPCC）项目	中国水电建设集团国际工程有限公司

[1] 中国对外承包工程商会：《2022"一带一路"基建指数国别报告——马来西亚》，2022 年 9 月 1 日，https://en.chinca.org/CICA/PublicationsList/TP/220901 10123211，引用日期：2023 年 3 月 2 日。

续表

序号	项目	企业名称
4	马来西亚槟城千伏跨海输电线路项目	中国港湾工程有限责任公司
5	马来西亚巴州特雷金升40兆瓦小水电设计、采购、施工和调试（EPCC）项目	中国水利水电第七工程局有限公司
6	马来西亚登嘉楼州马江地区100兆瓦光伏项目	中国水电建设集团国际工程有限公司
7	马来西亚UiTMW 50兆瓦光伏电站项目总承包合同	中国电力工程顾问集团西北电力设计院工程有限公司
8	马来西亚柔佛州玛拉工业大学25兆瓦光伏项目	中电投电力工程有限公司
9	马来西亚文德甲自备电厂供货项目主合同	东方电气集团国际合作有限公司
10	马来西亚吉兰丹州IDIWAN 45兆瓦光伏电站项目	中国机械设备工程股份有限公司

资料来源：中国对外承包工程商会。

在行业监管方面，电力行业作为基础性产业，其发展受到当局政府的严格监管。从区域分布来看，马来西亚的电力市场大体可以分为马来西亚半岛（西马来西亚）、沙巴州和沙捞越州这三大地区。其中，西马来西亚和沙巴州的电力供应系统主要由国家能源委员会（EC）监管，沙捞越州则具备一定的自主性，地区内的电力供应系统由其州属电力督查司负责管理。除此之外，马来西亚政府还通过持股马来西亚国家电力公司（TNB）、沙巴州电力公司（SESB）与沙捞越州电力公司（SEB）这三家垂直一体化的国家电力集团参与国内的电力建设项目，以此有效地监管与控制电力行业。

第三节 制造业

制造业是马来西亚经济的支柱产业之一,2021年制造业占国内生产总值的比重为23.5%。新冠疫情期间,由于旅游业疲软、服务业受创,制造业成为马来西亚经济发展的最大动力产业。与2019年新冠肺炎疫情暴发前相比,2021年的制造业销售额增长了13%,且共有4个分支领域的销售额超越了2019年,分别是石油、化学品、橡胶与塑料产品(增长24.4%)、食品与烟草产品(增长21.2%)、电子产品(增长13.9%),以及运输设备及其他制成品(增长7.4%)。2021年,马来西亚制造业全年销售额同比增长15.5%,增至1.55万亿林吉特;雇员人数和薪金分别同比增长2.7%和3%;每名雇员的销售额同比增长12.4%,至68.81万林吉特。如表4-5和表4-6所示。

表4-5 2017—2021年制造业生产指数及就业人数

年份	2017	2018	2019	2020	2021
生产指数 (1992=100)	174.84	166.49	153.40	138.52	193.04
就业人数/ 万人	247.8	253.1	258.8	258.4	270.2

资料来源:马来西亚国家统计局、CEIC数据库。

表4-6 2019—2021年马来西亚国内部分行业对GDP的贡献
(2015年不变价)

单位:%

年份	2019	2020	2021
农业	7.3	8.1	9.7
采矿业	8.8	9.1	8.1
制造业	21.7	22.0	23.7

续表

年份	2019	2020	2021
建造业	4.8	4.0	3.6
服务业	57.5	56.9	54.9

资料来源：CEIC 数据库。

一、汽车产业

汽车产业在马来西亚被认为是最重要、最具战略意义的行业之一。马来西亚汽车工业从无到有经历了三个阶段：一是 20 世纪 60 年代前的汽车整车进口阶段；二是 20 世纪 60 年代至 80 年代的散件组装阶段；三是 20 世纪 80 年代后民族汽车工业起步发展阶段。

1983 年，马来西亚诞生了首个国产品牌——宝腾汽车（Perusahaan Otomobil Nasional Bhd，简称 PROTON），联邦政府是宝腾最大的股份。随后 10 年，在低息贷款政策的推动下，其国内市场份额曾一度高达 80%。宝腾最初主要经营汽车及汽车零件，1996 年成功收购了英国豪华跑车品牌路特斯（LOTUS）集团 80% 的股份，使其具备了独立完成从轿车开发到生产的能力。2003 年，宝腾收购了英国莲花汽车 100% 的股份。但随着马来西亚国内汽车市场逐步开放，同时受到低标汽车、有限的售后服务以及外国汽车制造商的多重冲击，2017 年宝腾的国内市场份额下降至 14% 左右。2017 年 6 月 23 日，吉利集团收购了宝腾 49.9% 和路特斯 51% 的股份，成为宝腾的独家外资战略合作伙伴。宝腾汽车目前仍是东南亚地区唯一成熟的整车制造商，业务范围覆盖英国、中东、东南亚及澳大利亚。

北大鹿（Perodua）是马来西亚本土的第二大汽车厂商，为 1992 年成立的一家私有企业，全球领先的小型车制造企业——日本大发（DAIHATSU）持有其 20% 的股权。北大鹿以生产小型车为主，其经济实惠的品牌定位符合当地居民的消费能力，是目前马来西亚唯一一家月销量破万的汽车销售品牌，已成为该国国内市场的领头羊。目前，北大鹿的国内市场份额已达到40%左右。

目前，马来西亚的国产汽车在造型设计、规模化生产以及零配件生产配套等方面均已实现了国产化，国产车的产能和销量在马汽车工业中占据绝对比重，如表4-7所示。其中，北大鹿、宝腾两个本土品牌的市场占有率接近60%。马来西亚目前已成为继印度尼西亚、泰国之后东盟地区第三大汽车市场。

表4-7　马来西亚汽车销量前10位品牌

排名	品牌	占有率/% 2020年3月	占有率/% 2019年3月
1	Perodua	42.5	46.5
2	宝腾	16.2	12.2
3	本田	16.2	17.3
4	丰田	10.4	9.4
5	马自达	2.6	2.0
6	日产	1.3	3.1
7	宝马	1.1	1.8
8	大众	0.6	1.0
9	现代	0.6	0.4
10	沃尔沃	0.3	0.4

数据来源：pualtan.org。

2020年以来，马来西亚政府将新能源汽车发展作为汽车行业转型升级的重点。2022年底，马来西亚国际贸易和工业部（MITI）表示，到2025年将完成建造1万个电动汽车公共充电桩的目标，并提出到2030年实现电动车在汽车总销量中占比达到15%、2040年达到38%的渗透率目标。为此，马来西亚政府制定了一系列激励措施，力图在新能源汽车的浪潮中谋求更大的发展。2023年2月，马来西亚首相兼财政部长安瓦尔向国会提交的2023年度财政预算案中，在原有税收优惠的基础上再次大幅度提高了对新能源车的税收激励优惠。与此同时,马来西亚积极吸引更多海外知名车企到国内发展新能源汽车。瑞典汽车品牌沃尔沃在2022年3月正式发布了旗下的入门级跨界SUVXC40的纯电动版本,并为马来西亚消费者推出插电式混合动力(PHEV)和纯电动(EV)两种形态供选择。2022年7月,韩国三星旗下的SDI Energy Malaysia Sdn Bhd宣布将在马来西亚森美兰州芙蓉市建造一家新能源工厂,主要生产电动汽车电池,新工厂预计将于2025年开始运营,计划每年生产电池约8亿只。

作为马来西亚最大的外资来源国,中国与马来西亚在新能源汽车领域的合作不断走向深入。2017年,比亚迪汽车成功出口马来西亚,比亚迪纯电动大巴K9已在吉隆坡投入运营。2022年,比亚迪汽车工业有限公司与马来西亚森那美汽车进口私人有限公司正式签约,达成新能源乘用车进口合作协议。马来西亚正在成为中国新能源汽车出海东南亚的"第二战场",而中国车企也有望以马来西亚为"根据地",辐射整个东南亚乃至全球的新能源汽车市场。如表4-8所示。

表4-8 中、马两国民族汽车工业概况比较

	中国	马来西亚
目前市场规模	2 000万+	50万+
本土品牌概况	品牌数目过多、各品牌规模小、单位市场占有率低	品牌数目少、各品牌规模大、市场占有率高
自主品牌起步时间	1997年	1983年
经历阶段	代工、模仿、自主研发	CKD组装、代工、自主研发
主要品牌	吉利、奇瑞、传祺、长安、比亚迪、长城等	宝腾、Perodua
市场占有率	45%以上	50%以上
平均市场占有率	不到5%	45%以上

续表

	中国	马来西亚
实现外销品牌	吉利、长城、奇瑞、比亚迪、江淮等	宝腾
目前发展模式	逆向研发为主,自主研发为辅,部分收购外资技术	收购外资吸引技术,自主研发和合作生产同步

资料来源:中国汽车工业协会、马来西亚汽车工业协会。

外资车企的引入也加快了马来西亚的汽车电动化转型和基础设施的完善。数据显示,截至2022年底,马来西亚的充电桩数量为902个,包含混动车型在内的电动汽车共有21.66万辆,国内消费者对于新能源汽车的需求明显增长。与此同时,马来西亚本土发达的半导体产业集群和广阔的发展前景又能够深度赋能落地马来西亚的外资车企,帮助其进一步实现新能源汽车产业的升级和"走出去"的出海愿景。

二、电子电器制造业

电子电器制造业肇始于20世纪60年代的技术引进与外资合作。马来西亚第一家电子工业企业是1966年在莎亚南创办的松下电器公司。从20世纪70年代,电子电器制造业开始迅猛发展。1978年,电子电器工业曾创造了国内三个"第一",即增值额占制造业增值总额的比重名列第一,占比为10.9%;就业人数占制造业就业人数的比重名列第一,占比为17%;出口额占制造业出口总额的比重名列第一,占比为47%,成为制造业支柱部门。20世纪80年代,马来西亚电子电器工业继续快速发展,其中1987年电子电器工业出口额首次超过原油出口额,成为马来西亚最大的出口工业;1988年电子电器工业的就业人数达到13.2万人,创造了马来西亚单项工业中的就业人数第一。目前,电子电器产业在创汇、投资、产出、增值、就业等方面为马来西亚作出了巨大贡献,连续多年成为最主要的出口创汇产业,是马来西亚国民经济中最为重要的、优先发展的产业之一,占据了全国36%的出口和25%的就业岗位。

目前,马来西亚电子电器产业可分为四大类,即半导体,办公设备、自动化数据处理设备,电话通信及音响设备,电动机械、设备、器具及零件等。特别值得一提的是,马来西亚是世界上主要的半导体出口国之一。[①] 马来西亚半导体产业主要集中在以吉隆坡市中心(KLCC)、布城(Putrajaya)、赛柏再也(Syberjaya)和吉隆坡新国际机场(KLIA)为中心的多媒体走廊区域以及槟城、马六甲一带地区。其中,有"东方硅谷"之称的槟城电子产业蓬勃发展的历史几乎浓缩了马来西亚电子电器制造工业的发展历程。目前,槟城已成为拥有上千家电子企业的电子产业中心,行业领域涵盖半导体制造、信息与通信技术、计算机及相关设备、数据存储等,国内外众多电子供应商、采购商、制造商和服务商聚集于此。马来西亚在全球后端半导体产业所占份额高达13%,其中仅槟城占比约8%,贡献了全马产量的80%;槟城在全球微电子组装和封测领域占据优势地位,全球微处理器装配商的40%出货量来自槟城。

马来西亚半导体产业聚焦于组装测试、设备测试以及应用服务等领域,是半导体全球价值链以及制造生产线的重要参与者。在外包半导体组装和测试(Osat)领域,马来西亚企业已为博通(Broadcom)、英飞凌(Infineon)、英特尔(Intel)、欧司朗(Osram)、瑞萨(Renesas)和罗伯特博世(Robert Bosch)等跨国公司提供服务。在半导体自动测试设备(ATE)领域,Testhub Sdn. Bhd.聚焦于半导体IC(集成电路)设计生态系统的早期阶段;Experior Technology Sdn.Bhd.致力于通过工程专业知识补充区域电子电气生态系统。在测试和工程解决方案领域,JF Technology与FoundPac Group Bhd聚焦于设计和制造高性能测试插座及其他材料。这些本土企业增强了马来西亚半导体生态系统的实

[①] 林金忠:《浅析马来西亚电子电器工业》,载《管理与效益》1997年第1期,第37~38页。

力,也促进了该国电子电气行业的不断进步。为支持更多本土企业发展,马来西亚投资发展局(MIDA)正在加大力度提升马来西亚在半导体测试和工程领域的服务专业知识,补充半导体价值链生态系统的前端和后端,为马来西亚本土企业及跨国公司提供助力。

三、木材加工业

马来西亚森林资源丰富,是全球最大的热带原木和锯材出口国、胶合板的第二大供应国,也是热带硬木的主要生产和出口国,曾提供世界热带硬木消费量的25%。

木材工业是马来西亚大宗商品行业的重要贡献者和经济增长的主要收入来源之一,产品涵盖锯材、单板、面板产品(胶合板、刨花板和纤维板)、成型品和建筑木工和细木工产品(BJC)以及家具和家具部件。亚洲是马来西亚木材产品的主要出口市场目的地,主要国家包括日本(主要出口产品是胶合板)、印度、泰国和中国(原木、锯材和胶合板),美国和欧盟也是马来西亚木制品、胶合板、锯材及家具的重要出口市场。2021年,木制品出口额为227亿林吉特(约合人民币344.85亿元),增长了3.1%。

木制家具、胶合板和锯材是马来西亚木材行业排名前三的外汇收入来源。上述三种产品年出口总量约占马来西亚年木材和木制品出口总额的70%。具体来说,在木制家具方面,马来西亚已发展成为全球家具的主要生产国和出口国,所生产的家具80%供应出口,其中美国、日本及澳洲是其最大的出口目的地。在胶合板方面,生产的种类包括普通贴面胶合板、装饰胶合板、覆膜胶合板(包括印花纸和聚酯胶合板)、酚醛覆膜胶合板、混凝土模板和集装箱托盘用胶合板、船用胶合板等,每年胶合板出口额均超过40亿林吉特,占木材产品出口额的比重约为20%。在锯材方面,生产各种尺寸和品种的锯材,并以分级或未分级两种锯木形式出口。自2012年以来,泰国、中国和菲律宾一直是马来西亚锯材的三大出口目的地,每年锯材出口总额在35亿林吉特左右,占木材产品出口额的比重约为16%。

马来西亚木材加工业未来仍有较大潜力。根据新思界行业研究中心发布的《2021—2025年马来西亚家具市场深度调研分析报告》,受中美贸易摩擦影响,中国许多家具生产企业为了规避关税纷纷在马来西亚投资建厂,马来西亚家具行业近些年发展迅速,成为全球重要家具出口国家。随着数字化时代的到来,马来西亚木材加工业开始注重智能机器人技术的开发与应用,以减少依赖外国劳动力。同时,出于对生态环境可持续发展的考虑,政府鼓励通过橡胶木和油棕种植园替代原木。

四、纺织鞋服

马来西亚的纺织行业由四个主要板块构成:基础纺织(包括纺纱、织造、印染后整理等)、服装制造、纺织制成品及辅料。在这些板块中,纺纱和织造产业的比重相对较小,而印染和制衣业则发展得较为成熟。根据马来西亚投资发展局2021年的统计数据,马来西亚共有970家注册纺织工厂,其中400家专注于服装制造,570家则涉及纺纱、织造、针织及后整理业务,为6.8万名工人提供了就业机会。

马来西亚纺织服装业于1957年发源于新山。20世纪60—80年代纺织品和服装行业进入快速发展期,由于国内市场有限,纺织服装工业的发展主要以出口为导向。[①] 最大的出口增长是在1976—1980年间,年增长率为24%。1984年和1988年服装出口分别占马来西亚出口总量的30%和60%。其中,柔佛州峇株巴辖是国内最大的纺织基地。根据环球印象投资分析马来西亚事业部能源电力课题组发布的《2022—2026年马来西亚纺织行业投资前景及风险分析报告》数据,目

---

① 林幸昌:《马来西亚纺织成衣业发展迅速》,载《东南亚南亚信息》1995年第3期,第10~12页。

前,美国、日本和土耳其是马来西亚纺织服装主要出口国,其中美国是马来西亚纺织服装最大的出口市场,占总额的16%以上,而中国则是马来西亚纺织服装的主要进口市场,占其全球进口产品总额的75%以上。[①]

此外,马来西亚制鞋业依托丰富的天然橡胶资源基础而发展,已有百年历史。怡保是马来西亚主要的鞋类生产中心,巴生谷、柔佛也是鞋业的重要生产地点。马来西亚制鞋劳工技术普遍停留在30年前,同时由于本地劳工又不愿意从事该行业而过分依赖外来劳动力,导致制鞋业劳动力不足,加之周边劳动力资源丰富的泰国、印尼及越南等国家的竞争,近年来马来西亚制鞋业逐步陷入困境。从2010年鞋类进口第一次超越出口开始,马来西亚已逐渐从鞋类净出口国转向鞋类净进口国。近年来,鞋类的贸易赤字继续扩大,目前主要进口市场为中国、越南和印度尼西亚,主要出口市场为新加坡、巴西、英国和墨西哥。

第四节　原材料工业

一、采矿业

马来西亚矿产资源丰富,是东盟第二大石油生产国、第五大煤产国、第二大钛铁矿生产国,其中以石油、天然气开采为主,还包括煤、锡、金、铝土矿、稀土矿物、铁矿石、钛铁矿、硅砂和高岭土等30多种矿产。值得一提的是,采石业是马来西亚重要基础产业之一,目前全国拥有大

---

① 《2022年马来西亚纺织工业发展前景分析》,2021年12月25日,http://www.zcqtz.com/news/269525.html,引用日期:2023年3月10日。

小采石厂约 300 家,①年产 6 000 万吨,总值逾 12 亿林吉特,其中雪兰莪州产量占全国的 50%。2021 年马来西亚政府提出《2021—2030 年国家矿业转型计划框架》,目标是推动矿业产值到 2030 年增加至 290 亿林吉特,并通过应用最新的环境友好技术,清洁有效地管理未来矿业。

(一)锡矿开采

1847 年和 1880 年,位于霹雳州的拉律和近打谷发现蕴藏丰富的锡矿,马来西亚的锡矿业得以蓬勃发展。20 世纪 70 年代,马来西亚的锡产量全球第一,约占世界总产量的 54%。1979 年,锡工业还是马来西亚经济发展的主要贡献者,当年生产锡精矿 6.3 万吨,占世界总产量的 31%,雇用人数超过 4.1 万人。由于当时霹雳州的锡产量占到全国产量的 60%,被人们称为"银光闪耀之州",首府怡保更是享有"世界锡都"的美誉。经过一个多世纪的连续开发,马来西亚含量最丰富的锡矿已经即将开采殆尽,但依旧是全球重要的精锡产地。据美国地质调查局数据,马来西亚锡储量由 2006 年的 100 万吨大幅下降 75 万吨至 2018 年的 25 万吨。2020 年马来西亚锡矿产量 4 000 吨,全球占比仅 1%。马来西亚冶炼集团(MSC)是全球第三大精炼锡生产商,2020 年精炼锡产量约 2.24 万吨,占全球总量的 6%。

(二)铁矿开采

20 世纪 60 年代以前,马来西亚铁矿砂产量一直居东南亚首位,但是随着中小矿床枯竭,产量逐渐减少。由于马来西亚铁矿石主要出口到中国,该国铁矿石企业兴衰与中国市场息息相关。由于近年来全球最大的铁矿石消费国——中国的钢铁供大于求,国际铁矿石需求受挫,

---

① 《马来西亚采矿采石业发展带动了相关设备的需求》,2016 年 10 月 18 日,http://www.sohu.com/a/116403596_498346,引用日期:2023 年 3 月 14 日。

马来西亚铁矿石企业也因订单骤降而遭遇重大冲击。

由于缺少优质的铁矿资源,马来西亚只能生产少量的低品位铁矿石,每年需要从巴林、巴西、加拿大和智利等国进口大量高品位的铁矿石用于炼钢。如表4-9所示,2020年世界最大的三个铁矿石进口国分别是中国、日本和韩国,占该年度全球采购量的85.9%,其中马来西亚排在第6位,采购额为12亿美元(0.7%)。①

表4-9 2020年铁矿石进口价值最高的10个国家

排名	国家	价值/亿美元	占比/%
1	中国	1 189	75.4
2	日本	96	6.1
3	韩国	69	4.4
4	德国	37	2.3
5	法国	12	0.7
6	马来西亚	12	0.7
7	土耳其	12	0.7
8	越南	10	0.6
9	荷兰	8	0.5
10	埃及	8	0.5

数据来源:聚汇数据。

(三)铝矿开采

2015年,马来西亚铝土矿产量剧增,曾一度凭借350万吨的月出口量超过澳大利亚成为中国的最大铝土矿供应国。彭亨州是马来西亚关键的铝土矿生产州,但由于无管制、无休止的开采,彭亨州东部受到严重水污染,道路、河流及沿海水域均变红。马来西亚于2016年初实

---

① 《2020年铁矿石主要进口国家 亚洲铁矿石进口采购额占全球总量91.1%》,2021年8月1日,https://trade.gotohui.com/list/162642.html,引用日期:2023年3月17日。

施了一项为期3年的铝土矿开采禁令,2019年取消采矿禁令后,马来西亚政府开始实施新的严格规定,如减少彭亨州在2020年6月至2021年5月期间的可采矿活动区域,并要求展开环境影响评估,导致马来西亚的铝土矿出口进一步萎缩,在2021年只有22.8万吨,在2022年仅有26万吨左右。[①]

由于目前马来西亚国内没有铝的精炼和冶炼厂,因此生产的全部铝土矿均出口到邻近的东南亚国家和中国。近年来,马来西亚政府正试图通过引进外资来改变没有原铝生产厂的现状。目前马来西亚正与多家外国企业协商在马来西亚建铝厂之事,其中包括力拓公司、中铝国际工程有限公司等。

(四)金矿开采

目前,马来西亚超过90%的金产量来自彭亨州的Penjom金矿,该矿山的所有者是英国的Avocet公司,经营者是该公司的子公司——马来西亚特种资源公司。此外,在吉兰丹州、彭亨州和丁加奴州有一些较小的金矿山。目前在马来西亚进行金矿勘探和开发的公司基本上为外国公司,如Avocet公司在Penjom金矿附近的Panau进行金矿勘探;英国的Peninsular公司在彭亨州的Raub和Tersang两个地区经营金矿项目;2008年,新西兰的Zedex矿产公司获得了沙捞越的Bau金矿项目50.05%的股权,该项目位于该州首府古晋附近37千米处,这里在20世纪时曾经是该国一个重要的采金中心。

二、钢铁工业

钢铁工业是马来西亚重要的基础性产业,但该产业的发展有许多

[①] 《今日更新汇总马来西亚5月12日因疫情封锁,对该国铝土矿出口有影响》,2022年10月12日,http://www.xyjun.com/article-3336589-1.html,引用日期:2023年3月18日。

先天不足:作为钢铁行业产业链上游的铁矿石原料相对匮乏;而作为冶炼钢铁必备的炼焦煤更是几乎为零;从钢铁的冶炼技术来看,马来西亚钢铁业还主要采用电炉炼钢工艺流程,炼钢原料为直接还原铁;从钢铁行业的产业集中度来看,大多是小型轧钢厂,数量众多,几乎每个城市都有小型轧钢厂,没有达到规模化经营程度,生产水平与自动化程度很低。

根据马来西亚钢铁联盟2021年的统计数据,马来西亚的钢铁企业(含独立轧钢厂及深加工企业)有239家,其中钢材加工企业超过100家。金狮集团是马来西亚国内最大的钢铁生产企业,是东盟国家中唯一一家进入全球前80强的钢铁企业。金狮集团钢铁业务遍及东南亚,主要厂家及机构在马来西亚、新加坡和印度尼西亚,它具有规模化炼钢、热卷轧钢和85万吨小型材的轧钢能力,如表4-10所示。目前,马来西亚国内棒线材企业较多,但基本为普钢产品,大量中高端产品依赖进口,未来发展方向为从普改优,提高产能利用率,实现差异化竞争。

表4-10 2021年马来西亚主要钢厂、轧钢厂和加工厂情况

单位:万吨

序号	企业名称	业务	产能	主要产品
1	金狮集团美嘉钢铁公司(Megasteel)	钢材制造	热轧320 冷轧145	热轧板卷、冷轧板卷
2	金狮集团Amsteel钢铁公司	钢材制造	200	小方坯、棒材、线材
3	南达钢铁公司	钢材制造	15.3	小方坯、棒材、线材、热轧板卷
4	安裕钢铁公司	钢材制造	82	小方坯、钢筋、圆材、线材、小型材
5	金狮集团安塔拉钢铁公司(Antara steel mills)	钢材制造	75	小方坯、棒材、小型材
6	Eastern steel	钢材制造	70	板坯
7	Ykgi holding	钢材制造	70	冷轧板卷、酸洗涂油板、热镀锌板
8	Alpinestars pipe manufacturing	钢材制造	50	焊管、中空型钢、冷弯型钢

续表

序号	企业名称	业务	产能	主要产品
9	Csc steel	钢材制造	48	冷轧板卷、酸洗涂油板、镀锌板、彩涂板
10	大马联合钢铁	钢材制造	350	棒线材、H型钢

资料来源:国研网。

从消费方面来看,根据马来西亚钢铁协会(MISIF)2022年提供的统计资料,建筑业约占马来西亚整体钢铁需求的63%、金属加工业约为11%、电子及半导体产业约占9%、汽车产业占比约为8%。具体到产品类型,根据东南亚钢铁协会最新发布的《统计年报(2023)》,在长材方面,2022年马来西亚的长材需求量在东盟六国中同比增长率最高,达到21%,从330万吨增长到400万吨,长材产量大幅增长11.5%至600万吨,生产出的产品超过50%服务于出口市场。在板材方面,2022年马来西亚板材需求量同比下降5.4%至350万吨,而产量同比飙升36%至18.75万吨,部分原因是热轧卷板产线恢复生产;该国进口量和出口量同比分别下降约6%~7%至400万吨和76.1870万吨。2022年马来西亚板材需求负增长,而制造业实现正增长,这可能是因为不断扩张的制造业大多是非用钢行业。

在钢材出口量不断上升的同时,马来西亚的钢材进口量呈现逐年下降态势,进口钢材主要为中高端产品。进口钢材主要来自中国、韩国、日本、中国台湾。从中国进口的产品主要是棒材、线材和钢筋等长材产品,从韩国进口的主要是热轧板卷、冷轧板卷和线材,从日本进口的主要是热轧板卷、冷轧板卷和镀层板,从中国台湾进口的主要是热轧板卷、冷轧板卷和镀层板。从钢材进口结构来看,板材进口量占钢材进口总量的一半以上,且呈现平稳增长态势;棒线材进口量下降比较明显;其他品种钢材中,角型材进口量也有所增长,管材进口量下降,铁道用材进口规模小且变化不大。如图4-3所示。

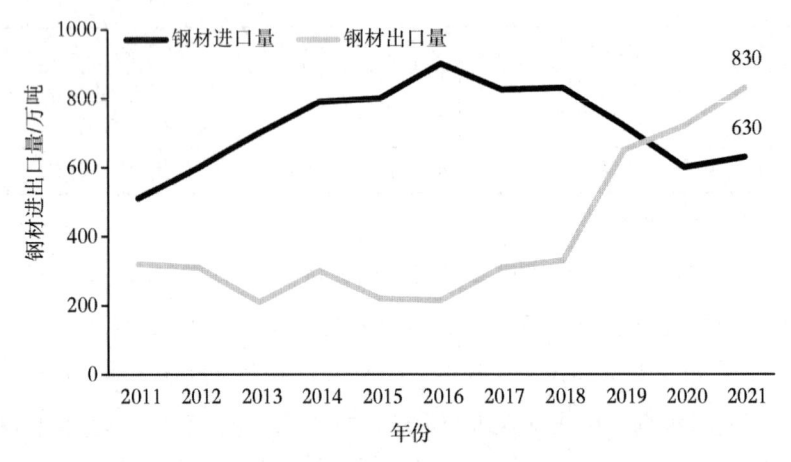

图 4-3　2011—2021 年马来西亚钢材进出口趋势

资料来源：国研网。

三、石化工业

马来西亚拥有较丰富的油气资源，长期可靠及稳定的油气供应确保了马来西亚石化工业的持续成长。马来西亚石化工业在联邦政府支持下采取了上游控制油气资源、中游主导国内炼油和油品天然气销售、下游开放与外资合资合作或让外资独资经营的做法，并取得了长足发展。

马来西亚石化工业主要集中在东海岸的克尔蒂赫食、彭亨的格宾以及南方的巴沙古当—丹线浪塞三大石化工业区。三大石化工业区都拥有综合生产企业，并有包括裂解炉、合成气和芳烃等各种联合装置。工业区基础设施共用，拥有受培训的熟练劳动力并有政府优惠政策的支持，吸引了许多跨国企业进驻。

马来西亚国家石油集团公司(以下简称"马国油")是最大的石油化工集团，该国 6 座炼油厂中的 3 座由马国油运营。马国油在 30 多个国家下设有 100 多家子公司和联营公司，80% 的收入来自于国际贸易和产品出口。泰坦化学公司(Titan)是该国第二大石化公司，也是最大的烯烃和聚烯烃生产企业，目前已占马来西亚和印尼市场约40%的份额。乐天Titan化工位于柔佛州的Pasir Gudang和Tanjung Langsat工业区，拥有2套乙烯生产装置，包括56.5万吨/年的PE、64万吨/年的PP和61.4万吨/年的芳烃，总产能110万吨/年。目前，马来西亚乙烯裂解原料主要为石脑油和天然气副产乙烷，分别占比43%和47%。此外，马来西亚还拥有40余家大型公司生产石化产品，合计产能为1 290万吨/年，产品包括烯烃、59聚烯烃、芳香族化合物、环氧乙烷、丙烯酸、邻苯得二甲酸酐、醋酸、苯乙烯等。除内需外，大量石化产品用以供应出口。[①]

表4-11 2019—2021年马来西亚主要化工产品产能

产品	产能（万吨/年）		
	2019年	2020年	2021年
HDPE	45.5	45.5	85.5
LDPE	48	48	48
LLDPE	25	25	60
PP	64	64	154
ABS	35	35	35
乙二醇	118	118	118
PET	61.9	61.9	61.9
乙苯	22	22	22
苯乙烯	24	24	24
聚苯乙烯	9	9	9
PVC	6	6	6
甲醇	243	243	243
合成氨	206	206	206

资料来源：隆众资讯。

[①]《马来西亚：延伸石化产业链——东盟国家石化工业概览之三》，载《江苏氯碱》2012年第4期，第43～44页。

马来西亚近年来将目标瞄准高端产品。为进一步强化塑料价值链,发展 LDPE、LLDPE、HDPE、EPS、GPPS、HIPS、PVC、ABS、PET 等产品,马来西亚专门成立了克尔蒂赫塑料园区,并在区内实施减税刺激办法,吸引下游塑料加工企业聚集。目前,马来西亚拥有 1 550 多家塑料产品制造厂家,在 ASEAN 国家中,其塑料行业最先进、最多样化。[①] 马来西亚作为东南亚主要的塑料制造国之一,其近一半的产量出口到欧盟、亚洲、中东等全球多个国家。此外,马来西亚的再生塑料行业发展前景较好。该行业的发展与废弃塑料回收息息相关,马来西亚紧邻马六甲海峡,港口产业发达,良好的运输条件使其成为继中国之后的世界最大废弃塑料进口市场,为再生塑料行业发展奠定了良好基础。

四、棕榈油加工业

棕榈油是一种热带木本植物油,是目前世界上生产量、消费量和国际贸易量最大的植物油品种,与大豆油、菜籽油并称为"世界三大植物油",在餐饮业、食品工业、油脂化工业等领域中有着广泛应用。

马来西亚是仅次于印尼的世界上第二大棕榈油生产国和出口国,两国合计占据全球棕榈油产量的 84%,全球棕榈油出口量的 90%。全球棕榈油最大的流入地是南亚和东亚,印度、巴基斯坦和中国的棕榈油进口量合计占全球的 39%,其次是欧洲。根据美国农业部(USDA)统计,2022—2023 年,马来西亚棕榈油产量占全球棕榈油总产量的 25%,棕榈油出口量占全球棕榈油总出口量的 33%。马来西亚棕榈油生产集中分布在沙巴州、沙捞越州、彭亨州、柔佛州和霹雳州。据 USDA 统计,2019—2020 年,沙巴州棕榈油产量占全国产量的 24%,沙捞越州占

---

① 《东南亚——正在崛起的塑料产业生力军》,2011 年 7 月 11 日,http://www.polymer.cn/polymernews/2011-7-11/_2011711151849289.htm,引用日期:2023 年 3 月 18 日。

比21%，彭亨州占比16%，柔佛州占比16%，霹雳州占比10%。

马来西亚棕榈油消费以工业消费和食用消费为主，工业消费比重更高。2022—2023年，马来西亚棕榈油工业消费量270万吨，占国内消费量的76%；食用消费量79万吨，占国内消费量的22%；饲用消费量7万吨，占国内消费量的2%。

五、食品加工业

马来西亚食品加工业前景广阔，出口额持续增长。食品加工行业占制造业总产出的10%，出口超过200个国家。出口产品主要包括可可及可可制品、谷物制品和面粉制品、海鲜加工产品和奶制品。

马来西亚是家禽肉净出口国，家禽加工占肉类加工行业的60%。加工的乳制品包括奶粉、炼乳、液体奶、冰激凌、酸奶和其他发酵乳，除了牛奶自产外，其他都依赖进口。渔业产量超过150万吨，其中海洋渔业占85%，其余依次为虾类、淡水鱼和海鱼为主的水产养殖，鱼类产品每年出口额超过25亿林吉特。谷物产品生产在马来西亚比较稳定，是谷物类产品的净出口国，出口产品包括饼干产品、烘焙产品和面条、素食食品等。胡椒制品每年出口额约2.4亿林吉特，包括一些胡椒增值产品如调味料、配料、混合香料等。马来西亚是全球第五大的可可加工中心，也是亚洲最大的可可加工国家。马来西亚是可可产品的净出口国，年出口额超过28亿林吉特，产品出口至90多个国家；可可研磨年产量约为30万吨，向下游加工业提供原材料。

第五章
第三产业发展和空间布局

第三产业是为生产、生活和社会提供服务的各个部门的总和,是第一、第二产业顺利运行的重要保障。据马来西亚统计局数据,第三产业占马来西亚国内生产总值的比重从1970年的36.2%上升至2021年的51.55%。其中,金融服务、商业服务、旅游、教育、医疗卫生和批发零售已经被马来西亚联邦政府列入重点发展领域,受到政策扶持。

第一节 第三产业发展历程

第三产业在马来西亚国民经济中的地位不断上升,已经成为促进经济发展的重要引擎,其发展大致经历了以下四个阶段。

第一阶段(1970—1990年):1970年至1990年这20年间所实施的5个五年计划基本上是以农业为基础、工业为主导、经济与农业多元化为其发展方向。20世纪60年代后期,马来西亚开始加强第三产业的投资,第三产业开始发展。在新经济政策时期,第三产业占国内生产总值从1970年的36.2%上升至1990年的42.3%。如表5-1所示。

表5-1 第一远景计划的第三产业主要行业目标与成就(1970—1990年)

服务业	1970年	1990年目标	1990年达成
占国内生产总值/%	36.2	48.3	42.3

续表

服务业	1970年	1990年目标	1990年达成
占总就业率的比例/%	32.5	43.0	45.7

资料来源：大马经济网。

第二阶段（1990—2000年）：1990年之后，马来西亚第三产业迅速发展，除政府服务业外，其他所有服务性行业的增速均超过整个国民经济的增长速度。表5-2列示了1991年6月公布的《第二远景计划纲要》中第三产业预期目标与达成目标的比较情况。

表5-2　第二远景计划的第三产业行业目标与成就（1990—2000年）

服务业	1990年	2000年目标	2000年达成
占国内生产总值/%	46.8	45.4	52.4
占总就业率的比例/%	47.3	48.2	48.7
年均增长率/%	—	8.1	8.3

资料来源：大马经济网。

第三阶段（2000—2010年）：2003年，马来西亚政府在国家经济展望会议报告中提出要着力发展服务业。在一系列国家配套措施的推动下，服务业在外贸出口中的比重逐年增加。1990年至2008年间，马来西亚服务业年均增长8%以上。在这一过程中，马来西亚外贸促进中心成为服务业出口的重要平台。2009年4月，马来西亚政府开放了8个服务业领域的27个分支行业，允许外商在这些领域进行投资，不设股权限制，如表5-3所示。[①] 同年，服务业产值为3 002亿林吉特，占GDP的57.6%，吸收就业人口占总就业人口的57.3%。主要投资领域及其所占比重分别为：交通运输21.9%、能源18.6%、金融11.9%、房地产11.7%、通信10.4%。服务贸易总额为1 940亿林吉特，其中出口

---

① 张磊、何东闽：《解析：马来西亚外国投资准入制度》，2021年12月31日，https://www.investgo.cn/article/gb/tzzc/202012/527902.html，引用日期：2023年3月10日。

989亿林吉特、进口951亿林吉特,主要行业涵盖旅游业、建筑业、教育领域、医疗保健行业、信息产业和交通运输业。

表5-3　马来西亚允许外商独资的服务业领域

领域	细分行业
计算机相关服务	电脑硬件咨询;软件应用;资料处理;数据库服务;电脑维修服务;其他服务(包括资料恢复、培训、开发等)
保健与社区服务	兽医;养老院及残疾人中心;孤儿院;育儿服务;为残障人士提供职业培训
旅游服务	主题公园;会展中心(5 000座位以上);旅行社(仅限国内旅游);酒店与饭店(仅限4星级和5星级);餐饮(仅限4星级和5星级)
运输服务	交通运输(仅限自用货物运输)
体育及休闲服务	体育服务(体育赛事承办与促销)
商业服务	区域分销中心;国际采购中心;科学检验与分析;管理咨询(商业税除外)
租赁服务	船只租赁(不包括沿海及离岸贸易);国际货船租赁
运输救援服务	海事机构;船只救援

资料来源:国际投资贸易网。

第四阶段(2010年至今):近年来,马来西亚将服务业列为重点发展产业,从2012年即起开放17个服务业次领域,允许外资拥有100%股权。17个受惠的服务业次领域包括医院服务、医疗和牙医专科服务、建筑图测、工程、会计和税务、法律服务、物流服务、教育和培训,以及通信和多媒体服务业。根据世界银行2022年的统计数据,服务业已成为马来西亚主导产业,占GDP的58%,其中交通运输、批发零售、金融等行业贡献最大。

第二节 交通运输业

　　交通运输业是国民经济中具有基础性、先导性、战略性的产业,是重要的服务性行业和现代化经济体系的重要组成部分。经过多年努力,马来西亚已形成了四通八达的交通网络,具备比较完善的交通体系。2021年,"第十二届马来西亚计划"(2021—2025年)指出,交通基础设施发展仍将是马来西亚投资的重点,主要目标是改善连通性,并且物流业被确定为未来5年经济增长的关键领域,因此需要提高港口容量和道路,以支持货物贸易流动。该计划有两大要点:一是强调要加强连接机场、港口、工业区和主要城市中心的公路、铁路网的建设,目标是建设2 800公里的铺砌道路,以提高农村地区的连通性,同时还有几个关键项目,包括哥打巴鲁-古拉公路边疆区(KBKK)、西海岸公路和中央脊柱路。二是农村等欠发达地区将从中受益,政府支出的50%将优先分配到沙巴、沙捞越、基达、基兰丹和丁加努等州的公路和铁路建设。依据惠誉关键项目数据库,交通基础设施项目占所有筹建项目(处于规划和建设阶段的项目)的一半以上,其中包括备受关注的Kota Bharu-Kuala Krai高速公路(KBKK)、西海岸高速公路、中枢大道(Central Spine Road,CSR)、Gemas-Johor-Bahru电气双轨(GJB)和东海岸铁路(ECRL)等。

一、公路运输

　　公路运输在马来西亚占据重要位置,客、货均保持第一。高速公路网络非常发达,基本覆盖了各主要城市中心、港口、机场和重要工业区。由于区域经济发展差异,马来西亚形成了东马和西马两个交通系统。

在西马地区,公路连通各州首府和各大中城市,形成了以首都吉隆坡为中心的辐射状交通网。工程历时14年、耗资21.7亿美元的马来半岛"南北大道"于1994年2月7日全线正式通车。这条纵贯西马南北的大道全长896公里,南起与新加坡一堤之隔的柔佛州新山,北至与泰国交界的边境城镇黑水山,为全封闭4车道高速公路。全线共修建了300座桥梁和立交桥,两座工程隧道和46个枢纽站。"南北大道"是马来西亚有史以来最伟大的道路工程,对马来西亚的经济和旅游业的发展起着非常重要的作用。1979年开始动工、1985年完工的马来半岛与槟城之间的槟威跨海大桥是"南北大道"的重要延伸。此外,南北行车线,即"东海岸公路",北起吉兰丹府哥打巴鲁,南下瓜拉丁加奴到丰盛港,继续往内地南下,经哥打丁宜到新山,全长1 020公里。另外,还有几条线路分别从"南北大道"进入中央山脉各地或继续向前,抵达东海岸。这些公路都是联系马来半岛东西部的重要纽带,其中东西行中路315公里,东西行南路186公里,东西行北路115公里。

在东马地区,主要由西南部、中部、东北部三段公路将几大城市——古晋、泗务和米里连接起来,并经过文莱的斯里巴加湾与山打根市。①

根据表5-4所示的2019年"一带一路"共建国家公路基础设施建设指标排名,虽然马来西亚的公路通达度并未进入"一带一路"共建国家的前10名,但其公路质量却位列第6名。

表5-4 "一带一路"公路基础设施建设指标

公路通达度前10国家	分数	排名	公路质量前10国家	分数	排名
沙特阿拉伯	100	1	新加坡	6.5	1
阿曼	94.2	2	阿联酋	6	2

---

① 《马来西亚的交通运输业》,2010年1月12日,http://www.malaysiaeconomy.net/my_economy/transport_comm/transports/2010-03-11/4404.html,引用日期:2023年3月10日。

续表

公路通达度前10国家	分数	排名	公路质量前10国家	分数	排名
捷克	92.2	3	阿曼	5.7	3
卡特尔	92	4	克罗地亚	5.6	4
阿联酋	90.1	5	卡特尔	5.5	5
立陶宛	89.9	6	马来西亚	5.3	6
拉脱维亚	89.2	7	沙特阿拉伯	5.2	7
以色列	88.7	8	阿塞拜疆	5.2	7
波兰	88	9	巴林	5.2	7
土耳其	87.1	10	埃及	5.1	8

资料来源：2019年全球竞争力报告。

二、铁路运输

马来西亚的铁路运输系统包括两个部分：一是西马的马来西亚半岛；二是东马的沙巴州。

在西马地区，纵贯马来半岛的铁路网络从泰国边境的黑特雅出发，分为两条线路进入马来西亚。西线铁路是贯穿北海、怡保、吉隆坡之间的交通大动脉。东线铁路没有穿越国境的列车，便利性相对较差。东西线铁路在库马斯交会。相比之下，东线铁路北段穿行于山区，设有众多桥梁和隧道，雨季易受阻。

在东马地区，位于东马西北部的沙捞越州因大部分地区被原始热带雨林覆盖，无铁路运输系统，河流是该州的运输命脉。婆罗洲唯一的铁路是从沙巴的哥打京那巴鲁、经帕帕鲁到特侬，全长154公里的沙巴铁路。这条铁路是为运送橡胶而兴建的，目前运营着柴油列车，每天有两个往返班次。

表5-5展示了马来西亚铁路总长度、铁路货运量和铁路客运量的增长情况。

表 5-5　马来西亚铁路运输

铁路总长度/公里		铁路货运量/（百万吨/公里）			铁路客运量/（百万乘客/公里）		
2005 年	2018 年	2005 年	2018 年	2020 年	2005 年	2018 年	2020 年
1 667	2 783	1 177	1 315	818	2 152	2 317	929

资料来源：世界银行。

目前，马来西亚正在规划建设两条重要铁路，即东海岸铁路及马新高速铁路（吉隆坡—新加坡）。东海岸铁路沿途经过彭亨州、登嘉楼州、吉兰丹州和大巴生地区。铁路所经地区行政区划总面积 72 667 平方千米，占马来西亚全国的 22%；沿线人口共计 1 102.5 万人，占马来西亚全国人口的比例约 40%。铁路连接西马半岛西海岸最大的港口，也是马来西亚最大的港口巴生港，和东海岸最大的港口关丹港，并从关丹港向北延伸至马来西亚与泰国的边境城市彭加兰库波尔，途经马来西亚首都吉隆坡，以及文德甲、马兰、瓜拉登嘉楼、哥打巴鲁等主要城镇和地区。正线全长约 600 千米，并计划于 2024 年正式通车运营。马来西亚东海岸铁路的建设将承担铁路沿线范围内及国际客、货运交构建大陆桥通道并完善马来西亚综合交通运输体系，以加强马来西亚资源开发，促进地方经济的发展。①

马来西亚还规划了吉隆坡—新加坡高速铁路（HSR）项目，将连接吉隆坡和新加坡两个主要城市。计划的 335 千米的高铁线路将经过马来西亚城、雪邦—布城、芙蓉、爱极乐、麻坡、峇株巴辖、依斯干达公主城和新加坡裕廊东。使用高铁，从吉隆坡到新加坡的旅行时间可以减少到 90 分钟。

另外，马来西亚还规划建设 RTS Link 4 千米跨境铁路，将连接位于新山中央车站旁边的武吉查加站和新加坡的兀兰北站，目标是创建一个连接马来西亚和新加坡的高效公共交通系统。该项目包括在武吉

---

① 滕宇蛟、张静：《马来西亚东海岸铁路大陆桥运量研究》，载《铁道货运》2018 年第 3 期，第 49～50 页。

查加建造一个车站以及海关、移民和检疫(CIQ)大楼,在 Wadi Hana 建造一个重型维修站,以及一座横跨柔佛海峡的高架桥。建成后,RTS Link 将缓解堤道的交通拥堵,并支持新山的经济增长。

马来西亚铁路运输公司包括了马来亚铁道公司(KTMB)、沙巴州铁道公司(SSR)、快捷通轨道公司(Rapid Rail)、机场快铁公司(ERL)、马来西亚铁路衔接公司(MRL)。马来西亚半岛的铁路主要归国营马来亚铁路(KTMB)所有,该公司经营管理 1 677 公里的铁路;而沙巴地区的 134 公里铁路则归由沙巴州政府营运的沙巴州铁路(SRR)所有。

三、航空运输

马来西亚目前共有 8 个国际机场,即吉隆坡国际机场、槟城国际机场、兰卡威国际机场、亚庇国际机场、古晋国际机场、马六甲国际机场(无国内航线)、柔佛士乃国际机场以及瓜拉登嘉楼苏丹马穆德机场,16 个国内机场以及 18 个简易机场,这些机场构成了马来西亚空运的主干网络。

马来西亚的航空业取得了长期平稳向上的发展,2000 年以来,其空运货运量仅次于新加坡,位居第 2,但是航空客运量波动性较大,国内航空载客量和全球注册运营商出境量从 2019 年的 6 362 万和 49 万分别降至 2020 年的 1 589 万和 16 万,出现了断崖式暴跌。[①] 如表 5-6 所示。

表 5-6 东盟国家空运货运周转量和客运量

国家	空运货运量/(百万吨·公里)			航空客运量/万人		
	2000 年	2010 年	2020 年	2000 年	2010 年	2020 年
马来西亚	1 863.000	2 564.000	816.000	1 656.000	3 423.000	1 589.000
新加坡	6 004.000	7 121.000	3 019.000	1 670.000	2 485.000	788.000
印尼	408.000	665.000	674.000	992.000	5 938.000	3 752.000
泰国	1 712.000	2 938.000	684.000	1 739.000	2 878.000	2 817.000
菲律宾	289.000	460.000	360.000	576.000	2 257.000	1 117.000

① 数据来源:CEIC 全球数据库。

续表

国家	空运货运量/(百万吨/公里)			航空客运量/万人		
	2000年	2010年	2020年	2000年	2010年	2020年
缅甸	0.770	2.060	1.240	44.000	92.000	150.000
老挝	1.670	0.122		21.000	44.000	38.000
越南	117.000	426.000	572.000	288.000	1 437.000	3 177.000
柬埔寨		0.020	0.000			

资料来源:世界银行。

目前马来西亚共有80多家航空公司运营国际航线,而仅有4家航空公司运营国内航线。亚航是马来西亚航空客运市场的主导者,占据了马来西亚最大的份额,其中国内市场占比超过50%,国际市场占比25%。在航班收入方面,亚航占据了将近50%,而在国际市场上新马航占据了最大的份额,约占25%。大多数机场都以运营马来西亚国内航线为主,仅有少部分机场运营国际航线和东盟航线。其中,吉隆坡、槟城、兰卡威、沙巴、新山运营国际航线。从机场客运量来看,吉隆坡国际机场在市场中占据了主要份额,图5-1展示了2019年、2020年和2021年各个机场的客运量。

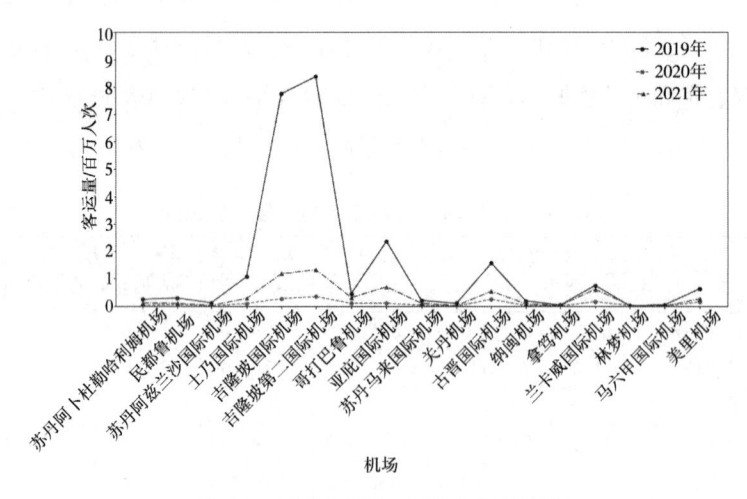

图 5-1 马来西亚各个机场的客运量

资料来源:马来西亚交通部。

四、水路运输

马来西亚三面环海,海岸线长约 4 192 公里,大约有 58 个港口,海运优势明显,承担了 90% 的进出口贸易。马六甲海峡是沟通印度洋与太平洋之间的重要通道,集中了世界上许多重要的航线,是从欧洲、非洲向东航行到东南亚、东亚各港口的最短航线的必经之地。海峡东岸是马来西亚经济重心地带,拥有全马最重要的港口和最大的海运量。西马主要港口有槟城、北海、北赖、巴生港、波德申、马六甲和安顺,南海沿岸有道北、龙运、关丹、丰盛港和柔佛海峡北岸的巴西古丹。巴生港、北海和巴西古丹为集装箱运输港口。沙捞越港口有古晋、诗巫、半里。沙巴港口有纳闽、哥打基纳巴鲁、山打根、古达、斗湖、拿督、巴卡必、西郎、仙本那及古纳克。长期以来,马来西亚的港口集装箱吞吐量在东盟国家中仅次于新加坡。如表 5-7 所示。

表 5-7 东盟国家港口集装箱吞吐量

单位:万标准集装箱

	2000	2010	2016	2017	2018	2019	2020
马来西亚	464	1 684	2 457	2 378	2 495	2 685	2 666
新加坡	1 710	2 914	3 168	3 366	3 738	3 719	3 687
印尼	380	901	1 243	1 282	1 406	1 476	1 402
泰国	318	681	998	993	1 024	1 075	1 021
越南	119	588	896	939	990	1 086	1 242
菲律宾	303	558	742	809	865	881	750
缅甸		33	102	120	104	112	102

资料来源:世界银行。

位于马六甲海峡东北岸的巴生港是马来西亚最大、最繁忙的港口,也是马来西亚的第一大港,在 2021 年全球 100 大集装箱港口中排名第 13 位。巴生港约 65% 的货物都为中转货物,约 35% 的货物服务本地市场。巴生港由西港码头、北港码头和南点码头组成,西港主要负责处理巴生港的国际中转货物,约占巴生港吞吐量的70%。北港码头更关注马来西亚本地市场和东盟内部的中转货物,发挥在东盟区内的物流枢纽作用,是东盟各国进出口贸易的重要门户。南点码头的泊位规模更小些,主要负责散货运输。①

第三节 旅游业

旅游业是马来西亚第三产业的支柱产业,是第二大创汇来源。得益于得天独厚的旅游资源,以及政府完善的旅游政策和便利的基础设施,马来西亚旅游业发展迅速。从1971年的"第2个马来西亚计划"开始,联邦政府在后续的五年计划中均提出了旅游业发展的目标和具体措施,并不断加大对旅游业的专项投入。马来西亚统计局发布报告称,2022年,马来西亚国内旅游消费较2021年增长417.8%,马民众出境游消费增长114%,旅游业复苏态势明显。受旅游业强劲复苏助力,2022年,旅游业及相关行业增加值占马来西亚国内生产总值的14%,达到2 515亿林吉特;吸纳了361万就业人口,占马来西亚就业总人口的23.4%。

马来西亚对旅游业的财政投入快速增长,体现了政府对发展旅游业的重视和决心。国家旅游发展政策包括:1975年的《马来西亚旅游发展计划》(Malaysia Tourism Development plan)、1989年的《国家旅游业发展指引》(Guidelines for National tourism development)、1990年出台的马来西亚旅游政策文件(Malaysia tourism policy document)、1992年的《国家旅游政策研究》(National Tourism Policy Study)、2003

---

① 《巴生港:马来西亚最大港口冀望跻身世界前十》,2018年10月15日,http://www.ship.sh/news_detail.php?nid=31409,引用日期:2023年3月10日。

年出台的国家旅游政策(The Second Nation Tourism Policy)。其中,1992年的《国家旅游政策研究》影响最广。[①] 1992年,马来西亚旅游部还特别成立了马来西亚旅游促进局(简称大马旅游局)作为辖下的半官方机构,其基本职责就是促进马来西亚旅游成为国际性旅游、会议、展览及奖励旅游的"首选目的地"和"最佳旅游地"。

一、国际旅游

(一)入境旅游

马来西亚的旅游业发展晚于新加坡和泰国,但发展速度较快。1990年至2010年是马来西亚入境游客数量快速增长的时期。马来西亚旅游业在"1990马来西亚旅游年"得到了空前发展,当年接待的国际游客达700万人次,首次超过新加坡和泰国,成为东南亚地区最大的旅游目的地国。与此同时,马来西亚的旅游外汇总收入份额一直保持增长态势,在新冠疫情前,马来西亚旅游业贡献了约800亿林吉特的年收入,是东南亚地区的第二大旅游创汇国,旅游外汇收入略次于泰国,超过新加坡。

2020年,马来西亚旅游业受到新冠疫情的沉重打击。由于边境关闭和旅行限制,该年度马来西亚入境游客人数锐减83.4%,仅430万人次,为1990年以来该国历史上行业最低值。新加坡、印尼、中国、泰国和印度这五个重要的游客来源地在游客数量以及支出方面均有显著下降,但新加坡和印尼仍然是马来西亚的最大的两个游客来源地,占总人数的52.1%。2022年马来西亚旅游业开始显著复苏。根据马来西亚旅游、艺术及文化部公布的最新数据,2023年来马旅游的国际游客为2 010万人次,并为马来西亚带来了713亿林吉特的旅游收入,其中80%以上来

[①] 罗文标:《马来西亚旅游业快速发展的政策因素及启示》,载《商业经济研究》2013年第10期,第114~116页。

自东盟国家。另据该部预测,到 2025 年,马来西亚吸引国际旅客人数将达 3 140 万人次,创造 1 255 亿林吉特的旅游收入。图 5-2 和图 5-3 分别展示了 2000—2020 年马来西亚入境旅游收入与入境游客人数。

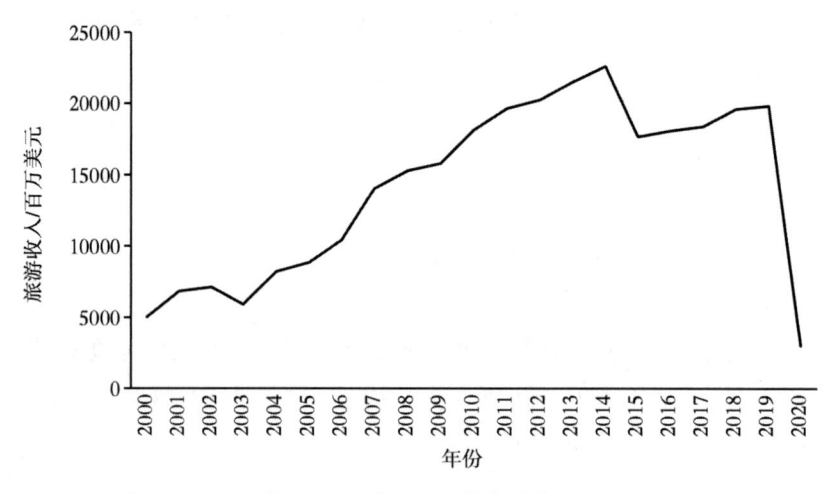

图 5-2 马来西亚入境旅游收入

数据来源:CEIC 数据库。

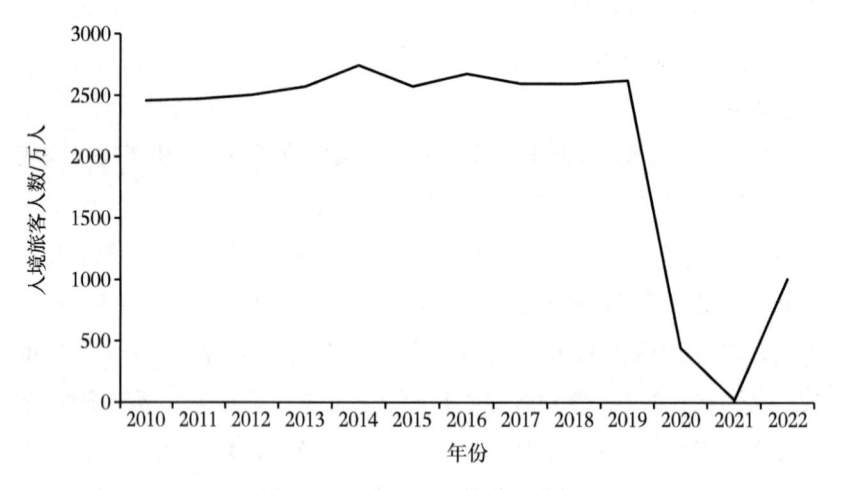

图 5-3 马来西亚入境游客人数

数据来源:CEIC 数据库。

中国是马来西亚旅游业的主要客源国之一,数据显示,2019 年马来西亚接待了311万中国游客,年度旅游人数达到最高值。2020年和2021年入境马来西亚的中国游客人数跌至40万和7 000人,见图5-4。

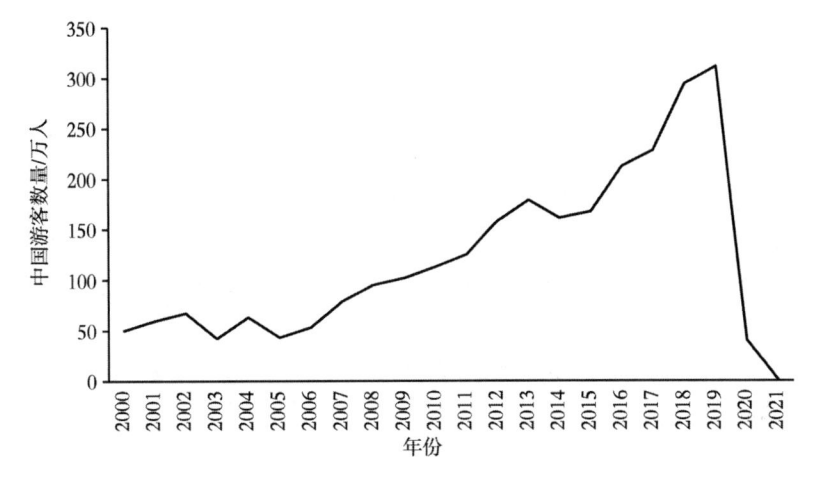

图 5-4　马来西亚的中国游客数量

数据来源:CEIC数据库。

此外,马来西亚政府还出台了一项长期免签证的有条件永居计划——"第二家园计划",其目的在于鼓励外籍人士在马来西亚较长时间居住,吸引外国资金,促进旅游业,发展当地经济。"第二家园计划"源于1996年,起初是针对外籍退休人士实施的一项长期居住计划,即"银发族项目",鼓励有退休金的外籍退休人士前往马来西亚旅游并长期居留生活。2002年马来西亚政府将其正式更名为"马来西亚第二家园计划",且申请对象不再局限于退休老人,而是扩大到21岁以上的外籍人士。2020年7月1日,由于新冠疫情,"第二家园计划"暂停申请。2022年1月21日,马来西亚移民局宣告"第二家园计划"正式重启。根据马来西亚旅游、艺术及文化部的最新统计,截止到2024年1月31日,马来西亚共有560 666名活跃"第二家园计划"持证者,其中,中国大陆人数量最多,为24 765人,其他依次为韩国、日本、孟加拉国、英国、中国台湾、美国、新加坡、印度、澳大利亚等。

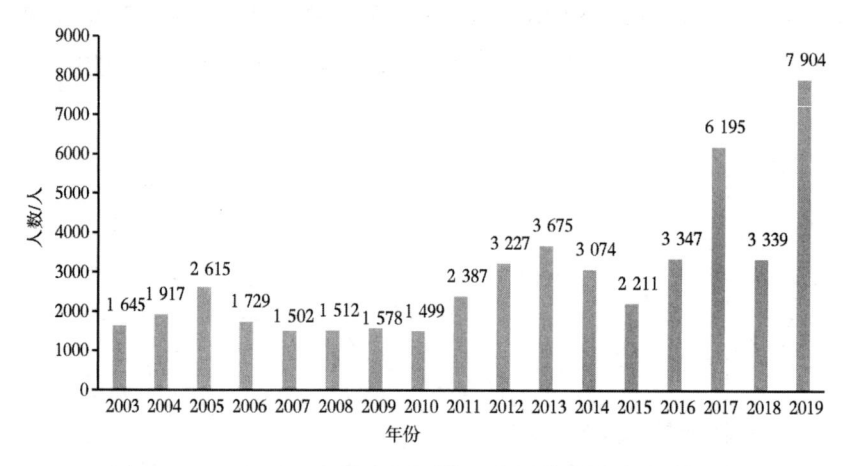

图 5-5 2003—2019 年马来西亚"第二家园计划"每年申请人数

数据来源：CEIE 数据库。

(二) 出境旅游

随着国民经济的快速发展和人民生活水平的提高，马来西亚人的出境旅游需求日益增长，出境旅游已经成为一种日常的消费行为。尽管 2019 年开始的新冠疫情对马来西亚出境旅游市场造成了较大冲击，但随着疫情政策的放开和旅游业重启计划的推进，出境旅游市场也在逐渐复苏和发展。

根据 Mastercard Intelligence Center(MIC)发布的数据，2014 年超过七成的马来西亚人有过海外旅游的经历，其中有 3 次以上海外旅游经历的约占 1/4。根据 Oppotus 对马来西亚出境旅游市场的一项调查，2019 年第一季度至第四季度，马来西亚进行国际旅行的人数比例均超过 15%。但在 2020 年和 2021 年，由于新冠肺炎疫情期间的入境限制和边境关闭，该比例出现下跌。随着各国逐渐开放边境，国际航班也逐步恢复到疫情以前的班次频率，马来西亚出境旅游市场逐步回暖，2022 年出境旅游的比例有所增加，有 14% 的受访者表示他们在 2022 年第四季度进行了国际旅行。如图 5-6 所示。

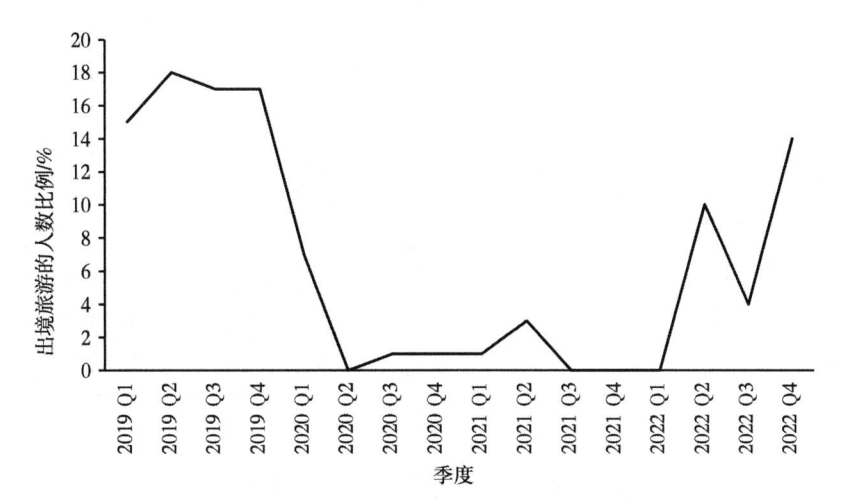

图 5-6　2019—2022 年马来西亚进行国际旅行的人数比例

数据来源：Oppotus Group。

同时，马来西亚游客出境旅行的总支出在新冠疫情之前也呈现持续上升趋势，2019 年增至 448 亿林吉特，同比增长 9%，如图 5-7 所示。受新冠疫情的影响，2020 年马来西亚出境旅游的支出水平跌至 172 亿林吉特，跌幅达 61.6%。2021 年，出境旅游支出进一步下跌至 103 亿林吉特，跌幅为 40.1%，其中大部分花费来自客运。根据世界旅游组织（UNWTO）的数据，马来西亚 2021 年的出境旅游支出占服务进口的 10.5%。

马来西亚人的出境旅游不以任何单一目的地为主导，但具有明显的地区偏好，前 10 大热门出境旅游目的地中有 8 个位于亚太地区。根据 Global Data 发布的《马来西亚旅游与旅游业》报告，亚洲地区是马来西亚游客出境旅游的首选目的地，其中最受欢迎的包括泰国、印度尼西亚、新加坡、越南、土耳其、印度、韩国和中国。此外，欧洲和澳洲也是一些马来西亚人的出境旅游目的地，受到欢迎的旅游目的地还有英国、澳大利亚等。

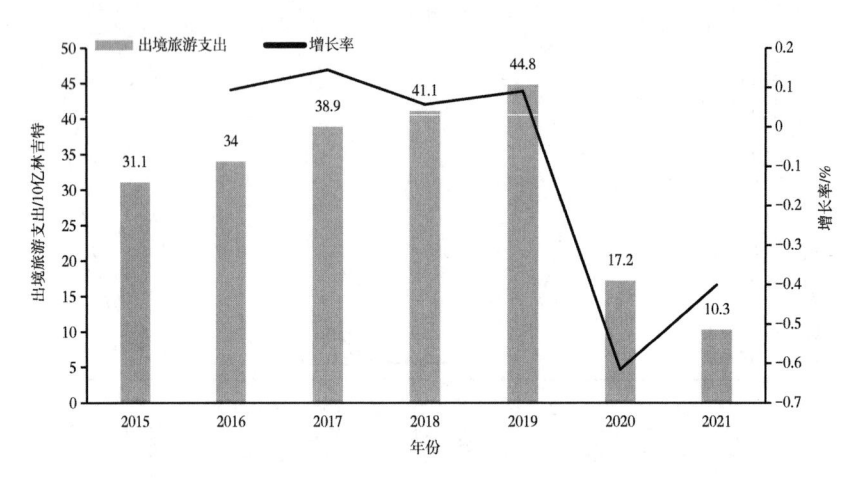

图 5-7 2015—2021 年马来西亚出境旅游支出

数据来源：Statista。

表 5-8 2022 年马来西亚游客的十大目的地

排名	目的地
1	泰国
2	印度尼西亚
3	新加坡
4	越南
5	英国
6	土耳其
7	印度
8	韩国
9	澳大利亚
10	中国

资料来源：Global Data's Travel & Tourism in Malaysia Report。

另外，马来西亚人的旅游需求日益多元化，除了传统的观光旅游，越来越多的马来西亚人也开始选择文化体验、自然探险、美食之旅等个性化的旅游形式，他们更加青睐高品质、高服务水平的旅游产品，中高端市场占比逐步提升。

二、特色旅游

马来西亚旅游资源极其丰富,按区域可划分为中部、南部、北部、东海岸和东马五个地区。中部地区主要由首都吉隆坡、雪兰莪州与布城组成,基础设施先进,是享有国际赞誉的商业和金融中心。南部地区由森美兰、马六甲、柔佛三州组成,其中,马六甲是世界文化遗产城市,拥有600多年的历史;森美兰的米南加保文化与柔佛的热带海岛风景也吸引了众多游客。北部地区包括霹雳州、槟城州、吉打州和玻璃市,其中,霹雳州景色迷人,文化独特;槟城是东方最浪漫的城市之一。东海岸地区由彭亨州、登嘉楼州、吉兰丹州组成,自然奇景丰富,包括海滩、热带海岛、雨林和高原,是马来西亚极具特色和风情的旅游胜地。位于婆罗洲的东马地区由沙巴州、沙捞越州及纳闽联邦直辖区组成,整个地区几乎被雨林覆盖,有亚庇国家公园和姆鲁山国家公园两处世界自然遗产。

马来西亚的旅游业已逐渐从传统观光旅游向融合休闲度假等专项旅游的产品体系转变。海滩和岛屿资源的开发利用一直是马来西亚传统观光旅游最为显著的标签。然而,近年来非观光旅游产品逐渐吸引了大批高端旅游消费者,呈现快速增长趋势。其中,文化遗产旅游、会展商务旅游、医疗旅游、修学旅游、高尔夫旅游以及潜海旅游等特色旅游产品的创汇能力日益较强。

(一)文化遗产旅游

因文化遗产旅行者通常比其他类型的旅行者停留的时间更长,花费更多,文化遗产旅游已成为推动马来西亚旅游业发展的一个新领域。马来西亚拥有悠久的历史和众多的民族,不同文化在此交织,创造出丰富的文化遗产,使其形成了一个文化多样性的宝库。

马来西亚于1988年12月7日签署成为《保护世界文化和自然遗产公约》的缔约国,至今共有4项文化遗产被核准列入联合国教科文组织的《世界遗产名录》,包括2项文化遗产和2项自然遗产,即沙捞越姆鲁山国家公园(自然遗产,2000年)、沙巴京那巴鲁国家公园(自然遗产,2000年)、马六甲海峡历史城市(文化遗产,2008年)、玲珑谷地考古遗址(文化遗产,2012年)。

马来西亚目前共有6项世界非物质文化遗产,即玛咏剧(2005年)、冬当沙央(Dondang Sayang)(2018年)、马来武术(希拉,Silat)(2019年)、班顿(Pantun)(2020年)、王舡游行(送船王)(2020年)、宋吉绸/马来金锦缎(Songket)(2021年)。其中,班顿为马来西亚与印度尼西亚联合申报;"送船王"为中国和马来西亚联合申报,成为中马两国人民的共同文化遗产。

马来西亚国家文化遗产分为"遗迹"(建筑物、考古遗址和自然遗迹)、"文物"(物质和非物质)和"人物"。目前马来西亚共有60项遗迹被列为国家文化遗产,包括47项建筑物、6项考古遗址和7项自然遗迹;308项文物被列为国家文化遗产,包括67项物质文化遗产和241项非物质文化遗产;15位人物被列为国家文化遗产。

多元族群文化共存使得马来西亚拥有丰富多彩的文化节日,如华人的春节、马来人的开斋节、印度教的屠妖节等。这些节日不仅仅是当地人庆祝传统文化的方式,也吸引了许多游客前来体验这些独特的文化活动。游客可以逐月参与马来西亚所有重大节日和活动。

目前文化遗产旅游还是一项处于蓬勃发展中的朝阳产业,马来西亚正在积极推进文化遗产与旅游深度融合发展,将更多文化遗产资源纳入旅游线路,提升文化遗产旅游品质。近年来,马来西亚之所以成为印度出境游市场的主要目的地之一,其中受到大多数印度游客追捧的正是文化遗产旅游。

(二)会展旅游

会展旅游项目对会展地基础设施要求比较高,不仅能极大改善当地交通、通信等配套设施,还能融商贸、广告、酒店、交通、文化娱乐等产业于一体,带动各相关行业发展,提供大量就业机会,创造经济效益,树立良好的国家形象,建立国际知名度。这一系列的优势促使马来西亚政府把促销重点放在会展旅游上,将会展旅游视为旅游业长期发展的重要利润增长点,一直致力于打造世界主要会展旅游地。

马来西亚会展业20世纪70年代才开始起步,但发展速度较快,尤其是进入1990年代以后。1990年马来西亚开始创建旅游年,此后又陆续举办了1994年"魅力马来西亚,自然至上"、2007年"马来西亚50周年庆"、2014年"马来西亚齐聚亚洲魅力"、2020年"中国—马来西亚文化旅游年"等一系列活动。马来西亚旅游、艺术和文化部与马来西亚旅游局还于2023年3月29日至4月15日期间启动新冠疫情后的首次中国营销路演活动,在北京、重庆、广西、广州、北京、上海和厦门举办大型路演活动,并积极筹备"2025马来西亚旅游年"。

会展旅游的快速发展受益于政府的扶持,如对于中小企业参加各类国际展会的摊位租用、机票和住宿、货物运输、场地布置和广告宣传等方面的费用,马来西亚对外贸易发展局(Malaysia External Trade Development Corporation,简称MATRADE)可给予50%返还;单个企业累计可享受的最高返还额可达10万林吉特(约合20万元人民币)。马来西亚展会数量在20世纪90年代中期达到高峰,尽管1998年的亚洲金融危机、2008年的全球金融危机和2019—2021年的新冠疫情使会展业遭受巨大冲击,但是马来西亚政府相继出台多项救市措施,2022年会展业开始复苏。如今,马来西亚的会展业已渗透到各个经济领域,从机械、电子、汽车、建筑,到纺织、食品、家具、旅游、园艺、花卉、宠物等,各行各业都有自己的专业展览。马来西亚联邦政府不仅协助国内展会招商,而且大力支持本土企业参加国外展览,助力会展经济的发展,品牌展会效应显著。

(三)医疗旅游

马来西亚是亚洲唯一由国家卫生部推荐的医疗旅游业的国家,体检、就医质量受马来西亚健康品质协会及国际医院评鉴监督和管制,上述两项认证均获国际医疗品质协会的认可。马来西亚内阁在2009年专门批准成立了马来西亚医疗旅游理事会(MHTC),直属于马来西亚国家卫生部(MOH),旨在推广和发展马来西亚的医疗旅游业,为全球旅游者提供高品质医疗服务。这种由政府支持和推广的做法在全球范围内也相当少见,为国外医疗旅游者在马来西亚获得高品质医疗提供了全方位的有力保障。据统计,马来西亚医疗旅客年增长率高达16%~17%,远超全球 10%~12% 的平均水平,位列"跨境病人 Patients Beyond Borders"全球10强。大部分的医疗旅客来自印度尼西亚、印度、中国、日本、英国等国家,需求最高的医疗服务项目是心脏病、试管婴儿、骨科、肿瘤学、神经病学、牙科、整容手术、疼痛管理和体检等。

医疗旅游的发展是基于马来西亚优质的医疗服务水平的:一是先进的医疗水平。大马是亚洲唯一由政府机构——卫生局牵头推广国际医疗旅游业的国家,所有医院均须接受马国健康品质协会及国际医院评鉴的监督、管制。二是国际专业认证的医疗团队。据统计,每400个马来西亚人中就有1个是医生,其中90%的医生都曾在英国、美国、澳大利亚等国家接受医学教育和培训,取得美国、英国、欧洲等国家认可的执业资格认证,所有国内医疗业执行人员均须符合国家《专职医疗人员法令》,专业度极强;他们精通英文、普通话、粤语等多门语言,患者不用担心沟通障碍问题。三是低廉的医疗费用。通过"第二家园计划"来到马来西亚的外国人可以选择购买医疗保险,医疗保险的承保范围包含意外及住院的全费用,门诊除外。与美国、英国的医疗费用相比,马来西亚医疗保健服务平均可为患者节省约30%~85%的消费。四是效率高且等待时间短。马来西亚医疗中心均配备有现代化医疗设施，无须长时间等待，患者抵马后即可入院，迅速开始检查和诊断，确保医疗和药物治疗的及时实施。五是先进的医疗器材及技术。马来西亚亦是亚洲地区医疗设备最好的国家之一。马来西亚投入大量资金，为所有的医疗中心配备现代化设施，其中国际认证医院具有处理最新医疗技术和手术的能力。六是友善舒适的休养环境。马来西亚被评选为全球最理想退休国家的第3名及亚洲第1名，除了气候宜人及空气质量良好以外，更拥有丰富的自然资源，能让患者在没有压力的理想环境下休养及康复。

第四节 金融服务业

一、金融服务业概况

马来西亚现行的金融体系是数十年不断努力和改革的结果。两个重要的十年总体规划——《2001—2010年金融部门总体计划》和《2011—2020年金融业蓝图》为马来西亚金融业的发展奠定了坚实的基础，推动了金融业的平衡、包容和可持续增长。前者为金融部门的有序发展奠定了基础，后者则发展了一个金融生态系统，以更好地服务于马来西亚经济的高附加值和高收入部分。随着《2009年马来西亚中央银行法》(CBA)、《2013年金融服务法》(FSA)和《2013年伊斯兰金融服务法案》(IFSA)的颁布，马来西亚管理金融部门的法律日益现代化。这些改革进一步完善了马来西亚的金融治理框架，有利于更好地应对货币和金融稳定的风险。

在金融市场结构中，马来西亚的货币市场和资本市场发展迅速。已形成了以政府证券为主导，流通存款票据、银行承兑汇票等多种交易工具并存的货币市场;吉隆坡股票交易所现已成为亚洲最大的证券交易所之一,提供超过800家上市公司的各种投资选择,同时也建立了较为完善的多层次资本市场,但二板市场和创业板市场融资规模很小,仍有较大的发展空间。在融资结构中,马来西亚企业的外源融资逐渐由间接融资主导转向间接融资与直接融资并重的结构,其直接融资结构表现出明显的"重债轻股"特点,且直接融资市场基本上可以满足马来西亚企业较大份额的融资需求。

(一)金融机构体系

按照地位和功能划分,马来西亚的金融机构包括中央银行、商业银行和非银行金融机构。马来西亚国家银行(Bank Negara Malaysia,简称BNM)是马来西亚的中央银行,成立于1959年,其主要职能是代表政府制定执行各种金融货币政策,监督和管理各种金融机构和整个货币信用体系,促进国内金融市场的发展,稳定国内经济,对外代表政府处理国际金融事务。随着金融管制的放松,商业银行规模迅速扩大,成为马来西亚金融体系的主体。而马来西亚非银行金融机构种类很多,主要包括金融公司、保险公司、国家投资公司等,非银行金融机构的活动受到中央银行的监督和管理,其业务主要是对商业银行的补充,是一个完整金融体系的重要组成部分。

特别值得一提的是,由于马来西亚国教为伊斯兰教,其各种金融机构中又包含伊斯兰金融体系,形成了独特的传统金融与伊斯兰金融共存的"二元金融结构",在国际上马来西亚的金融系统又被称为双系统。其中,传统金融体系主要由马来西亚央行、商业银行、商业型金融机构、保险机构、证券市场、外汇管理机构、信贷融资机构、纳闽岛金融体系等组成,受马来西亚国家法律的规范。而伊斯兰金融体系由伊斯兰银行业、伊斯兰保险和再保险业、伊斯兰银行间货币市场、伊斯兰资本市场这四个部分组成,是一个独立运行的综合性金融体系,同时受到马来西亚国家法律和伊斯兰教法的双轨规范。在对于家庭部门的金融服务供给中,伊斯兰金融体系起到了重要的作用。伊斯兰银行的存贷业务服务表现出偏向于家庭服务的特点,其六成以上的贷款均流向了家庭部门,同时伊斯兰保险中,来源于家庭部门的净收入占比也在60%以上。

根据马来西亚中央银行(BNM)统计资料,马来西亚银行体系由27家商业银行和11家投资银行组成。截至2021年底,在27家商业银行中,有9家是马来西亚本土银行,18家是外资银行;8家马来西亚银行集团通过全球分支机构、代表办事处、子公司、参股和合资企业在18个国家开展业务(表5-9);保险公司和伊斯兰教保险机构通过遍布全国932个办事处和192 006名保险代理开展业务,为企业和个人提供风险管理和财务计划解决方案。

表5-9 马来西亚金融机构的基本情况(截至2021年底)

类别	总计	马来西亚内资控股	外资控股
商业银行	27	9	18
伊斯兰银行	16	10	6
国际伊斯兰银行	2	0	2
投资银行	11	11	0
保险	33	13	20
伊斯兰保险(Takaful)	15	8	7
再保险	7	2	5
伊斯兰再保险(Retakaful)	4	1	3
发展金融机构(例如进出口银行、农业银行)	6	6	0

资料来源:马来西亚中央银行。

(二)金融监管体系

1.金融监管机构

马来西亚金融监管体系的核心监管机构是马来西亚中央银行,其他金融监管机构还包括马来西亚财政部、马来西亚证券监督委员会等。

其中,马来西亚中央银行(Bank Negara Malaysia)是根据金融服务法令、伊斯兰金融服务法令和中央银行法令被授权的银行监管机构。马来西亚中央银行采用风险监管的方法,根据风险管理系统对金融机构进行评估和监控,并对银行的审慎事项发布各种业务指导。财政部(Minister of Finance)在银行和伊斯兰银行的监管中发挥着积极作用,是银行执照申请的批准机构。马来西亚证券委员会(Securities Commission of Malaysia)负责监管在资本市场运营的投资银行。

除了上述三个主要的金融监管机构外,马来西亚还有诸多行业自律协会,如马来西亚银行公会、马来西亚公司协会、马来西亚金融科技协会等,也是金融监管体系的重要组成部分。另外,针对金融科技行业采取"多头监管＋行业自律"的模式,即金融科技公司除了要在马来西亚中央银行、财政部和证券监督委员会设置的规范下经营企业或开展金融服务,还要遵守马来西亚金融科技协会的相关规章制度。

2.金融监管制度

马来西亚金融服务业由传统金融体系和伊斯兰金融体系两个系统并立经营,共同为经济发展提供金融服务,相应的,马来西亚金融法律制度也由传统金融法律制度和伊斯兰金融法律制度并行组成,如金融科技投资项目会被标注上"投资项目"或"伊斯兰投资项目",以明示投资者这两类项目遵循不同的金融管理体系。

具体来说,马来西亚金融管理体系具有以下三方面特征:

一是监管定位明确,鼓励合作。马来西亚将"金融科技"定义为用于提供金融服务的技术创新,传统金融机构一直高度重视与金融科技公司的合作,马来西亚央行也非常鼓励各类金融公司与当地金融机构的互补合作。

二是推行监管沙盒等创新监管措施。马来西亚是东南亚地区实行监管沙盒制度的先行者之一,于2016年推出沙盒监管机制,现已形成了完善的监管沙盒框架与监测机制。

三是对新兴业态的监管规范跟进迅速。每当金融科技领域的技术新业态出现时,监管部门便会紧密跟进相关法案的制定,自律协会的行业规范也会快速出台。

整体而言,马来西亚对金融科技相关的法案和规范细则详尽,很多监管政策制定的先进性都走在东南亚其他国家的前列。从中也可以看出马来西亚对于金融科技行业,尤其是对于新技术业态的监管,更加重视事前管理、积极预防风险,而非强制干预。

二、传统金融服务业

(一)银行业

马来西亚的银行业较为发达。在马来西亚,平均每1万人口就有1.4家银行机构、4.7台自动取款机,这一比例在东南亚地区名列前茅;其成年人口拥有银行账户的比例在东南亚仅次于新加坡。

马来西亚本土的商业银行主要有马来亚银行、联昌银行、大众银行、丰隆银行、兴业银行等;外资银行主要有花旗银行、汇丰银行、标准渣打银行、美国银行、德意志银行、华侨银行等。与中国国内银行合作较多的本土银行主要有马来亚银行、丰隆银行、联昌银行等。而在马来西亚的中资银行主要有中国银行、中国工商银行和中国建设银行。

表5-10列示了马来西亚总资产排名前10的商业银行。其中,马来亚银行有限公司(Maybank,全名为Malayan Banking Berhad)是马来西亚最大的商业银行,也是马来西亚证券交易所最大的上市公司,其伊斯兰银行分支——马来亚伊斯兰银行(Maybank Islamic)也是东盟和马来西亚最大的伊斯兰银行。

表 5-10 马来西亚总资产排名前 10 的商业银行

排名	银行	总资产/十亿林吉特
1	Maybank Malaysia 马来亚银行	888
2	CIMB Group Holdings 联昌国际银行	672
3	Public Bank Berhad 大众银行	462
4	RHB Bank 兴业银行	257
5	Hong Leong Bank 丰隆银行	237
6	AmBank 大马银行	180
7	UOB Malaysia 大华银行	128
8	Bank Rakyat 人民银行	115
9	OCBC Bank Malaysia 马来西亚华侨银行	98
10	HSBC Bank Malaysia 马来西亚汇丰银行	94

数据来源:各银行 2021 年的年度报告。

(二)保险业

马来西亚是东盟国家保险业排名前 3 的国家。保险业始于 1860 年,经过 100 多年的发展,马来西亚保险业经历了一个由起步、发展、激烈竞争、优胜劣汰、并购重组到垄断竞争的市场演变过程,建立了开放程度高、较为健全的保险监管机制。中央银行是保险业的监管银行,内设管理部和检查部。2013 年 6 月,马来西亚颁布了《金融服务法案》和《伊斯兰金融服务法案》,对保险公司的经营范围和市场准入等进行了修改。由于保险行业竞争激烈,随后便出现了并购潮。仅 2013 年 12 月至 2014 年上半年发生的保险业并购就包括都会保险收购 AmLife 保险以及 AmFamily 伊斯兰教保险、保诚保险收购 Uni Asia 寿险、利保互助保险集团收购 Uni Asia 普险、Sanlam 收购 MCIS 苏黎世等。

马来西亚保险渗透率在东盟国家中处于较高水平。2011—2021 年间,马来西亚的总保险费和外币保险费的年复合增长率为 3.2%,其中大部分增长可归功于人寿保险和伊斯兰教保险部分,该部分实现了

4.5%的复合年增长率,从而使渗透率从2011年的3.1%提高到2021年的3.9%。到目前为止,对于22家传统保险公司和4家伊斯兰教保险提供商来说,汽车保险是最重要的业务。该业务占普通保险市场的46%,占一般伊斯兰教保险市场的近2/3。其次是火灾保险和健康/个人意外保险。伊斯兰教保险市场的主导者是个人险种,其中汽车险和健康险合计约占总市场的20%,汽车和健康险合计占市场的75%,而一般保险则占57%。另外,马来西亚人寿保险和家庭伊斯兰教保险的普及率在2022年为54%,而中小型企业的保险普及率目前为15%,意味着马来西亚中小型企业的保险市场尚存较大的发展空间。

三、伊斯兰金融服务业

马来西亚根据相关法律法规设立起一套与传统金融体系完全并行的伊斯兰金融系统。马来西亚开展伊斯兰金融业务较早。自1983年出台《伊斯兰银行法令》并成立第一家伊斯兰银行以来,伊斯兰金融机构不断壮大,业务规模稳步发展。1993年,商业银行和金融公司被允许在伊斯兰银行计划(IBS)下提供伊斯兰银行产品和服务。截至2000年底,伊斯兰金融总资产已占全国金融系统总资产的8%左右,伊斯兰金融基础设施基本形成。2002年11月3日,全球10个主要伊斯兰教国家在马来西亚成立了"伊斯兰教金融服务局"(IFSB),吉隆坡为该组织的永久总部。2005年6月,道琼斯纽约公司和吉隆坡RHB证券公司联合推出了一个新的"伊斯兰马来西亚指数",该指数由45只代表符合各种伊斯兰教法标准的马来西亚公司的股票组成。2006年3月,马来西亚国家银行设立了伊斯兰金融国际教育中心(INCEIF),这是世界上唯一一所完全致力于伊斯兰金融研究生学习的大学,也是马来西亚政府进一步加强该国作为国际伊斯兰金融中心地位的举措的一部分。2006年8月,马来西亚政府公布了"伊斯兰金融中心"计划,成立了伊斯兰教金融服务与促进机构——"马来西亚国际伊斯兰教金融中心"

（MIFC），制定了多项优惠政策。2010年3月29日，马来西亚政府公布的"新经济发展模式"重申将积极发挥本国伊斯兰教金融独特的筹资优势，增发全球金融债券，吸引外来资本投资。

  为进一步提升伊斯兰金融服务业的国际化程度及服务质量，马来西亚逐步向国内外合格的银行、保险和再保险公司颁发新的伊斯兰金融业务营业执照。2005年，批准科威特金融机构、沙特拉吉银行和卡塔尔伊斯兰银行控股70%的亚洲金融银行3家伊斯兰银行营业执照。2006年，批准了4张伊斯兰保险营业执照。2009年4月，进一步开放金融业，将外资在马来西亚金融机构的持股上限从49%提高到70%，除增加5家外资商业银行外，再分别增发两张伊斯兰银行和伊斯兰保险执照。2010年3月，再颁发给德意志银行第4张伊斯兰银行营业执照。在开放政策的刺激下，迪拜金融机构于2006年收购了马来西亚伊斯兰银行40%的股权，以进一步扩大伊斯兰金融业务版图。以科威特金融公司为首的财团于2007年收购马来西亚拉昔胡申银行的经营权，计划逐步注资120亿林吉特，创建全球最大的伊斯兰银行。

  马来西亚政府还鼓励本国伊斯兰金融机构以多种方式进军海外。马来亚银行、联昌国际投资银行等通过股权并购、合资等方式打入巴林、沙特、印尼和巴基斯坦市场。马来西亚伊斯兰银行同欧洲银行经过多年谈判已达成联营协议，以战略合作的形式通过欧洲银行的分支机构网络将伊斯兰银行业务推广到欧洲和美洲的穆斯林社区。

  面对市场日益增长的伊斯兰金融服务需求，马来西亚重视伊斯兰金融产品的创新发展，在符合伊斯兰教义的基础上，推出了一系列前所未有的伊斯兰金融产品。既有在伊斯兰金融利润率互换协议、伊斯兰货币互换协议和伊斯兰远期利润率协议项下的各类风险控制对冲工具，也有流动性较强的央行票据、伊斯兰住宅抵押证券等金融品种。为配合"构建伊斯兰教金融中心"计划，2007年3月，伊斯兰原产品债券、伊斯兰衍生产品债券和央行伊斯兰债券再次推出。其中，伊斯兰原产品债券是马来西亚首个以棕榈油期货为基础的交易品种。截至2020

年底,伊斯兰融资在银行体系中的份额达到37%,伊斯兰融资几乎贡献了马来西亚2020年银行业的全部增长。

四、金融科技

马来西亚高度重视金融科技行业发展。2014年之前,已经出现了电子支付系统、电子钱包等金融科技类产品;2015年之后,在线保险、数字借贷、众筹等金融科技服务也显露欣欣向荣之势。2016年是马来西亚金融科技发展的关键转折之年,马来西亚国家银行于该年度发布了金融科技监管沙盒框架,并成立了行业自律性组织"马来西亚金融科技协会"。2018年以来,马来西亚的金融科技行业进入稳定期,数字银行、数字保险等金融科技服务的用户数量逐步扩大,当地金融科技行业吸收的投资规模也逐年增加。

(一)数字银行

马来西亚联邦政府积极推动银行业务的数字化转型,先后实施了《人民电子支付计划(e-TunaiRakyat)》和《电子驱动计划(ePenjana)》,有效推动了无现金支付用户的增长。根据新思界行业研究中心发布的《2021年马来西亚数字银行行业市场现状及海外企业进入可行性研究报告》,2020年,马来西亚网银交易金额同比增长约50%;电子钱包交易金额同比增长约达130%,为数字银行行业发展奠定了坚实基础。2020年12月31日,马来西亚国家银行正式发布数字银行的许可框架"Licensing Framework for Digital Banks"。

据统计,马来西亚98%的企业现在接受数字支付。东盟2021年金融科技报告显示,马来西亚电子钱包的使用率比东盟六国的平均水平要高出14%。在马来西亚电子钱包市场中,使用比较多的手机支付主要有Touch'n Go eWallet、Boost Wallet、Maybank Pay。其中,Touch'n Go eWallet是马来西亚第一大电子钱包,截止到2023年已拥有超过1850万注册用户。

马来西亚的数字银行执照获得了29家公司的竞争投标，2022年4月，其中5家企业获得了数字银行执照。其中，在金融服务法令下获得数字银行执照的有3家，即Boost Holdings Sdn. Bhd.和RHB Bank Berhad（兴业银行）组成的联合体、GXS Bank Pte. Ltd.（Grab网约车、送餐平台公司和新加坡电信Singtel牵头的财团）和Kuok Brothers Sdn. Bhd（郭鹤年家族企业）组成的联合体、Sea Limited（冬海集团）和YTL Digital Capital Sdn Bhd（杨忠礼家族企业）组成的联合体。在伊斯兰金融服务法令下获得伊斯兰数字银行执照的包括两家，即永旺信贷（永旺集团是零售为核心的商业集团）和Money Lion（在纽交所上市的金融投资平台，创始人为马来西亚籍）组成的联合体——日本永旺金融，以及由KAF Investment Bank Sdn. Bhd领导的联合体。

（二）数字保险

数字保险既是数字经济的重要组成部分，又为数字经济发展提供了风险管理和保障服务。马来西亚对保险科技的布局相对较晚，马来西亚中央银行于2022年1月发布了关于数字保险公司和伊斯兰数字保险运营商许可框架的讨论文件（DITO讨论文件），以此激励保险和伊斯兰保险行业的数字创新。该文件代表了央行鼓励金融部门数字化举措的下一阶段，并遵循央行于2020年12月31日发布的数字银行许可框架。

2021年8月，VSure.life（VSure）获得马来西亚中央银行的批准，成为马来西亚第一家保险科技及数字保险公司。目前，马来西亚的保险科技创业公司主要致力于提升保险购买流程的体验。该国最大的互联网寿险公司——U For Life，在客户回答了几个简单的和健康相关的问题后，就可以给他们提供负担得起的寿险产品。而另一家创业公司——Policy Street，则是为客户提供保险产品的比价分析服务。

第六章
海洋产业发展与空间布局

现代海洋产业主要有海洋渔业、海洋油气业、船舶制造业以及滨海旅游业等,发达的海洋产业以及分工体系往往意味着较高的经济发展水平,而世界各国现代化与工业化的发展均离不开海洋产业的支撑。海洋经济产业对马来西亚国家发展至关重要。目前,海洋油气资源已经成为马来西亚最大的单一出口商品,丰富的海洋油气资源开发为马来西亚带来巨大的财富。马来西亚国家石油公司(Petron Malaysia)2022财政年度净利润增长26%,达到3.01亿林吉特;营收增长2倍,达到183.5亿林吉特。2021年,马来西亚海洋贸易总额为16.1万亿林吉特,全国98.4%的贸易额都是通过海运完成的。另外,旅游业也非常依赖海洋作为其主要的卖点,海洋旅游正在成为马来西亚继油气资源、海洋运输之后的另一重要收入来源。根据新思界行业研究中心发布的《2021—2025年马来西亚海洋旅游市场深度调研分析报告》,海洋旅游业是马来西亚排名第二的外汇收入来源。

第一节 海洋渔业

海洋渔业是马来西亚的重要产业部门,在经济发展、营养供应、就业等方面发挥着重要作用。2021年,马来西亚海洋渔业占农业生产总值的10.5%,占国内生产总值的1.2%,渔产品自给自足率为91%。海洋渔业是马来西亚居民获取蛋白质等营养的主要来源之一。鱼类产品是居民食物的重要组成部分,鱼类消费支出约占全部食物支出的20%,满足了居民约65%的动物蛋白需求。进入21世纪以后,马来西亚人均海产品年消费量为60公斤左右,居东南亚地区首位,是东南亚地区其他国家平均水平的2倍之多,是世界平均水平的3倍甚至更高。海洋渔业还是马来西亚就业的重要途径之一。1970年至1990年间,海洋渔业对马来西亚就业的贡献率约为2%。20世纪90年代初,海洋渔业提供了10.73万名全职渔民的就业机会。2019年至今,马来西亚大约有12万名渔民从事渔业捕捞工作。

马来西亚在发展海洋渔业的同时也重视海洋环境的保护,已建立大约200个海洋保护区,包括海洋公园、国家公园、渔业保护区、红树林保护区、鸟类保护区、野生动物保护区、湿地等。马来西亚还十分关注在国家管辖范围内和公海上的非法、未报告和不受管制捕鱼(IUU),马来西亚渔业部门于2013年制订颁布了《防止、制止和消除非法、未报告和不受管制捕鱼的国家行动计划》(NPOA-IUU),确立了从2012年至2020年IUU捕鱼量每年减少10%的目标。

在区域渔业合作方面,马来西亚积极参与东盟食品、农业和林业委员会、东南亚渔业发展中心、印度洋和太平洋渔业委员会、亚太地区渔业信息交流中心等区域渔业合作。近10年来,在"中国—东盟海上合作基金项目""农业农村部'一带一路'热带国家水产养殖科技合作项目"等多个重大涉渔国际合作项目的推动下,中国与马来西亚的渔业管理部门、高校及科研机构、水产企业等在海洋水产养殖领域开展了深入合作。[1] 如表6-1所示。

---

[1] 赵付文等:《中国—马来西亚渔业合作前景分析》,《中国水产》2021年第12期,第52~56页。

表 6-1　中国—马来西亚部分渔业科技合作情况

年份	中方合作单位	马方合作单位	合作成效
2016	中国水产科学研究院黄海水产研究所	马来西亚登嘉楼大学	签订《中国水产科学研究院黄海水产研究所和马来西亚登嘉楼大学合作意向书》
2016	中国海洋大学	马来西亚登嘉楼大学	签署《中国海洋大学与马来西亚登嘉楼大学合作备忘录》
2017	恒兴饲料实业股份有限公司、广东冠利达海洋生物有限公司	马来西亚GST集团有限公司、马来西亚BESTWAY养殖有限公司	依托建立的中国—东盟海水养殖技术联合研究与推广中心——马来西亚分中心，促进了马来西亚海水养殖产业发展升级
2018	中国水产科学研究院黄海水产研究所	马来西亚KS北根水产有限公司	建立对虾苗种繁育技术交流平台，为下一步与企业合作打下良好基础
2018	中国水产科学研究院渔业机械仪器研究所	马来西亚GST水产公司	在GST公司建立了健康高效养殖与规模化苗种繁育设施设备技术示范点，完成马来西亚生态高效养殖场的设计
2018	国家海洋局第四海洋研究所	马来亚大学	签署《国家海洋局第四海洋研究所与马来亚大学海洋科技合作谅解备忘录》
2018	汕头大学	马来西亚登嘉楼大学	成立"汕头大学—马来西亚登嘉楼大学虾蟹贝类联合实验室"，举办海洋科学与水产养殖学国际论坛
2019	中国海洋大学	马来西亚登嘉楼大学	建立"中国海洋大学—马来西亚登嘉楼大学海洋联合研究中心"

第二节 海洋油气业

马来西亚拥有丰富的海洋油气资源,是东南亚地区仅次于印尼的第二大油气生产国。马来西亚约40%的原油储量分布在马来盆地,其中超过1/4的原油都产自马来盆地近海Tapis油田。石油产量主要来自海上,集中在马来半岛的东海岸、沙捞越和沙巴一带。天然气主要分布在马来西亚西部沿海地区和东部沿海地区(沙巴州和沙捞越州)。目前,天然气开发的重点集中在马来半岛登嘉楼州的居荼(Kerteh)、杜荣(Duyong),沙捞越州的民都鲁(Bintulu)和美里(Miri)以及沙巴州的拉布安岛(Labuan)等地区。

马来西亚目前已成为仅次于卡塔尔和澳大利亚的全球第三大LNG出口国。马来西亚所产的天然气主要用于出口,但由于西部马来半岛天然气需求的增长,需要进口LNG来满足内部需求。2017年以来,马来西亚在扩大东部地区LNG储备能力的同时也注重提升其出口能力。位于沙捞越州民都鲁的马来西亚液化天然气公司(Malaysia LNG,MLNG)目前是马来西亚天然气产业的主要中心,由马来西亚国家石油公司经营。2021年2月,马来西亚国家石油公司宣布,其首艘深水浮式液化天然气船(Floating Liquefied Natural Gas,FLNG)"PFLNG DUA"号正式投产。最近生产的首批LNG是继2017年投入运营的"PFLNG SATU"号之后马来西亚国油运营的第二艘FLNG,同时也是其第一艘深水FLNG。

东盟十国中,除了新加坡和老挝尚未发现油气资源外,其他国家均有不同程度的油气资源储藏。越南、马来西亚和印度尼西亚的石油储量最为丰富,而印度尼西亚、马来西亚和缅甸则拥有最大的天然气储量。随着社会经济的发展,东盟各国的石油需求不断增加,而石油产量则在持续下降,尤其是石油储量最大的越南、马来西亚和印尼的石油产量降低较明显。

根据美国地质调查局(USGS)的报告,除去位于中国领土的南海油气盆地,目前东南亚地区的24个油气盆地中的石油及天然气资源有很大的开发利用潜力,其中还包括非常规的油气资源。然而,国际能源机构的《2019年东南亚能源展望》报告指出,日益增长的燃料需求,尤其是对石油的需求,已经远远超过了东盟地区的产量。东盟国家现在正处于转变为化石燃料净进口国的边缘。根据英国石油公司(BP)2020年发布的《世界能源统计年鉴2020》,2009至2019年间,马来西亚的石油产量从3 180万吨降至2 980万吨。东盟五个主要产油国(印尼、越南、马来西亚、文莱和菲律宾)的石油产量在过去10年中合计年均下降率为14.75%,从1.2亿吨降至1.23亿吨。与此同时,东盟国家的石油消费量在这段时间内显著上升。

第三节 船舶制造业

马来西亚的海洋造船业可被定义为船只设计、建造、修理、维护和涉及转换船只用途及升级船只与相关设备的行业。造船业对自然条件要求较高,需要占用一定的海岸资源,而马来西亚紧邻马六甲海峡,国土被南中国海分割成东西两部分,海岸线长且曲折,其中分布着大量优质深水港湾。同时,马来西亚位于赤道附近,属于热带雨林气候和热带季风气候,全年温度变化较小,港湾基本不会出现结冰现象,且无台风影响,为造船业发展提供了有利条件。

马来西亚早在19世纪初便出现了造船工业,最早的造船设施坐落于沙捞越州古晋。马来西亚的船舶制造能力比较有限,主要集中在小型油气运输船,如近岸支援船(OSV)、非自动拖船(AHT)等为油气业平台或油罐服务的小型运输工具。中小型造船企业数量较多，大型造船企业仅有 Malaysia Marine and Heavy Engineering（MMHE）、Boustead Naval Shipyard、Sabah Shipyard、Sapura Kencana、Nam Cheong 和 Muhibbah Marine Engineering 等数家。作为马来西亚最大的造船企业，Nam Cheong 公司不仅从事船舶生产和制造，其业务还涉及船舶租赁，是马来西亚最年轻的 OSV 运营商之一。

尽管船舶制造业在马来西亚并不出名，但由于船舶制造业巨大的溢出效应，且本地船坞制造的船只主要销往国际市场，因此早已成为马方的战略产业。在技术方面，船舶制造技术更是直接与国防相关。目前，马来西亚约有40%的船只订单来自国外。全国大概有70个船坞可以进行船舶制造，领先船舶制造商包括马来西亚海洋和重装公司、宝德工业集团、纳闽船舶工程公司以及 Muhibbah 海洋工程公司。

根据新思界行业研究中心发布的《2021—2025年马来西亚地区造船行业深度调研报告》，鉴于造船业能为国内提供大量就业机会，刺激经济增长，因此马来西亚联邦政府专门针对造船业制定了一系列优惠政策和鼓励措施，以吸引更多外资企业投资造船行业。优惠政策不仅包括对新投资造船企业5年内减免65%所得税，还包括对现有造船企业5年内减免60%投资税。结合政府针对造船业制定的一系列优惠政策来看，马来西亚造船业未来发展前景良好。

第四节　海洋旅游业

海洋旅游是指以海洋资源为基础旅游场所，以满足消费者精神和物质需求为目的，包含海洋游览、探险、疗养等活动的旅游形式马来西亚发展海洋旅游业具有先天优势：一是海洋资源丰富，马来西亚紧邻马六甲海峡，国土被南中国海分割成东、西两个半岛，三面环海，海岸线总长约 4583 公里，在发展海洋旅游业上具有得天独厚的自然资源；二是气候条件适宜，马来西亚地处赤道附近，属于热带雨林气候和热带季风气候，终年气温变化极小，无明显四季之分，宜人的气候条件吸引了许多境外游客前往避暑或者过冬，十分有利于海洋旅游行业发展。

为了吸引更多境外游客，马来西亚政府高度重视海洋旅游行业的发展，并通过主题海洋旅游设计、完善历史遗迹、保护生态环境等策略凸显其海洋旅游特色。在此背景下，马来西亚的海洋旅游业发展迅速，建设了世界上最大、最丰富的海洋生态系统——马来西亚海洋公园，该公园位于印度洋和太平洋之间，园内的芭雅岛拥有许多濒临绝种海洋生物，乐浪岛则拥有最好的珊瑚园。

作为一种阳光产业，海洋旅游业是海洋经济的重要组成部分，发展潜力巨大，成为提升马来西亚国家经济活力的重要产业，越来越受到马来西亚政府的重视。目前，为了促进海洋旅游业恢复，马来西亚政府不仅设立了特别旅游投资区，还颁布了《2020 至 2030 国家旅游政策》，力图从多方面、多角度实现海洋旅游行业可持续健康发展，丰富游客观光体验，提高游客满意度。

第七章
高新技术产业发展与空间布局

第一节 高新技术产业发展历程

马来西亚高新技术产业依靠引进外国投资和技术、培养本土科技人才和研发能力,以及开展国家战略规划和国际合作,呈现出迅速增长的积极态势。经过60多年的发展,马来西亚在高新技术领域的竞争力日益凸显,一跃成为东南亚地区的科技创新中心之一,其科技发展过程大致可以分为以下三个阶段。

第一阶段(1958年—20世纪80年代中期):马来西亚的产业技术规划并不明晰。独立之初,马来西亚产业结构以农业为主,产业技术发展的重点领域是与之相一致的资源型产业,如早期的橡胶、之后的棕榈油产业。相对而言,推动工业化的产业政策在当时并没有成为优先议题。20世纪60年代,一批制造业企业以跨国公司和合资企业的投资方式在生产初级消费品的进口替代行业兴起,而外资主导的出口型产业主要集中在新建的自由贸易区。20世纪80年代初期,为优化产业结构布局,并进一步平衡种族之间的经济利益,马来西亚通过政府投资行为推动重工业项目计划,开始筹建科技行政体系。1975年国家科学研究开发理事会成立,1976年科学技术环境部成立,但它们的预算和权限十分有限。这一时期,产业技术目标并不是政策制定者的直接目标。

第二阶段(80年代中期—90年代初):这一阶段,马来西亚政府意识到技术创新对国家经济发展的重要性,制定了科技和工业政策推动高新技术产业发展。不同于第一阶段,这一阶段的显著特征是产业技术目标在多个政策框架中都得到了明确体现。1986年,马来西亚第一个"产业主导计划"指出,国内弱小的产业技术基础是未来经济发展的重要障碍,技术发展首次被独立地列入经济发展规划中。1990年,作为补充,"产业技术发展行动计划"出台,该计划指出了产业技术发展面临的结构性瓶颈,并进一步详细说明了技术发展的优先领域及鼓励措施,并提出了42项建议,完善国家技术创新体系。科学技术的公共投入迅速增加,在第五个五年规划中,科技方面的公共投资从5.4亿林吉特增加到11.6亿林吉特,资金主要流向国有技术研究机构以及国家重点领域研究项目。从实践效果来看,尽管政府的初衷是仿效日本,力图通过产业需求拉动技术发展,但企业界广泛参与性不足,主要原因在于集中性的技术供给型发展战略与以跨国公司为主导的、经济自由化的市场环境之间的矛盾。

第三阶段(1993年至今):加强技术政策与产业组织结构、市场条件之间的协调。20世纪90年代初,大量外国直接投资涌入马来西亚,内部化技术转移变得更加活跃。20世纪90年代中期开始,依托跨国公司产业技术转移,马来西亚迅速成为全球消费型电子产业的重要生产基地,特别是在槟城形成了以半导体、硬盘驱动器等高科技产品为主的产业集群。面对马来西亚电子产业与全球生产网络的紧密融合和跨国公司行为模式的转变,前期的供给型技术发展战略显然无法满足经济技术发展的需要。为此,马来西亚政府调整了技术发展思路,主要体现为以下两个方面:一方面,针对制造业,改变过去扶持单一产业的战略,在操作思路上强调培育产业群,重点发展电子电气、石化、材料、制药等八个产业群,通过产业群的主导产业、辅助产业、基础设施和相关商业服务的互动合作带动产业上下游联系;另一方面,科技体制从政府指令性向市场主导机制转变,让更多私营企业参与到有关技术政策的制定和实施中。重要举措包括:将原国家公共研究机构改革后成为具有独立法人资格的国营公司,采取合同制研究体系建立企业式运营模式;大学被要求通过研究合同立项加强与产业的联系等。统计数据显示,20世纪90年代以来,马来西亚R&D的资源分布和活动特征明显改善,来自产业界的研发比重从1990年的20%上升到2000年的57.9%,产业界成为马来西亚R&D总投入的主力。[1]

第二节 科技创新体系

马来西亚联邦政府高度重视科技创新。一方面体现在加强关键性科学技术的开发,具体表现为马来西亚联邦政府推出众多具体科技计划,如加强优先领域研究计划、技术开发计划、工业研究与开发贷款计划、科学技术推广计划、科学技术管理卡信息、国家工艺学指南计划、吸引国内和国际专家计划等,从政策、资金层面给予本国科技发展进行多方扶持。另一方面体现在加强高科技人才的培养教育,如2013年7月发布的国家科技创新政策(2013—2020),着重强调人才库对于创新驱动经济发展的重要性,并建立相关制度、机制和实施计划以确保更好地建设人才库。此外,还不断加大研发投入强度。当前马来西亚的研发总值占GDP的比重虽然仅有1%,但马来西亚联邦政府已承诺将增加预算,计划到2030年这一比重将达到3.5%。目前,在东盟范围内,马来西亚的科研投入占比仅次于新加坡。

---

[1] 李毅:《马来西亚技术发展战略的演变与评价——兼论R&D发展模式的转变》,《南洋问题研究》2005年第4期,第36~42页。

第七章
高新技术产业发展与空间布局

马来西亚科技体系的主体为政府机构、高等教育研究机构和私人机构三方。最高科学技术政策的决策机构为内阁科学技术委员会,主席由总理兼任,成员为相关各部部长。此外,各大学中均设有科研机构。国家科学研究与开发理事会是政府科学技术方面的顾问机构。马来西亚科技管理部门是成立于2014年的科技创新部(MOSTI),其下设化学工业局、环境保护局、国家保留区和野生动物公园、气象局、信息技术研发所、原子能技术研究所、航天技术研究所、生命科学研究所、国家标准化研究所等分支机构。2015年国家科技创新中心成立,隶属于马来西亚科技与高等教育部,是国家级技术创新和商业化平台,致力于为马来西亚和东盟各国技术创新及商业化提供服务,连接政府、科研机构、企业和社会,实现多方合作共赢。

马来西亚优先发展生物技术、信息通信技术两大领域。最著名的科研机构当属微电子系统研究所(SIRIM),该研究所由马来西亚标准制定所(SIM)和国家科学和工业研究所(NISIR)合并组成。SIRIM在马来西亚各地都设有研究站,总共有2 500名工作人员,其中500名是研究人员。此外,马来西亚还建设高级材料研究中心、国家计量实验室、汽车工程中心、孵化中心等研究机构。同时,马来西亚大学(UM)、马来西亚博特拉大学(UPM)、马来西亚国民大学(UKM)、马来西亚理科大学(USM)、马来西亚工艺大学(USM)等一批亚洲知名的研究型大学也为马来西亚科技发展提供了基本保障。马来西亚科技人才主要集中在吉隆坡、槟城等城市,但人才流失比较严重,主要流向新加坡、中国香港、英国、美国等发达国家(地区)。[①]

科技园区建设是马来西亚高新技术产业发展的动力载体,马来西亚政府建立了一批专业技术园区来满足高新技术和研究密集型产业的发展需求,如马来西亚第一个高科技园区——居林高科技园区(Kulim

---

① 许鸿:《加快中国—马来西亚高质量科技创新合作》,《科技中国》2020年第10期,第28~32页。

Hi-Tech Park)、拥有最多生物技术和医药工业企业的科技园——恩斯特克(Enstek)以及 Bio-XCell 马来西亚生物技术园、槟城科技园(Penang Science Park)等。此外,还设立了多项专门基金来支持高新技术企业的研发和创新,如在生物多样性开发、土地有效利用、农业作物研发、医药研发和制造、生物质能的再利用和商业化、生物燃料发展等领域给予优先预算拨款。

为进一步提升高新技术产业竞争力,马来西亚联邦政府于 2018 年 10 月 31 日正式颁布《马来西亚国家工业 4.0 政策》(简称"工业 4.0"),旨在进一步推进工业化进程,促进产业结构转型升级,应对全球价值链重构,从而跨入高收入国家的行列。"工业 4.0"的战略目标聚焦于制造业三大催化行业——电子电气(工业电子、消费电子等)、机械设备(专业设备加工、发电设备等)、化工(石化产品、橡塑产品等),以及两个重点增长领域——航空航天(系统集成、工程设计等)和医疗设备(智能穿戴、医疗设施等)。

第三节 生物技术产业

马来西亚拥有极其丰富的动植物群落、富含各种形态生物的海洋生态系统、被视为全世界最多样化的珊瑚群,得天独厚的生物多样性是其发展生物技术产业的先天优势。

为促进本国生物科技工业的发展,马来西亚科技部成立了国家生物技术理事会(NBD),目标是通过相关研究活动引领马来西亚生物技术的发展,将马来西亚打造成亚洲生物技术产业的领先中心。同时,生物技术合作中心(BCC)在国家生物技术发展局下成立,通过在大学、研究机构和行业之间建立一个强大的专业网络来协助协调国家生物技术计划,并加速知识向相关行业的扩散。马来西亚目前已有三所专门研究基因组、天然植物及生物科技的重点实验室,分别设于国民大学、博特拉大学及大马农业研究暨发展学院。此外,马来西亚现有的"多媒体超级走廊"可以满足研究机构和大学之间的高速通信需求,并为高性能生物技术项目提供巨大的计算能力。在第九个马来西亚国家计划期间,马来西亚联邦政府还提供了20亿林吉特的拨款,重点用于支持生物技术行业的硬件和软件基础设施。

2003年5月开始,马来西亚国家生物技术理事会和麻省理工学院(MIT)合作启动"生物谷战略计划"(BioValley Malaysia),其宗旨是带动国内生物科技工业的成长。生物谷主要功能有八项:(1)整合各项州级及国家级研究项目;(2)鼓励各工业机构参与;(3)吸引外来投资及专业人才;(4)提供专业性商业支援服务(如专利权、法律顾问、商务计划、行销计划、合作伙伴之寻求等);(5)为生物科技企业提供设施;(6)建立策略性联盟;(7)为生物科技相关的从业公司提供支援;(8)进一步刺激与生物科技相关的经济成长。马来西亚生物谷是一个生物技术集群,极大加速了生物技术的研究和商业化。该计划设立了专门的生物谷发展机构(BDC),负责推动大马生物谷建设。

近年来,马来西亚生物技术产业已从对传统应用的依赖发展为无毒且可再生的可持续技术,并在农业生产率、医疗保健领域以及可持续工业流程采用等方面发展显著,特别是在医疗保健领域更为迅速。

据统计,2030年马来西亚将成为人口老龄化国家,60岁以上人口将达到460万人,占总人口的15.3%。健康管理、健康养老、家庭护理、远程医疗等医疗保健产业有望成为马来西亚未来10年的热门产业。目前,马来西亚拥有Duopharma(CCM)、Pharmaniaga、Hovid、Kotra、Vigilenz Medical Devices、Straits Orthopaedics、Top Glove、Kossan Latex Industrie等众多医药健康重点企业。在医疗器械领域,目前马来西亚拥有医疗设备制造商200余家。其中,当地大型企业(年营业额大于2 500万林吉特且员工数量超过150名)约50家,并且有超过30家的跨国公司已在马来西亚设立离岸生产基地,包括Abbott、Agilent、

BRAUN、Symmetry Medical、Teleflex、Ciba Vision、Ambu、Haemonetics等。从空间集聚看，以巴生港自由区、居林高科技园区、Bio-XCell、槟城科技园、恩斯特克等为代表的高科技园成为马来西亚医药产业发展的核心集聚地。

第四节　信息和通信技术产业

进入20世纪90年代，信息技术革命以其不可阻挡的势头席卷全球，信息产业作为高新技术产业的代表，成为推动世界经济增长的发动机。为迎接新世纪信息革命的挑战，马来西亚政府全力推动信息和通信技术产业发展，根据MyDigital相关数据，信息和通信技术（ICT）行业是马来西亚出现指数级增长的少数几个行业之一。根据马来西亚统计局（DOSM）的数据，2021年信息和通信技术对GDP的贡献率为23.2%，同比增长12.1%，达到359.3亿林吉特；信息通信技术行业的就业人数达到121万人，其中，信息通信技术制造业是主要贡献者，占35.9%，其次是信息通信技术服务业和信息通信技术贸易业，分别占29.2%和21.9%。

作为马来西亚信息和通信技术产业的标志性工程——1996年8月开始实施的"多媒体超级走廊（MSC）"计划一直备受各界瞩目，它也是世界上第一个集中发展多媒体信息科技的计划。

"多媒体超级走廊"位于首都吉隆坡市中心的国油双峰塔向南延伸至新吉隆坡国际机场的走廊地带。这是一个空间规划科学、布局合理的高新技术产业带，南北长50千米，东西宽15千米，总面积750平方千米，超过了新加坡的国土面积。整个走廊地带由高速公路和高速轻轨连通，交通便捷。走廊内建有每秒流量达到2.5~10GB的光纤主干网，实现了与全球信息高速公路的无缝快速链接，可以高速连通世界主要国际性大都市。从入驻企业的条件来看，资讯工艺、多媒体创意、全球商业服务等3个领域的公司可申请多媒体超级走廊地位。从入驻的福利来看，获批后企业可享有许多优惠政策，包括外国投资者可控股、10年免税、聘请外国专业人才、资金可自由进出、无网络审查、享有MDEC的一站式服务等[1]。平均每年有800家公司向多媒体超级走廊提出申请，250家获批。[2]"多媒体超级走廊"自1996年创建以来，已成为全球建设多媒体专业园区、集中发展多媒体产业的成功典范。截至2020年底，多媒体超级走廊计划已吸引超过3 840亿林吉特的投资，共带来5 880亿林吉特的收入。同时，通过MSC计划，马来西亚自2004年起便在科尔尼全球服务位置指数（Kearney Global Services Location Index）（以前称为离岸选址吸引力指数，Offshore Location Attractiveness Index）中持续位居前三。

"多媒体超级走廊（MSC）"计划的实施，助力马来西亚成为全球半导体生产重要区域之一，截至目前，全球超过50家半导体制造商在马来西亚建设工厂，包括英特尔、意法半导体、美光、恩智浦、安森美等国际半导体巨头。数据显示，目前马来西亚的半导体贸易额占据全球的7%，集成电路封装测试量占据全球集成电路封装市场的13.7%。2021年，马来西亚电子电气产品出口约6 900亿元人民币，其中半导体产品占比高达62%。此外，马来西亚也是全球封测的主要中心之一，在全球封装测试市场的占有率约为10%，聚集了日月光、通富微电、华天科技、苏州固锝等封装厂。在晶圆制造方面，马来西亚也占有一席之地，聚集了英飞凌、环球晶圆、安森美、X-FAB、SilTerra、罗姆等知名企业。

马来西亚的电信、移动通信以及宽带发展都非常迅速，在东盟国家

---

[1] 马来西亚数字经济公司（MDEC）是通信和数字部下属的机构，自1996年以来一直引领经济的数字化转型，致力于实现以创新为主导的渐进式数字经济。

[2] 《马来西亚发展多媒体超级走廊推动马经济转型》，2016年6月20日，http://www.chinadaily.com.cn/hqzx/2016-06/20/content_25773527.htm，引用日期：2023年3月10日。

中发达水平仅次于新加坡。截至2021年,马来西亚有4 720.17万台手机,人均1.4台,使用手机的人数较2020年增加7.9%,手机普及率很高;使用互联网的人数达3 743万人,渗透率为85.7%。东盟主要国家电话、宽带使用情况如表7-1所示。

表7-1　东盟主要国家电话主线、移动电话普及率和宽带用户

	固定电话/(条/百人)			移动电话/(部/百人)			宽带用户/(个/百人)		
	2019年	2020年	2021年	2019年	2020年	2021年	2019年	2020年	2021年
马来西亚	23	22	25	136	132	141	9	10	11
新加坡	33	32	32	154	143	146	25	25	25
印尼	4	4	3	127	131	134	3	4	4
泰国	8	7	6	182	163	169	14	16	18
菲律宾	4	4	4	152	133	143	5	7	8
缅甸	1	1	1	154	157	126	1	1	1
老挝	20	19	18	64	63	65	1	1	2
越南	4	3	3	142	144	139	15	17	19
柬埔寨	0	0	0	132	129	120	1	1	2

资料来源:世界银行。

值得一提的是,以ICT技术为基础的数字经济现已成为马来西亚经济的重要驱动力,据统计,2022年数字经济对国内生产总值的贡献率达22.6%,预计到2025年将增至25.5%。2021年,马来西亚推出了十年数字经济蓝图——"数字马来西亚",并制订了"MyDigital 计划",力争使马来西亚转变为数字驱动的高收入国家和数字经济区域领导者。"MyDigital 计划"拟定了三个落实阶段,将于2030年完成。第一阶段从2021年至2022年,以巩固数字技术的应用基础为主;第二阶段从2023至2025年,助力多项产业实现包容性数字化转型;第三阶段从2026年至2030年,力争使马来西亚成为区域市场中数字经济和网络安全的领导者。

第三篇

马来西亚国际营商环境评估

第八章
马来西亚营商环境评估综述

第一节 营商环境评估体系介绍

营商环境是指伴随企业活动整个过程（包括从开办、营运到结束的各环节）的各种周围境况和条件的总和。它包括影响企业活动的社会要素、经济要素、政治要素和法律要素等方面，是一项涉及经济社会改革和对外开放众多领域的系统工程。良好的营商环境是一个国家或地区经济软实力的重要体现，是提高综合竞争力的重要方面。

2001 年世界银行提出加快发展各国私营部门新战略，急需一套衡量和评估各国私营部门发展环境的指标体系，即企业营商环境指标体系，并成立 Doing Business（简称 DB）小组，负责企业营商环境指标体系创建。自 2003 年起，Doing Business 每年发布一期《营商环境报告》。2004 年，中国被纳入调研考察范围，并且报告中还对北京、上海两大城市进行了营商环境便利度评估和排名。至 2019 年，DB 报告已涵盖了世界 191 个经济体，由于覆盖面广泛、评估体系相对客观，该报告国际影响力日渐提升，极大促进了全球投资、国际贸易和营商环境的改善。DB 报告基于对样本经济体中的中小企业的考察，评估在企业整个生命周期内，对其经营活动有重要影响的相关法律法规政策，以此评估该经济体在法律法规监管上是否营造出了有利于经济实体设立及经营的商业环境,为下一步改革提供可衡量的基准指标。此外,《营商环境报告》还提供了详细的地方性报告,介绍一个国家不同城市和地区的营商监管和改革情况。《营商环境报告》对全球要素流动产生实质性的影响,反映一个国家或地区对要素的争夺或整合能力,直接影响着招商引资的多寡,最终对经济发展状况、财税收入、社会就业情况等产生重要影响。

2020年8月,世界银行发表声明称确认营商环境报告发生数据违规行为,并于次年停止发布报告。2022年2月4日,世界银行官网发布了新的营商环境体系BEE(Business Enabling Environment,普遍译为宜商环境)项目概念说明。2022年12月,BEE新版概念书发布,营商环境新评估体系项目名称进一步正式确定为B-READY(Business Ready)。根据世界银行公布的计划,新的首轮评估将分三批次、每批约60个经济体。2023年1月启动第一批,并于2024年4月前发布第一份评估报告;2023年6月启动第二批,将于2025年4月前发布第二份评估报告;第三批将在2024年6月启动,于2026年4月前发布所有评估报告。

有鉴于此,本书仍然选择全球营商环境评估体系对马来西亚营商环境进行评价。主要原因归纳为以下三个方面:一是尽管世界银行声称在数据收集过程中可能存在造假行为,但是由于该体系样本经济体覆盖面广、发布周期稳定、测评时间相对久远实施时间较长,是极具国际影响力的营商环境评估体系,得到社会各界人士普遍认可;二是新提出的宜商环境评估体系是在原有营商环境评估体系上的继承发展,但是截止到本书完成之时仍处在分步推进中,真正的实施效果和影响力目前还不得而知,有待进一步观察;三是无论是营商环境评估体系还是宜商环境评估体系,都需要收集大量在公开年鉴和网站上无法获取的微观企业数据,这是本书难以完成的。

世界银行营商环境指标体系具体包括十个标准:

一是"开办企业"指标。反映开办企业的难度,主要测评企业从注册到正式运营所需完成的步骤、花费的时间和费用。包含"程序"(企业登记所需办理的程序总数)、"时间"(企业登记所需的总天数)、"成本"(成本占该经济体人均收入的百分比)、"实缴资本下限"(企业主在企业登记之前必须存入银行或经公证的数额)4个维度。

二是"申请建筑许可"指标。反映企业建设标准化厂房的难度,主要测评企业建设所需完成的步骤、花费的时间和费用,包括申请规定的许可证和批文,办理规定的公示和查验,以及接通水电通信设施的整个过程。包含"程序"(新建厂房所需的程序总数)、"时间"(新建厂房所需的总天数)、"成本"(占该经济体人均收入的百分比)3个维度。

三是"获得电力供应"指标。反映企业获得电力供应的难易程度,主要测评一个企业获得永久性电力连接的所有手续,包括向电力企业提出申请并签订合同、从其他机构办理一切必要的检查和审批手续,以及外部的和最终的连接作业。包含"程序"(获得电力所需的程序总数)、"时间"(获得电力所需的总天数)、"成本"(占该经济体人均收入的百分比)3个维度。

四是"注册财产"指标。反映企业获得产权保护的程度。主要测评注册登记一件财产所需完成的步骤,花费的时间和费用。包含"程序"(进行财产登记所需的法定程序总数)、"时间"(进行财产登记所需的总天数)、"成本"(占财产总值的百分比)3个维度。

五是"获得信贷"指标。反映企业获得信贷支持的法律保护力度及便利程度,主要测评有关信贷的法律基础,信用体系覆盖的范围、途径和质量等。包含"合法权利指数"(衡量法律保护借款人和贷款人并因此而促进贷款的程度)、"信用信息指数"(衡量信贷登记部门的信贷信息覆盖范围,以及信用信息获取的法治保障程度)"公共信贷登记机构登记的个人和公司的数量""私营信用资料社登记的个人和公司的数量"4个维度。

六是"投资者保护"指标。反映企业股东权益保护的力度,包含"交易透明度"(披露范围)、"关联交易责任"(董事责任范围)、"股东起诉管理层及董事行为不当的能力"(股东诉讼难易程度)及"投资者保护力度"4个维度。

七是"缴纳税款"指标。反映企业所需承担的税负，以及缴付税款过程中的行政负担，包含"纳税"(年度纳税总额)、"时间"(编制企业所得税、增值税和社保缴费报表，将其归档以及缴纳这些税费所需的时间)、"利润税"(企业缴纳的利润税额)、"劳动税及缴付"(企业缴纳的劳动力税额和费用)、"其他税"(企业缴纳的、尚未纳入利润或劳动力税目录的税额和费用)、"应税总额"(应付的税额和费用占其商业利润的比例)6个维度。

八是"跨境贸易"指标。反映企业在进出口贸易方面的便利程度，主要测评标准装运货物所涉及的成本和程序。包含"文件"(进出口货物所需的文件总数)、"时间"(办理所有必要手续所需时间)、"成本"(进出口货物必办的所有手续相关的成本)3个维度。

九是"合同执行"指标。反映合同执行的效率，主要测评企业间案件从原告向法院提交诉讼，到最终获得解决所花费的时间、费用和步骤。包含"时间"(解决争端所需时间，即从原告提起诉讼到实际解决期间的时间，包括采取行动的天数和等待时间)、"成本"(法院费用和辩护律师费占债务总值的比例)、"程序"(执行合同平均所需办理的手续数量)3个维度。

十是"办理破产"指标。反映破产程序的时间和成本，以及企业破产法规中存在的程序障碍，包含"时间"(关闭企业平均所需时间)、"成本"(办理破产手续平均所需成本占财产总值的比例)、"回收率"(债权人、税务部门和雇员从破产企业收回的款项占其投入的比重)3个维度。

第八章 马来西亚营商环境评估综述

表 8-1 营商环境评价指标体系

一级指标	二级指标	前沿水平	最差水平
1.开办企业	1.1 办理程序(项)	1	18
	1.2 办理时间(天)	0.5	100
	1.3 费用(占人均收入比/%)	0	200
	1.4 开办有限责任公司所需最低注册资本金(占人均收入比/%)	0	400
2.办理施工许可	2.1 房屋建筑开工前所有手续办理程序(项)	5	30
	2.2 房屋建筑开工前所有手续办理时间(天)	26	373
	2.3 房屋建筑开工前所有手续办理费用(占人均收入比/%)	0	20
	2.4 建筑质量控制指数(0~15)	15	0
3.获得电力	3.1 办理接入电网手续所需程序(项)	3	9
	3.2 办理接入电网手续所需时间(天)	18	248
	3.3 办理接入电网手续所需费用(占人均收入的百分比/%)	0	8100
	3.4 供电稳定性和收费透明度指数(0~8)	8	0
4.产权登记	4.1 产权转移登记所需程序(项)	1	13
	4.2 产权转移登记所需时间(天)	1	210
	4.3 产权转移登记所需费用(占人均收入的百分比/%)	0	15
	4.4 用地管控系统质量指数(0~30)	30	0
5.获得信贷	5.1 动产抵押法律指数(0~12)	12	0
	5.2 信用信息系统指数(0~8)	8	0
6.保护少数投资者	6.1 信息披露指数(0~10)	10	0
	6.2 董事责任指数(0~10)	10	0
	6.3 股东诉讼便利指数(0~10)	10	0
	6.4 股东权利保护指数(0~10)	10	0
	6.5 所有权和控制权保护指数(0~10)	10	0
	6.6 公司透明度指数(0~10)	10	0

续表

一级指标	二级指标	前沿水平	最差水平
7.纳税	7.1 公司纳税次数(次/年)	3	63
	7.2 公司纳税所需时间(小时/年)	49	696
	7.3 总税率(占利润的百分比/%)	26.1	84
	7.4 税后实务流程指数(0~100)	100	0
	7.4.1 增值税退税申报时间(小时)	0	50
	7.4.2 退税到账时间(周)	3.2	55
	7.4.3 企业所得税审计申报时间(小时)	1.5	56
	7.4.4 企业所得税审计完成时间(周)	0	32
8.跨境贸易	8.1 出口报关单审查时间(小时)	1	170
	8.2 出口通关时间(小时)	1	160
	8.3 出口报关单审查费用(美元)	0	400
	8.4 出口通关费用(美元)	0	1060
	8.5 进口报关单审查时间(小时)	1	240
	8.6 进口通关时间(小时)	1	280
	8.7 进口报关单审查费用(美元)	0	70
	8.8 进口通关费用(美元)	0	1200
9.合同执行	9.1 解决商业纠纷的时间(天)	120	1340
	9.2 解决商业纠纷的成本(占索赔金额的百分比/%)	0.1	89
	9.3 司法程序的质量指数(0~18)	18	0
10.破产办理	10.1 回收率(美分/美元)	92.9	0
	10.2 企业破产法律框架的保护指数(0~16)	16	0

资料来源:世界银行。

为评估各国企业营商环境,世界银行通过对各个国家和地区的调查研究,基于上述十组指标进行逐项评级,并得出最终综合排名。营商环境指数排名越高或越靠前,表明在该国从事企业经营活动条件越宽松。相反,指数排名越低或越靠后,则表明在该国从事企业经营活动越困难。

第二节 总体评估结果

世界银行发布的《2020年营商环境报告》(Doing Business Report)显示,马来西亚营商环境便利度在全球190个经济体中排名第12位,比2019年排名(第15位)上升3位,各细项排名分别为:开办企业(126)、办理施工许可证(2)、获得电力(4)、登记财产(33)、获得信贷(37)、保护少数投资者(2)、纳税(80)、跨境贸易(49)、执行合同(35)、办理破产(40)。图8-1显示了2014—2020年间马来西亚营商环境排名的变化情况。

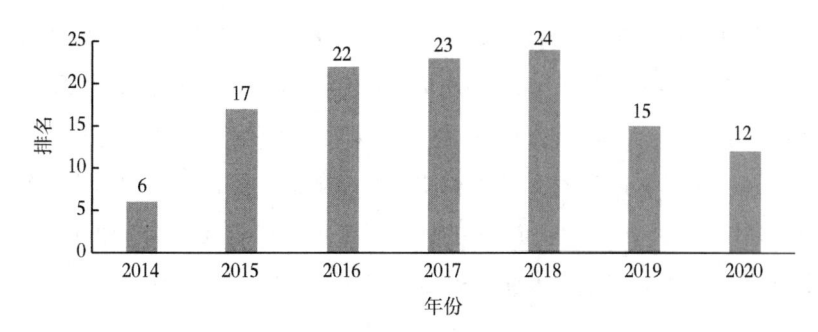

图 8-1 2014—2020年马来西亚营商环境排名

数据来源:世界银行。

表 8-2 马来西亚营商环境得分情况

	2020年排名	2020年营商环境便利度分数	2019年营商环境便利度分数	分数变化率/%
总体	12	81.5	80.3	+0.2
开办企业	126	83.3	82.8	+0.5
办理施工许可证	2	89.0	88.8	+0.2

续表

	2020年排名	2020年营商环境便利度分数	2019年营商环境便利度分数	分数变化率/%
获得电力	4	99.3	99.3	+0
登记财产	33	78.9	79.5	−0.6
获得信贷	37	75.0	75.0	+0
保护少数投资者	2	88.0	88.0	+0
纳税	80	76.0	76.1	−0.1
跨境贸易	49	88.5	88.5	+0
执行合同	35	68.2	68.2	+0
办理破产	40	67.0	67.2	−0.2

数据来源：世界银行。

世界银行2020年首度发布了关于马来西亚营商环境的国别报告——《2020年马来西亚营商环境报告》。报告选取乔治城、柔佛巴鲁、哥打基纳巴卢、吉隆坡、关丹、古晋6个城市和柔佛港、关丹港、槟城港、巴生港4个港口作为考察的样本，以"办理施工许可证""登记财产""跨境贸易"作为主要衡量标准，聚焦马来西亚营商规定及其执行情况。马来西亚各参与考察的城市在办理施工许可证、登记财产、跨境贸易等三个方面的表现平均好于东亚和太平洋地区的同类城市，但落后于亚太经合组织（APEC）成员的同类城市。从马来西亚国内情况看，西马城市的表现好于东马的城市。同时报告指出，马来西亚各参与考察的城市所制定的有关规定质量较好，但执行规定的效率有待提高。各机构之间缺乏积极的合作是影响效率的最主要因素。

第三节 各项指标分析

一、开办企业

如图 8-2 所示,马来西亚开办企业的得分为 83.3,位列全球第 126 名,低于亚太地区的平均分 83.9,其中开办企业所需的时间、成本均高于东亚和太平洋地区,说明马来西亚在此项指标上仍有较大的改进空间。马来西亚开办企业情况如图 8-3 和表 8-3 所示。

图 8-2 开办企业的排名和分数(马来西亚 vs 可比经济体)

数据来源:世界银行。

表 8-3 马来西亚开办企业情况

指标	马来西亚	东亚及 太平洋地区	经济组织 高收入经济体	总体表现 最佳者
开办企业手续－男性/ 数量	8	6.5	4.9	1 (2 经济体)
开办企业耗时－男性/ 天数	17	25.6	9.2	0.5 (新西兰)
开办企业成本－男性/ 人均收入百分比	11.1	17.4	3.0	0.0 (2 经济体)
开办企业手续－女性/ 数量	9	6.6	4.9	1 (2 经济体)

续表

指标	马来西亚	东亚及太平洋地区	经济组织高收入经济体	总体表现最佳者
开办企业耗时—女性/天数	18	25.7	9.2	0.5（新西兰）
开办企业成本—女性/人均收入百分比	11.1	17.4	3.0	0.0（2经济体）
最低实缴资本/人均收入百分比	0.0	3.5	7.6	0.0（120经济体）

数据来源：世界银行。

注：1.开办企业手续是指企业登记所需办理的程序总数。程序的定义为企业创办人同外部各方（如政府部门、律师、审计师或公证人员）所进行的任一互动。

2.开办企业耗时是指已婚男（女）性企业登记所需的总天数。该标尺衡量企业律师认为在尽可能少地追问政府部门及无需支付额外费用的情况下完成登记手续所需的中间时长。

3.开办企业成本是指成本以占该经济体人均收入的百分比形式加以记录，包括所有已婚男（女）性需缴的官方费用以及法律或专业服务费用（如法律要求此类服务）。

4.最低实缴资本（人均收入百分比）是指企业主在企业登记之前必须存入银行或经公证的数额。所存或经公证的款项必须持续保留3个月以下时间，并以占该经济体人均收入百分比的形式加以记录。

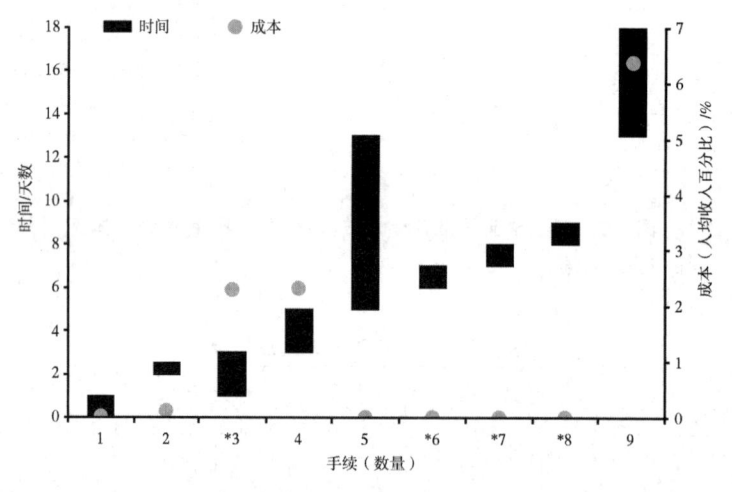

图8-3　在马来西亚开办企业所耗费手续、时间及成本①

数据来源：世界银行。

---

① 图8-3所示的时间可能并不反映手续的同时性。有关方法论的更多信息参阅世界银行营商环境网站，http://www.doingbusiness.org/en/methodology。下同。

二、办理施工许可证

如图8-4所示,马来西亚施工许可证办理效率非常高,以89.0的分数排名第2。办理施工许可证的平均时间(53天)远低于亚太地区(132.3天),也低于经合组织高收入经济体平均时间(152.3天),而且建筑质量控制指标为13.0。

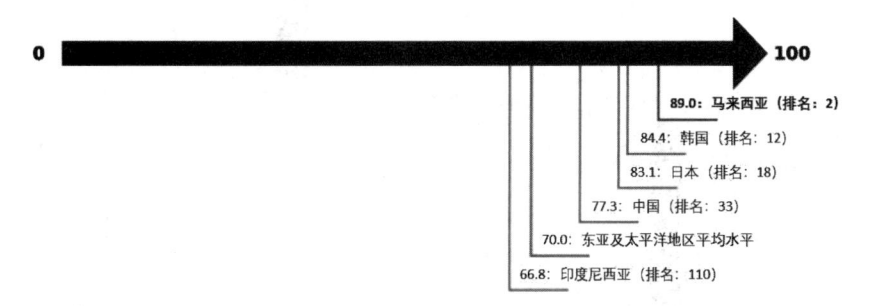

```
0 ─────────────────────────────────▶ 100
                                89.0：马来西亚（排名：2）
                            84.4：韩国（排名：12）
                          83.1：日本（排名：18）
                      77.3：中国（排名：33）
                  70.0：东亚及太平洋地区平均水平
                66.8：印度尼西亚（排名：110）
```

图8-4 办理施工许可证的排名和分数（马来西亚 vs 可比经济体）

数据来源：世界银行。

表8-4 马来西亚施工许可证情况

指标	马来西亚	东亚及太平洋地区	经济组织高收入经济体	总体表现最佳者
程序/个	9	14.8	12.7	2018/2019 无表现最佳者
时间/天	53	132.3	152.3	2018/2019 无表现最佳者
成本(人均收入的百分比)/%	1.3	3.2	1.5	2018/2019 无表现最佳者
建筑质量控制指标(0~15)	13.0	9.4	11.6	15.0（6经济体）
仓库估计价值	MYR 2 188 617			

数据来源：世界银行。

注：1.程序(个)是指新建仓库所需办理的程序总数。程序的定义为企业雇员或管理人员同外部各方所进行的任一互动。

2.时间(天)是指新建仓库所需的总天数。该标尺衡量当地专家认为完成建设工作所需的中间时长。

3.成本(人均收入百分比)是指成本以占该经济体人均收入的百分比形式加以记录,仅记录官方成本。

4.建筑质量控制指标(0~15)是指建筑质量控制指数基于其他6个指数——建筑法规质量、施工前质量控制、施工中质量控制、施工后质量控制、责任和保险制度以及专业认证等指数。

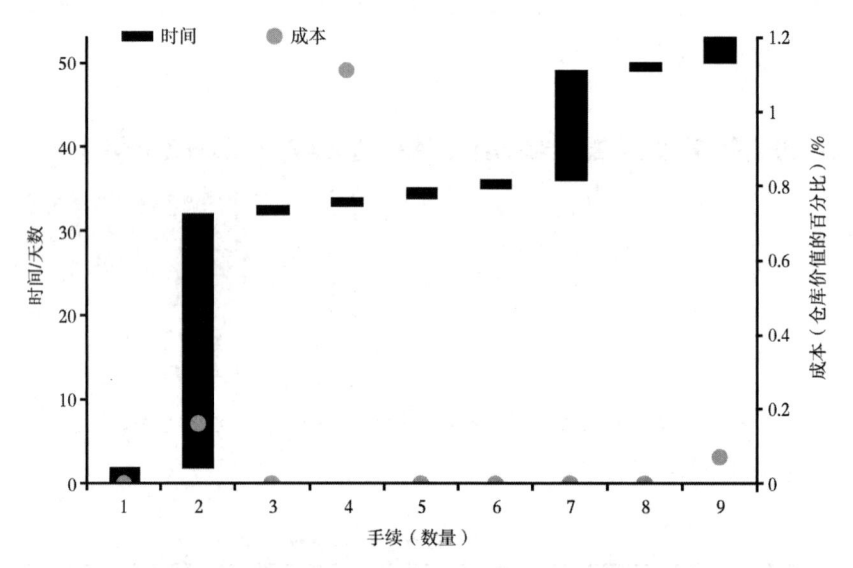

图8-5 在马来西亚办理施工许可证的手续、时间及成本

数据来源:世界银行。

三、获得电力供应

如图8-6所示,马来西亚在"获得电力供应"指标的得分为99.3分,名列全球第4位,在亚太地区仅次于韩国和中国香港,但优于新加坡(第19位)、日本(第14位)及泰国(第6位)等国家,获得电力所需时间和成本远低于其他经济体(表8-5、图8-7)。

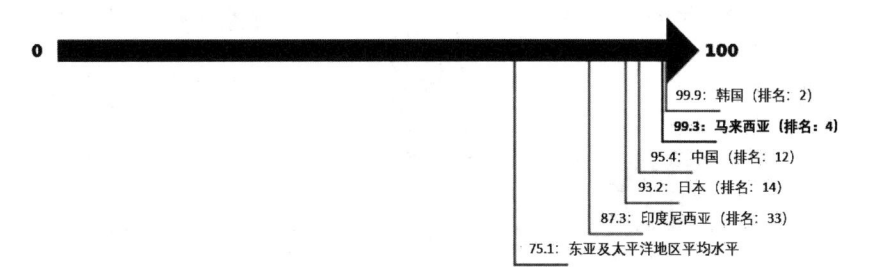

```
 0                                              100
                                   99.9: 韩国（排名：2）
                                   99.3: 马来西亚（排名：4）
                                  95.4: 中国（排名：12）
                                 93.2: 日本（排名：14）
                               87.3: 印度尼西亚（排名：33）
                          75.1: 东亚及太平洋地区平均水平
```

图 8-6 获得电力的排名和分数（马来西亚 vs 可比经济体）

数据来源：世界银行。

表 8-5 马来西亚获得电力情况

指标	马来西亚	东亚及太平洋地区	经济组织高收入经济体	总体表现最佳者
程序/个	3	4.2	4.4	3（28 经济体）
时间/天	24	63.2	74.8	18（3 经济体）
成本人均收入的百分比/%	25.6	594.6	61.0	0.0（3 经济体）
供电可靠性和电费指数透明度（0~8）	8	4.0	7.4	8.0（26 经济体）
电价/（美分/千瓦·时）	12.0			

数据来源：世界银行。

注：供电可靠性和电费指数透明度（0~8）是指供电可靠性和电费指数透明度基于其他 6 个方面，即断电的持续时间和发生频率、监控断电的工具、恢复电力供应的工具、主管部门监管供电机构的表现、对减少断电的财务阻碍举措以及电费信息的透明度及可获取性。

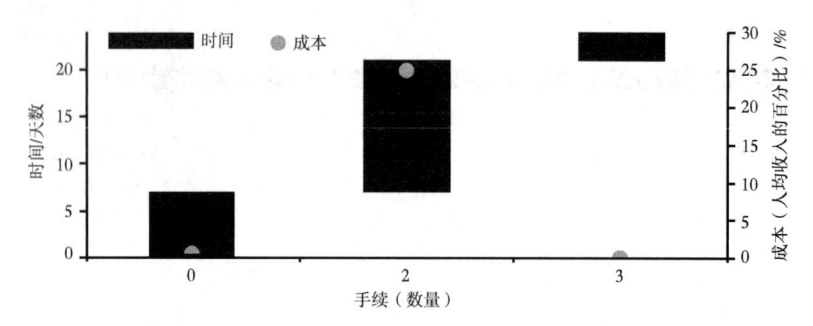

图 8-7　马来西亚获得电力方面的手续、时间及成本

数据来源：世界银行。

四、登记财产

如图 8-8 所示，马来西亚"登记财产"指标得分为 78.9 分，在全球经济体中排名第 33 位，略低于中国的排名(第 28 位)，但远高于亚太地区平均分 57.5 分。登记财产所需时间平均天数(16.5 天)远低于亚太地区的平均值(71.9 天)。马来西亚登记财产情况如表 8-6 和图 8-9 所示。

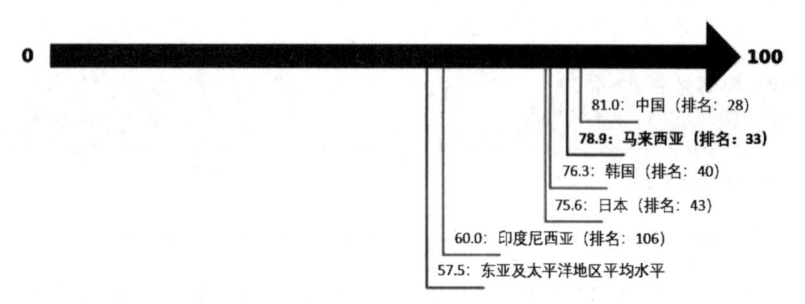

图 8-8　登记财产的排名和分数(马来西亚 vs 可比经济体)

数据来源：世界银行。

表 8-6 马来西亚登记财产情况

指标	马来西亚	东亚及太平洋地区	经济组织高收入经济体	总体表现最佳者
程序/个	6	5.5	4.7	1（5 经济体）
时间/天	16.5	71.9	23.6	1（2 经济体）
成本（财产价值的百分比）/%	3.5	4.5	4.2	0.0（沙特阿拉伯）
土地管理系统的质量指标(0~30)	26.5	16.2	23.2	2018/2019 无表现最佳者

数据来源：世界银行。

注：土地管理系统的质量指数（0~30）是指各个经济体的土地行政管理的优劣。该指标涵盖了五个方面，即基础设施的可靠性、信息的公开程度、地理面积涵盖、土地纠纷解决和对产权的平等机会。

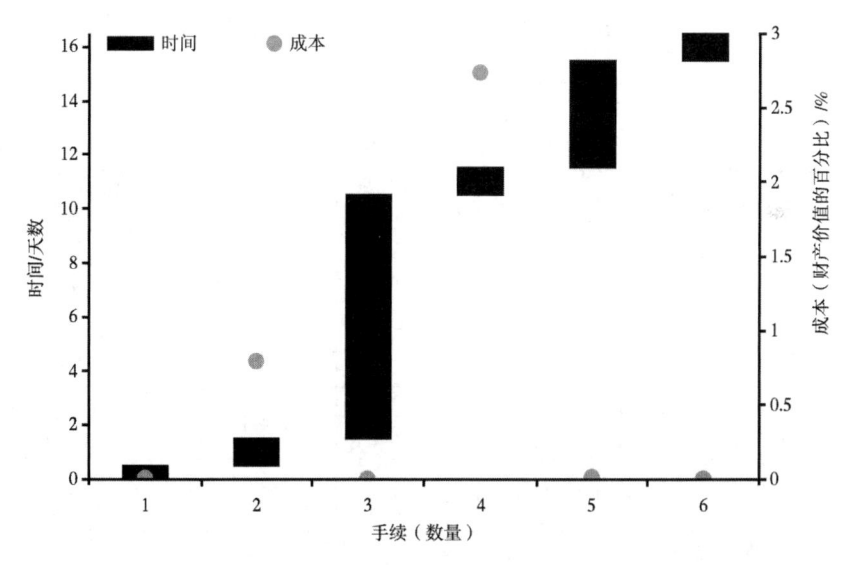

图 8-9 在马来西亚登记财产的手续、时间及成本

数据来源：世界银行。

五、获得信贷

如图 8-10 所示,马来西亚获得信贷的容易度在全球经济体中排名第 37 位,得分为 75 分,远高于亚太地区平均分 58.0 分。具体情况如表 8-7、图 8-11、图 8-12 所示。

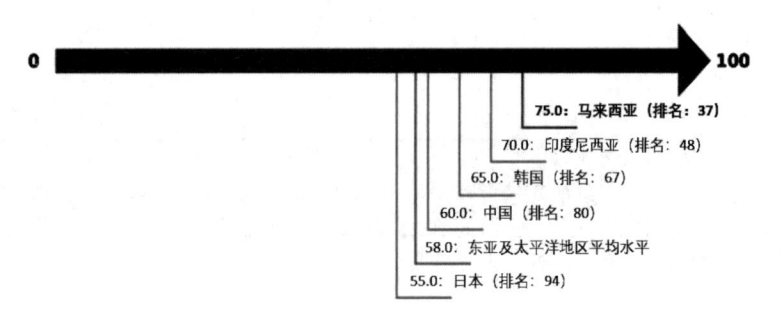

图 8-10 获得信贷在可比经济体中排名和分数

数据来源:世界银行。

表 8-7 马来西亚获得信贷情况

指标	马来西亚	东亚及太平洋地区	经济组织高收入经济体	总体表现最佳者
合法权利力度指数(0～12)	7	7.1	6.1	12（5 经济体）
信贷信息深度指数(0～8)	8	4.5	6.8	8（53 经济体）
信贷登记机构覆盖率(成年人百分比)/%	64.9	16.6	24.4	100（2 经济体）
信用率覆盖率(成年人百分比)/%	89.1	23.8	66.7	100（14 经济体）

数据来源:世界银行。

注:1.合法权利力度指数（0～12）是指本指数衡量担保和破产法保护借款人和贷款人并因此而促进贷款的程度。

2.信贷信息深度指数（0～8）是指本指数衡量对通过公共信贷登记部门或私营信贷局获得的信贷信息的覆盖范围和可及性产生影响的规则和做法。

3.信贷登记机构覆盖率（成年人百分比）是指本指标记录纳入公共信贷登记部门系统的人数及其近五年来的借款历史信息。

4.信用局覆盖率(成年人百分比)是指本指标记录纳入私营信贷局系统的人数及其近五年来的借款历史信息。

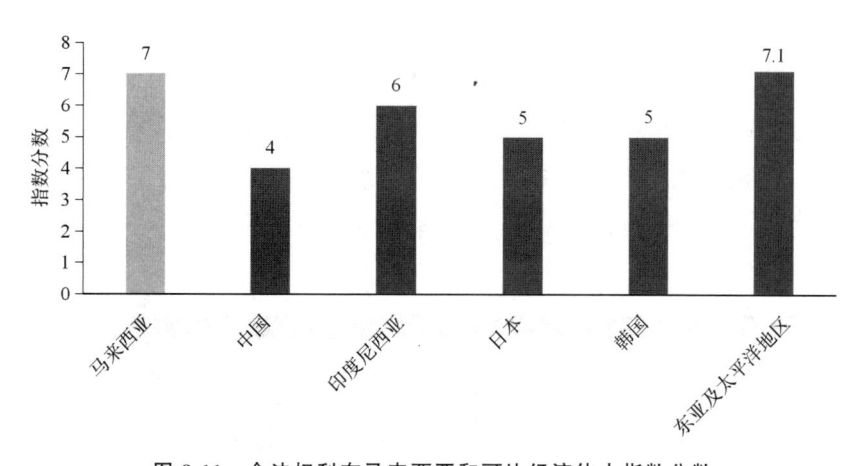

图 8-11　合法权利在马来西亚和可比经济体中指数分数

数据来源:世界银行。

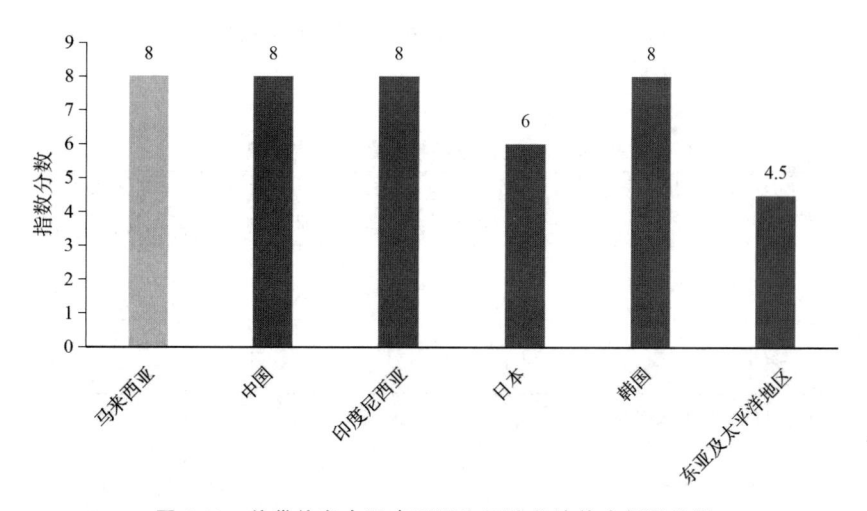

图 8-12　信贷信息在马来西亚和可比经济体中指数分数

数据来源:世界银行。

六、保护少数投资者

马来西亚拥有较为完善的法规体系,因此投资者可以在动荡时期获得良好的保护。在保护少数投资者方面,马来西亚以 88.0 分遥遥领先于其他亚太国家,位居全球第 2 位,远超亚太区域的平均分 38.3 分。如图 8-13 所示。具体情况如表 8-8 和图 8-14 所示。

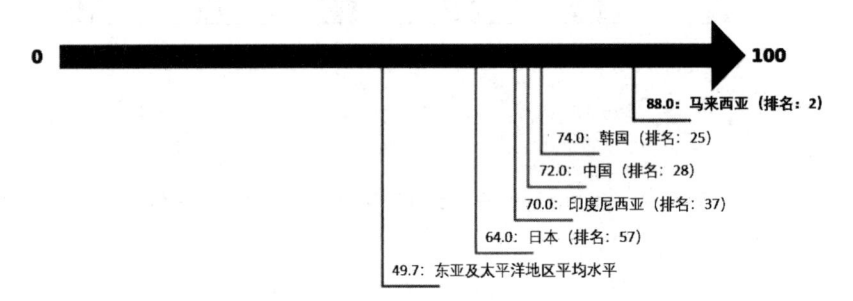

```
0 ───────────────────────────────────► 100
                                      88.0:马来西亚(排名:2)
                                74.0:韩国(排名:25)
                            72.0:中国(排名:28)
                        70.0:印度尼西亚(排名:37)
                64.0:日本(排名:57)
        49.7:东亚及太平洋地区平均水平
```

图 8-13　保护少数投资者在可比经济体中排名和分数

资料来源:世界银行。

表 8-8　马来西亚保护少数投资者情况

指标	马来西亚	东亚及太平洋地区	经济组织高收入经济体	总体表现最佳者
披露指数	10.0	5.9	6.5	10(13 经济体)
董事责任指数	9.0	5.2	5.3	10(3 经济体)
股东诉讼便利度指数(0~10)	8.0	6.7	7.3	10(吉布提)
股东权利指数(0~6)	5.0	2.0	4.7	6(19 经济体)
所有权和管理控制指数(0~10)	6.0	2.4	4.5	7(9 经济体)
公司透明度指数(0~10)	6.0	2.6	5.7	7(13 经济体)

数据来源:世界银行。

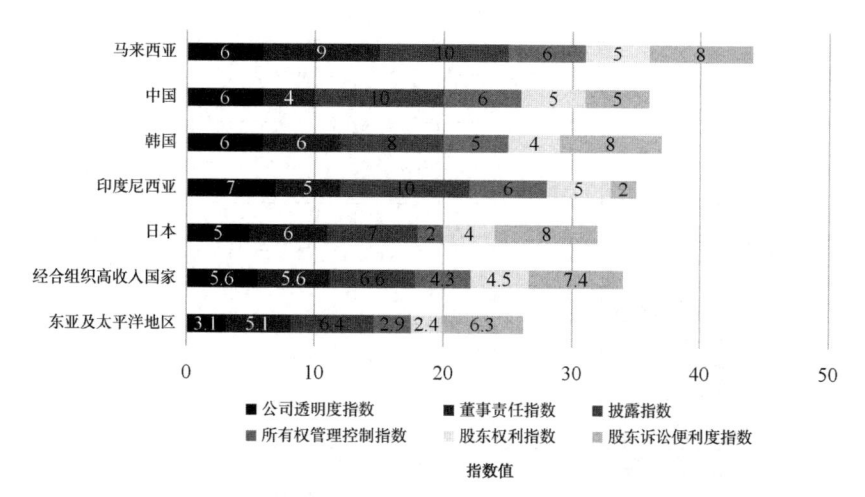

图 8-14 保护少数投资者在可比经济体中质量的测量

资料来源:世界银行。

七、纳税

如图 8-15 所示,马来西亚的纳税指标得分为 76.0 分,远低于韩国、日本,略高于亚太地区平均分(73.6 分),位列全球经济体中第 80 位。企业每年要花费 174 个小时处理 9 种税款。如表 8-9 和图 8-16 所示。

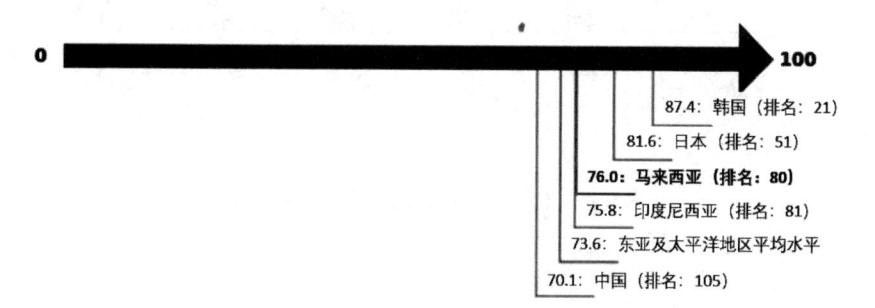

图 8-15 纳税在可比经济体中排名和分数

资料来源:世界银行。

表 8-9 马来西亚纳税情况

指标	马来西亚	东亚及太平洋地区	经济组织高收入经济体	总体表现最佳者
纳税/次	9	20.6	10.3	3（2 经济体）
时间/小时	174	173.0	158.8	49（3 经济体）
总税率和社会缴纳费率（占利润的百分比）/%	38.7	33.6	39.9	26.1（33 经济体）
报税后流程指标（0～100）	51.0	56.4	86.7	2018/2019 无表现最佳者

数据来源：世界银行。

注：1.时间是指编制企业所得税、增值税和社保缴费（以每年的小时数计）报表、将其归档以及缴纳这些水费所需的时间。

2.总税率和社会缴纳费率（占利润的百分比）是指总税率衡量在经营第 2 年中应付的税额和费用，以占其商业利润的百分比计。

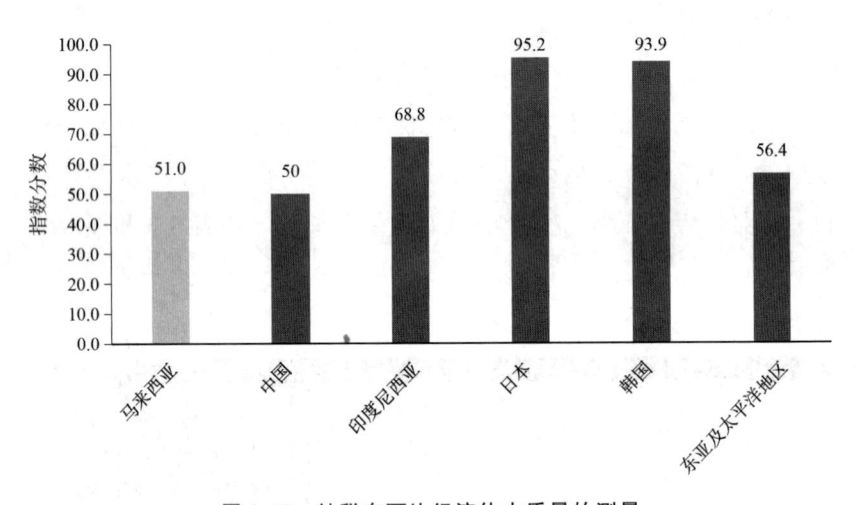

图 8-16 纳税在可比经济体中质量的测量

数据来源：世界银行。

八、跨境贸易

马来西亚的跨境贸易成本低,以 88.5 分在全球经济体中排名第 49 位,高于亚太地区平均数 71.6 分,如图 8-17 所示。根据《2020 年营商环境报告》,在边界合规的情况下,马来西亚出口耗时 28 小时,进口耗时 36 小时;单证合规的情况下,出口耗时 10 小时,进口耗时 7 小时。马来西亚国内市场准入水平较高,国外市场准入水平较低:在基础设施建设与商务环境方面,信息化水平、电商发展、人员流动状况等指标排名靠前;在边境管理方面,贸易进出口通关手续、时间和费用等指标总体成本较高,透明度、规范性还存在一些问题,处于一般水平。如表 8-10 和图 8-18 所示。

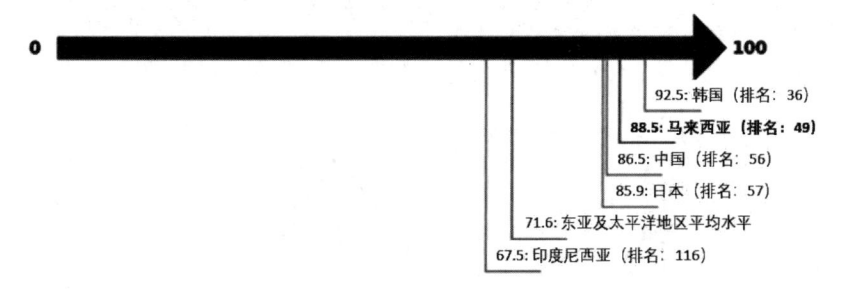

92.5:韩国（排名：36）
88.5:马来西亚（排名：49）
86.5:中国（排名：56）
85.9:日本（排名：57）
71.6:东亚及太平洋地区平均水平
67.5:印度尼西亚（排名：116）

图 8-17 跨境贸易在可比经济体中排名和分数

资料来源:世界银行。

表 8-10 马来西亚跨境贸易情况

指标	马来西亚	东亚及太平洋地区	经济组织高收入经济体	总体表现最佳者
出口耗时:边界合规(小时计)	28	57.5	12.7	1(19 经济体)
出口所耗费用:边界合规(美元计)	213	381.1	136.8	0(19 经济体)
出口耗时:单证合规(小时计)	10	55.6	2.3	1(26 经济体)

续表

指标	马来西亚	东亚及太平洋地区	经济组织高收入经济体	总体表现最佳者
出口所耗费用：单证合规（美元计）	35	109.4	33.4	0（20 经济体）
进口耗时：边界合规（小时计）	36	68.4	8.5	1（25 经济体）
进口所耗费用：边界合规（美元计）	213	422.8	98.1	0（28 经济体）
进口耗时：单证合规（小时计）	7	53.7	3.4	1（30 经济体）
进口所耗费用：单证合规（美元计）	60	108.4	23.5	0（30 经济体）

数据来源：世界银行。

注：1.边界合规是指边界合规的时间和成本包括在港口或边界装卸以及报关报检过程中获取、准备和提交单证的时间和成本。

2.单证合规是指单证合规的时间和成本包括获得单证、准备单证、处理单证、呈阅单证以及提交单证的时间和成本。

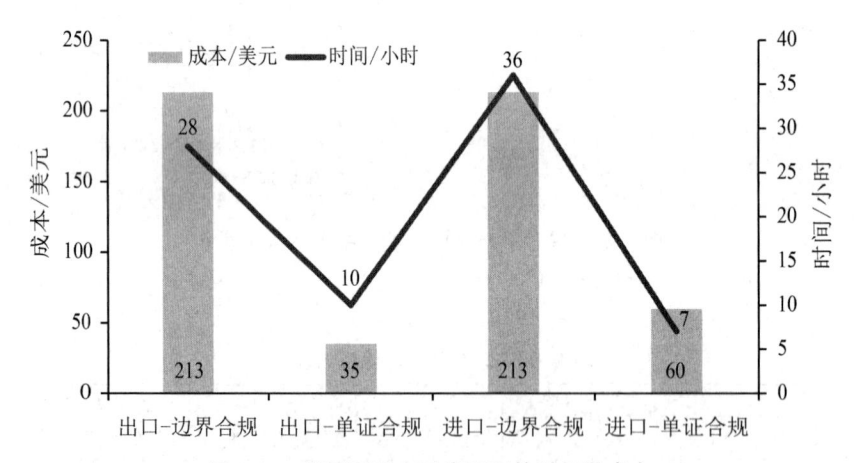

图 8-18 跨境贸易在马来西亚的时间及成本

数据来源：世界银行。

九、执行合同

根据《2020 年营商环境报告》,马来西亚执行合同耗时 425 天,总共需要处理 29 道程序,以 68.2 分在全球经济体中排名第 35 位,居亚太地区第 3 位,次于韩国和中国如图 8-19 所示。具体执行情况如表 8-11、图 8-20、图 8-21 所示。

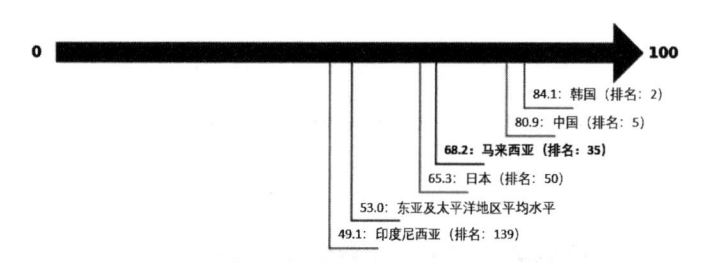

```
0 ────────────────────▶ 100
                          84.1:韩国(排名:2)
                        80.9:中国(排名:5)
                      68.2:马来西亚(排名:35)
                    65.3:日本(排名:50)
                  53.0:东亚及太平洋地区平均水平
                49.1:印度尼西亚(排名:139)
```

图 8-19 执行合同在可比经济体中排名和分数

数据来源:世界银行。

表 8-11 马来西亚执行合同情况

指标	马来西亚	东亚及太平洋地区	经济组织高收入经济体	总体表现最佳者
时间/天数	425	581.1	589.6	120（新加坡）
成本(占索赔额的百分比)/%	37.9	47.2	21.5	0.1（不丹）
司法程序质量指数(0~18)	13.0	8.1	11.7	2018/2019无表现最佳者
索赔额	MYR 83 282			

数据来源:世界银行。

注:1.时间(天数)是指解决争端所需时间,即从原告提起诉讼到实际付款期间的时间,包括采取行动的天数和等待时间。

2.成本(标的额的百分比)是指法庭费用和律师费用(若雇佣律师是强制性的或普遍的)以及执行费用以索赔额价值的百分比表示。

3.司法程序质量指数(0~18)是指司法程序质量指数衡量的是每个经济体是否在其司法体系的四个领域中采取了一系列的良好实践:法院结构和诉讼程序、案件管理、法院自动化和替代性纠纷解决。

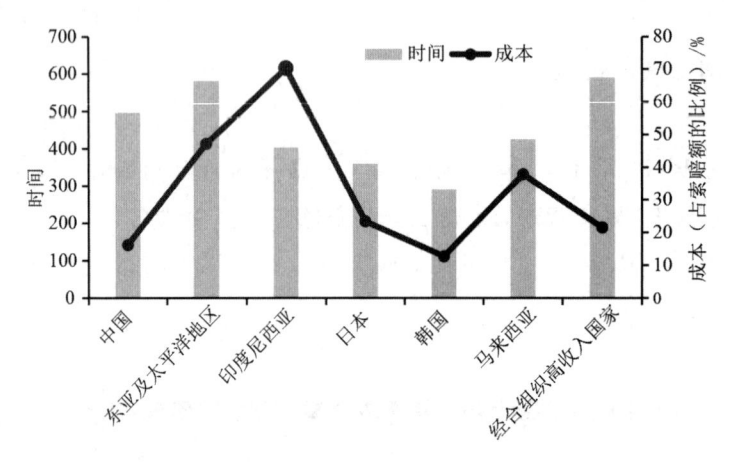

图 8-20　执行合同在马来西亚的时间及成本

数据来源：世界银行。

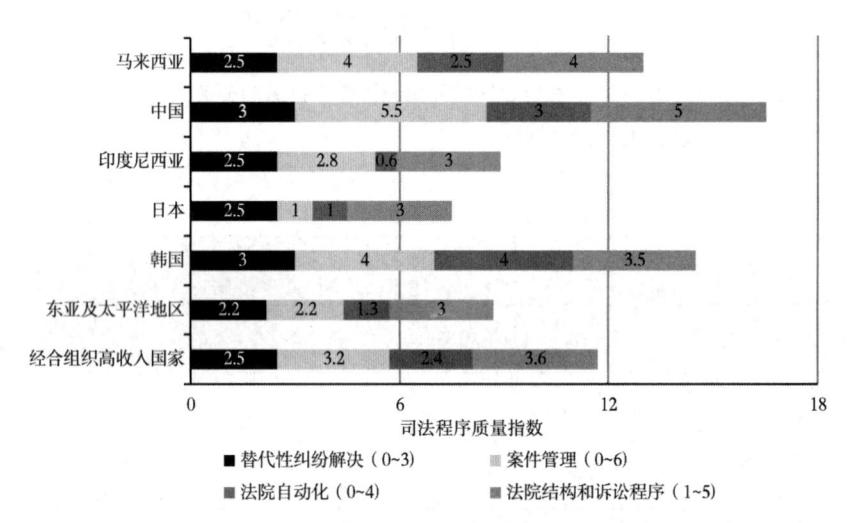

图 8-21　执行合同在可比经济体中质量的测量

数据来源：世界银行。

十、办理破产

根据《2020 年营商环境报告》，马来西亚解决破产事宜平均耗时 1

年,资产回收率为81.0%,以67.0分在全球经济体中排名第40位,居亚太地区第3位,次于日本和韩国,如图8-22所示。具体情况如表8-12和图8-23、图8-24所示。

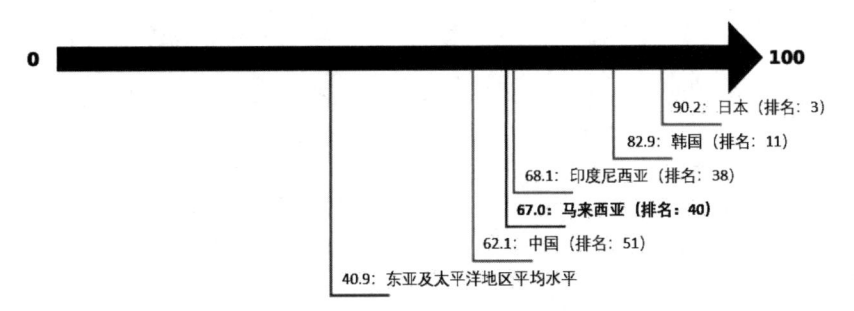

图 8-22 办理破产在可比经济体中排名和分数

数据来源:世界银行。

表 8-12 马来西亚办理破产情况

指标	马来西亚	东亚及太平洋地区	经济组织高收入经济体	总体表现最佳者
回收率/百分比	81.0	35.5	70.2	92.9（挪威）
时间/年	1.0	2.6	1.7	0.4（爱尔兰）
成本（资产价值的百分比）/%	10.0	20.6	9.3	1.0（挪威）
结果(0 为零散销售,1 为持续经营)	1	—	—	—
破产框架力度指数(0~16)	7.5	7.0	11.9	2018/2019无表现最佳者

数据来源:世界银行。

注:1.回收率(%):回收率计算的是申请人(债权人、税务部门和雇员)从破产企业收回的款项占其投入的比重。

2.结果(0 为零散销售,1 为持续经营)是指债权人是否能获得补偿取决于该酒店经过破产程序后是能继续营业还是其资产会被一件件变卖。

3.破产框架力度指数(0~16):该指标为 4 个组成指数之和:启动程序指数、管理债务人资产指数、重整程序指数和债权人参与指数。

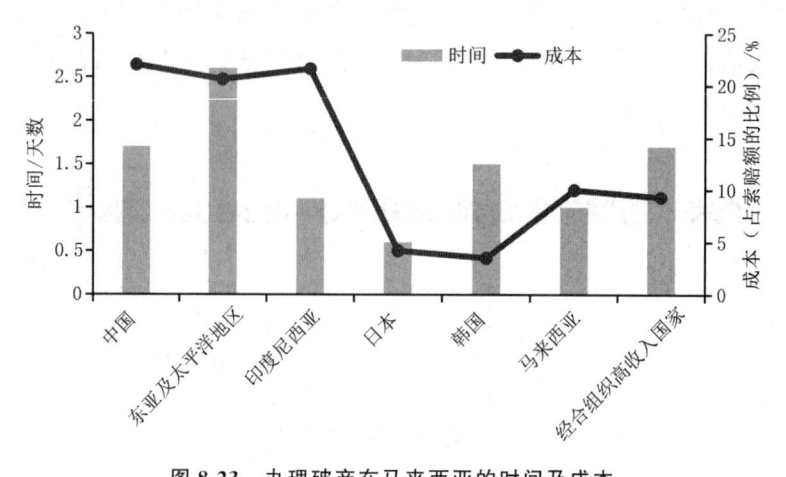

图 8-23 办理破产在马来西亚的时间及成本

数据来源：世界银行。

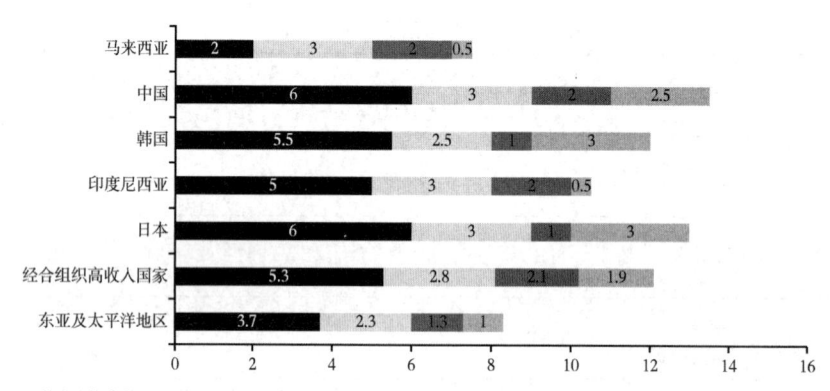

图 8-24 办理破产在可比经济体中质量的测量

数据来源：世界银行。

第九章
马来西亚各州营商环境介绍

第一节 雪兰莪州

一、地理概况

雪兰莪州地处马来西亚半岛西海岸中部,北与霹雳州接壤,东与彭亨州相邻,南与森美兰州毗邻,西面为马六甲海峡,面积为8 104平方千米。东部是蒂迪旺沙山脉,西部主要是平原,地面平坦,起伏较小。境内有雪兰莪河(Sungai Selangor)、巴生河(Sungai Klang)和冷岳河(Sungai Langat)三大河流。雪兰莪州气候属于热带雨林气候型,全年阳光普照,无四季之分。境内有吉隆坡和布城两个联邦直辖区。县(Daerah)是雪兰莪州管辖下的二级政区,雪兰莪州一共有9个县,分别是:沙白安南县(Daerah Sabak Bernam)、瓜拉雪兰莪县(Daerah Kuala Selangor)、乌鲁雪兰莪县(Daerah Hulu Selangor)、鹅麦县(Daerah Gombak)、巴生县(Daerah Klang)、八打灵县(Daerah Petaling)、乌鲁冷岳县(Daerah Hulu Langat)、瓜拉冷岳县(Daerah Kuala Langat)与雪邦县(Daerah Sepang)。

二、人口特征

据马来西亚第六次全国人口和房屋普查报告(2020)统计,2020年雪兰莪州的总人口约为699.44万[①],人口年均增长率为2.7%,约占马来西亚总人口的21.56%。其中,男性371.08万人,女性328.37万人,男女性别比约为1.13。土著(包括马来族及原住民)占60.6%,华裔占27.3%,印裔占11.3%,其他占0.8%。雪兰莪州经济发达,是马来西亚的交通和工业中心,吸引了大量周边国家外劳,是马来西亚引进最多外籍劳工的州属,人口也急速增长。截至2021年,州内劳动力367.70万人,就业人口351.85万人,劳动参与率76.4%,高于马来西亚平均水平(68.6%);失业率4.3%,略低于全国平均水平(4.6%)。

三、经济发展

根据马来西亚统计局数据,2021年雪兰莪州GDP约为3 435.01亿林吉特(以2015年为基期),是马来西亚GDP贡献率最高的州属,达24.77%。雪兰莪州占主导地位的产业是服务业、制造业和建筑业。据统计,2021年,马来西亚农业总产值占州经济总产值的比重仅为1.44%;制造业总产值为1 077.56亿林吉特,占州经济总产值的比重为29.2%;建筑业总产值占州经济总产值的比重则为5.08%;服务业总产值为2 045.49亿林吉特,占州经济总产值的比重为59.55%,占国家服务业总产值的比重为25.86%。

雪兰莪州为马来西亚制造业最热门投资地点之一,投资领域涵盖生命科技、电子电器、汽车零件、饮食业以及机械与工具等五大领域。

[①] 马来西亚国家统计局基于《2020年人口和住房普查报告》估计2022年雪州总人口为701万。

自 2022 年起,数字投资(如数据中心、国际商贸服务和创新科技)和运输服务两大领域的投资逐渐增多。马来西亚几个主要的工业区位于雪兰莪州内,主要的工业城市包括梳邦再也、沙亚南、巴生、加影、万挠、士拉央、双威城、蒲种、安邦再也和八打灵再也。

雪兰莪州拥有吉隆坡国际机场(KLIA)和全国最重要的港口——巴生港。得益于靠近吉隆坡,雪兰莪州在商业经济效益及政府行政上皆获得了很大便利。许多政府部门的办事处也设在雪兰莪州境内。雪兰莪州也是马来西亚主要的教育中心之一,拥有国内最多的高等学府,其基础设备及电子通信设施亦是全马最好的。巴生港是马来西亚规模最大的物流转运中心,也是世界最繁忙的港口之一,占据着黄金海运线——马六甲海峡的交会位置,以快速、高效的运转功能誉满全球。马来西亚联邦政府依托巴生港建立巴生港自由贸易区(Port Klang International Free Trade Zone,PKFZ),已经成为整个世界穆斯林最大的清真食品集散地,目前在马来西亚发出的清真食品认证当中,有 40% 来自雪兰莪州。

第二节 霹雳州

一、地理概况

霹雳州位于马来西亚半岛中北部,北临泰国、东接吉兰丹州和彭亨州、南邻雪兰莪州、西濒马六甲海峡,西北边连吉打州和槟城州,面积约为 21 146 平方公里,是马来西亚面积第四大州属。首府怡保(Ipoh)。霹雳州下辖 12 个县,即近打县(Kinta)、拉律－峇登－司南马县(Larut, Matang, Selama)、曼绒县(Manjung)、吉辇县(Kerian)、江沙县(Kuala Kangsar)、上霹雳县(Hulu Perak)、中霹雳县(Perak Tengah)、下霹雳县

（Hilir Perak）、马登巴冷县（Batang Padang）、金宝县（Kampar）、慕亚林县（Muallim）、峇眼拿督县（Bagan Datoh）；属热带雨林气候，昼热夜凉，最低气温 23 摄氏度，最高气温 33 摄氏度，全年降雨量约为 3 218 毫米。

二、人口特征

2020 年，霹雳州的总人口为 249.60 万[①]（包括 13.12 万非公民），占马来西亚总人口的 7.69%。2021 年，州内劳动力为 110.06 万人，就业人数为 104.26 万人，劳动参与率为 64.5%，低于全国水平；失业率为 5.3%，高于全国平均水平。该州华人所占比例在马来西亚行政区域中名列第二，仅次于槟城州。

三、经济发展

2021 年，霹雳州实现国内生产总值 767.80 亿林吉特（2015 年不变价），对马来西亚 GDP 的贡献率达 5.54%。2021 年，霹雳州人均生产总值为 34 338 林吉特，低于马来西亚人均收入 47 439 林吉特。其中，服务业总产值约为 471.61 亿林吉特，占州经济总产值的 61.42%，占马来西亚服务业总产值的 5.96%；制造业总产值约为 154.62 亿林吉特，占州经济总产值的 20.14%，占全国制造业总产值的比重约 4.56%；农业总产值为 117.84 亿林吉特（2015 年不变价），占州经济总产值的 15.35%，占全国农业总产值的 11.92%。

20 世纪以前，霹雳州的经济产业主要是锡矿，曾是马来西亚最富有的州属之一。锡矿开采及相关的铸造、机械、制造等产业奠定了该州

---

① 马来西亚国家统计局基于《2020 年人口和住房普查报告》估计 2022 年霹雳州总人口为 252 万。

的工业基础。20世纪80年代,全球锡工业开始滑落,该州加速转型发展。近年来,州政府积极落实《霹雳州繁荣发展计划2030》,致力于推动经济转型升级和多元化发展。

目前,霹雳州拥有各类不同工业区,如霹雳北部甘文丁工业区生产食物、橡胶产品(手套和轮胎)和医疗器械,中北部怡保一带的工业区生产洋灰,南部的慕亚林(Muallim)工业区则以汽车制造为主轴(宝腾汽车所在地)。乌鲁近打县的银谷科技园(Silver Valley Technology Park,SVTP)占地1 139.2公顷,由北部经济走廊执行机构(NCIA)在2021至2024年主导发展,是东南亚第一个数字科技园区。州政府计划把州内的工业区都打造成霹雳州银谷(Silver Valley)品牌,使投资者可以熟悉该品牌并安心投资。州政府通过霹雳州发展机构(PKNP)、上市公司霹雳前进(MJPERAK)和霹雳州投资机构(Invest Perak)携手合作,积极挖掘州内尤其是工业领域的潜在投资。

农业是霹雳州重要的经济来源。该州主要种植橡胶、椰子和油棕等作物。霹雳州也是马来半岛淡水鱼繁殖量最高的州属,位于北霹雳宜力县府(Gerik)的天猛莪湖(Lake Temenggor),是马来西亚第二大人造湖,部分被用于研究和繁殖非洲鱼(罗非鱼)。这些非洲鱼经加工成鱼片冷冻后售出口至西方国家。目前,霹雳州淡水鱼的销售量大约占全马淡水鱼销售总量的35%。

旅游业方面,霹雳州政府通过州旅游局为国内外市场策划多项推广计划。2024年是霹雳旅游年,主题是"向往霹雳"(Promising Perak),以可持续发展、竞争力和综合性为基础,将霹雳州打造成为在生态旅游、文化、遗产和美食领域具有竞争力的旅游胜地。州政府将打造江沙前往皇家柏隆州立公园的旅游路线,在短时间内开拓霹雳河船游,同时正在积极争取怡保苏丹阿兹兰沙国际机场复航热门航线或新增航线,截至目前大马控股公司已拨出490万林吉特用于提升机场的内部设施。霹雳州旅游机构有意与马来亚铁道公司合作推出铁路旅游配套,游客可观光火车站一带的旅游景点,如怡保火车站与旧街场毗邻、华都牙也火车站位于银湖品牌商城附近、江沙火车站一带蕴含许多值得一游的皇城历史遗迹。

海洋产业方面,霹雳州是马来半岛西海岸拥有最长海岸线的州属。州政府计划在曼绒沿海地区推动水产养殖业发展,通过引进投资将该区打造成为养殖各类海产的海洋工业枢纽。除了着重海洋工业,州政府也计划将红土坎与昔加里打造为船坞,并鼓励私人造船业者到曼绒投资。

第三节 吉打州

一、地理概况

吉打州位处马来西亚半岛西北端,南、西南部接霹雳州及槟城州,北邻玻璃市州和泰国,西部濒临马六甲海峡,面积9447平方公里。首府亚罗士打(Alor Setar)。吉打州气候属热带雨林气候,全年阳光普照。下辖12个县,即浮罗交怡县、古邦巴素县、巴东得腊县、哥打士打县、波各先那县、笨筒县、铅县、锡县、瓜拉姆达县、华玲县、居林县、万拉峇鲁县。

二、人口特征

2020年吉打州的总人口为213.14万[①],占马来西亚总人口的6.57%。2021年,州内劳动力为97.26万人,就业人数为93.42万人,劳动参与率为63.1%,低于全国平均水平;失业率为3.9%,低于全国平

---

① 马来西亚国家统计局基于《2020年人口和住房普查报告》估计2022年吉打州总人口为217万。

均水平。

三、经济发展

据统计,2021年吉打州生产总值约为474.71亿林吉特(2015年不变价),对马来西亚GDP的贡献率为3.42%。2021年吉打州人均生产总值为23 575林吉特,低于马来西亚人均生产总值(47 439林吉特)。

吉打州早期是一个以农业为主的州属,盛产稻米,有马来西亚"米都"之称,但近10来年来加速向工业化转型。该州坐拥黑木山经济特区、居林高科技园区等多个工业园,正在着力打造峨仑和双溪大年等工业区。自2012年起,该州已吸引了大量的外资企业投资高科技产业,涉及生物科技、发电、保健、制造业、石油炼制、汽车工业、教育及农产等领域,为当地居民提供了大量就业机会。

凭借在地理位置、营商环境和基础设施等方面的优势,吉打州获得了诸多国外投资者的青睐。2021年,吉打州投资额创历史新高,合计683亿林吉特,仅次于槟城州,居全马第2位。居林高科技园区在其中发挥了不可或缺的作用。自1996年正式运营后,居林高科技园区重点发展现代科技的前沿领域,持续吸引绿色能源、医药生物、电子电气等企业的入驻,包括处于行业前列的3家中方企业(东方日升、金晶玻璃、苏州固锝)。特别是Austria Technologie and Systemtechnic AG(AT&S)公司,注资约85亿林吉特,在居林高科技园打造一家科技产品类跨国公司,该项目是马来西亚在2021年度获得的最大外资投资项目,预计将于2025年建成竣工,预计创造1.5万个以上就业机会。

第四节 槟城州

一、地理概况

槟城州,亦称"槟榔屿州",位于马来西亚西北部,面积1 049平方公里,被槟威海峡分成两部分——槟岛和威省。威省的东部和北部与吉打州为邻,南部与霹雳州为邻;槟岛西部隔马六甲海峡与印尼苏门答腊岛相对。槟城州首府乔治市位于槟岛东北方,马六甲海峡北口,槟榔屿海峡西岸,是仅次于吉隆坡、新山之后的全国第三大城市。槟城州共辖5个县,其中槟岛2个县(东北县和西南县)、威省3个县(威北县、威中县和威南县),分别由槟岛市政厅和威省市政厅管辖,县署则是州行政机关的分部。槟城州因槟榔岛上的槟榔树而得名,有众多的名胜古迹,素有"东方花园"美誉,是马来西亚旅游胜地之一。槟城曾在1786年被英国殖民政府开发为远东最早的商业中心,现已成为融合东西方独特情怀的大都会,有着"印度洋绿宝石"之称。此外,槟城也被称为美食天堂。

二、人口特征

2020年槟城州人口为174.04万人[①](包括14.05万非公民),占马来西亚总人口的5.36%。其中,城市人口约为161.04万,占92.5%。槟城也是马来西亚唯一一个华人为第一大族群的州,华人占比达40%以上。2021年,州内劳动力人数约88.95万人,就业人数约85.72万

---

① 马来西亚国家统计局基于《2020年人口和住房普查报告》估计2022年槟城州总人口为174万。

人,劳动参与率为69.7%,失业率为3.6%。

三、经济发展

据统计,2021年槟城州生产总值为989.64亿林吉特(2015年不变价),州经济增长率达3.2%;人均生产总值为59 685林吉特(现价),高于马来西亚人均生产总值,在全国所有州属中排名第4位。

槟城州在半导体制造、信息与通信技术、计算机及相关设备、数据存储等领域的积累,使其成为东南亚电子产业的主要聚集地,在全球电子产业中拥有一席之地,被誉为"东方硅谷"。2021年槟城引进投资高达762亿林吉特,创下历史新高,其中98%是外资,占马来西亚吸引外资的41%。马来西亚在全球后端半导体制造市场所占份额高达10%,其中槟城占8%,贡献了全马产量的80%。槟城在全球微电子组装和封测领域占据优势地位,全球微处理器装配商的出货量中有40%来自槟城。

槟城港属于深水港,是马来西亚的第二大港,亦是著名的转口贸易港及马来西亚北部主要物资集散中心,它与全世界200个港口相连接。马来半岛北部地区、泰国西南、印尼苏门答腊北部等邻近地区的农、林、矿产品多经此加工或转口。

多年来,中国企业积极参与槟城州水坝、公路、填海等各项基础设施建设项目,近年来中资在槟城州的投资与合作领域更是呈现多元化发展势头。2016年至2020年间,中方企业在槟城州投资额高达23.5亿林吉特,所涉及的领域包括半导体、电子业、医疗仪器、太阳能、食品、化学品及塑料等,为当地创造了大量就业机会,有力地促进了当地经济发展。另外,槟城州也是多家跨国公司分公司或子公司的聚集地,如HP惠普、DELL、MOTOROLA、HITACHI、BOSCH、INTEL及嘉里物流等。

第五节　玻璃市州

一、地理概况

玻璃市州,简称"玻州",位于马来半岛西海岸最北部,与泰国和吉打州毗邻,地处印度尼西亚—马来西亚—泰国三国的发展中心(IMT-GT),被誉为"北部小宝石",面积仅818平方千米,是马来西亚13个联邦州中面积最小州属,因此没有县份单位。玻璃市的首府是加央,为西北边陲重镇,而加央港口是进入著名旅游景点兰卡威的主要进出处。州内的巴东勿刹位于马泰边界,是旅客经陆路及铁路、由泰国进入马来西亚的主要窗口。

二、人口特征

2020年,玻璃市州总人口为28.49万[1],占马来西亚总人口的0.88%。2021年,州内劳动力总数为11.33万人,就业人数为10.85万人,劳动参与率为63.8%,略低于全国平均水平;失业率为4.3%,略低于全国平均水平。

三、经济发展

2021年,玻璃市州生产总值为58.66亿林吉特(2015年不变价),

---

[1] 马来西亚国家统计局基于《2020年人口和住房普查报告》估计2022年玻璃市州总人口为29万。

州经济增长率为1.5%,人均生产总值为21 508林吉特(现价),居全国倒数第2位。玻璃市州是传统农业州属,主要种植稻米,与吉打州共享马来西亚"米仓"的美誉。玻璃市州南部与大部分地区为平原,是马来西亚最主要的稻米种植区之一,与吉打州的广袤田地相连。其他作物有甘蔗、橡胶、烟草、芒果、葡萄、西瓜和草药等,其中玻璃市特产香甜芒,凭借果肉香甜多汁、厚实可口被列为全马最贵的芒果。捕鱼业和伐木业也是该州重要的经济来源之一。近年来,一些中小型农产品加工制造企业相继进驻该州,包括坐落于朱宾的白糖提炼厂、武吉免登种植园的芒果加工厂等,主要集中在爪夷芭、玻璃市港口、巴东勿刹的工业区。

玻璃市州两个主要港口为玻璃市海港(Kuala Perlis Harbour)和巴东勿刹(Padang Besar)内陆港口。位于玻璃市河河口的玻璃市港口是马来西亚主要渔港之一,是小型货物集散地,也是进出吉打州兰卡威的主要港口。巴东勿刹港则是重要的物流转运站,是泰南到槟城北海的重要转运站。

玻璃市州位于"北部经济走廊(NCER)",北马经济走廊执行单位(NCIA)依据该州的地方资源、人口密集度和经济基础规划出四个重点开发区域:玻璃市—吉打—泰国战略边境区、玻璃市—沙墩府—兰卡威生物多样性区域、玻璃市港口—加央—皇城发展走廊及玻璃市州国家食品安全保障区域。这些区域的不断开发,将进一步促进玻璃州市经济社会发展。

第六节 吉兰丹州

一、地理概况

吉兰丹州位于马来半岛北部,东北部与泰国交界,西接霹雳州,东邻登嘉楼州,南濒彭亨州,面积约 15 000 平方千米。下设 10 个县,首府为哥打巴鲁。吉兰丹州是华人移居最早的地域,也是最早开办华校的州属。吉兰丹的人口以马来人占最多数,超过 95%,是马来文化色彩最浓郁的一州,被称为"马来文化的摇篮",是马来亚半岛的马来民族之源。吉兰丹州拥有丰富的文化遗产、华丽的手工艺品及精致的木雕等,和吉兰丹的银器、篮子及衣服布料等,皆是国内最好的手工艺品。

二、人口特征

2020 年,吉兰丹总人口为 179.25 万[①],占全国总人口的 5.52%。城市人口约为 79.04 万人,占 44.1%,城市化水平相对较低。2021 年,州内劳动力为 71.98 万人,就业人口为 68.96 万人,劳动参与率为 57.3%,远低于全国平均水平;失业率为 4.2%,略低于全国平均水平。

三、经济发展

2021 年,吉兰丹州生产总值为 474.71 亿林吉特(2015 年不变价),

---

① 马来西亚国家统计局基于《2020 年人口和住房普查报告》估计 2022 年吉兰丹州总人口为 183 万。

对全国生产总值的贡献率为1.86%，人均生产总值为15 584林吉特（现价），居全国倒数第1位，仅是马来西亚人均生产总值（47 439林吉特）的1/3左右。

吉兰丹州是传统的农业州，吉兰丹河及其支流自南往北，流贯全州，水力资源丰富。以中下游交界处瓜拉吉赖为界，全州被分为南、北两部分。北部地区经济发达，下游三角洲平原为重要稻米产区，橡胶园广泛分布；沿海富渔产，道北、巴佐为渔业基地；烟草占全国产量的70%，卷烟业为主要工业。南部地区经济开发较差，约88%的面积为原始林。吉兰丹州富有铁、锡、锰、金和铀等矿产。

由于吉兰丹州是马来西亚最偏远的一个州，发展建设还处于初级阶段，基础设施建设如道路、桥梁、市政设施、低层装配式房屋建设发展等都有很大的发展空间。州政府积极改善基础设施推动地方经济发展，耗资18亿林吉特，独立承建从 Kota Bharu 通往 Kuala Krai 全长73公里的高速大道，并在建成通车之后免收过路费，与其他地方调涨过路费形成鲜明对比。吉兰丹州依托丰富的人力资源优势发展清真食品包装和加工业，并出口至阿拉伯等伊斯兰国家，受到广泛认可和欢迎。另外，吉兰丹州的森林面积广，木材资源很多，可利用当地优势资源发展木制品工业，发展潜力巨大。

第七节　登嘉楼州

一、地理概况

登嘉楼州，旧称丁加奴，位于马来西亚半岛东海岸，东临南中国海，北、西北面是吉兰丹州，南、西南面是彭亨州，面积13 052平方公里，首府是瓜拉登嘉楼。登嘉楼州下辖8个县，即勿述县、龙运县、乌鲁登嘉楼县、甘马挽县、瓜拉登嘉楼县、马江县、士兆县以及瓜拉尼鲁斯县。登嘉楼州沿海地形主要是平原,地面平坦,起伏小,海岸线长达244公里;西面地势较高,州内的肯逸湖是东南亚最大的人工湖。登嘉楼州气候属于热带雨林气候,全年阳光普照。

二、人口特征

2020年,登嘉楼州的总人口为115万[①]。其中,马来人占比为97.6%,华人占比为2.1%,是全马华人占比最低的州属。2021年,全州劳动力人数约48.85万,就业人数约46.88万,劳动参与率为58.6%,失业率为4.0%,低于全国4.6%的平均水平。

三、经济发展

2021年,登嘉楼州生产总值为352亿林吉特(2015年不变价),人均生产总值为30 901林吉特,低于马来西亚人均生产总值(47 439林吉特)。登嘉楼州传统经济活动是捕鱼业,随着南中国海几处油田的开采,该州积极推动经济活动转型和多元化。目前,该州在瓜拉登嘉楼、龙运(Dungun)及甘马挽(Kemaman)等地区相继设立了许多工业区,格谍(KERTEH)及北加(PAKA)设有原油及天然气体提炼厂。此外,登嘉楼州的旅游资源丰富,是全球闻名的海龟繁殖基地,海龟是该州的标志之一。州内机场有苏丹马末国际机场、热浪国际机场等。目前,登嘉楼州的旅游资源目还未完全开发,许多基础设施也尚未完善,未来旅游开发存在较多机遇。

---

① 马来西亚国家统计局基于《2020年人口和住房普查报告》估计2022年登嘉楼州总人口为119万。

第八节 彭亨州

一、地理概况

彭亨州位于马来西亚半岛东海岸,北部毗邻的州属是吉兰丹州,东面为登嘉楼州和南中国海,西面为霹雳州、雪兰莪州和森美兰州,南面为柔佛州,面积35 965平方公里,是西马土地面积最大的州属。彭亨州分为11个行政区划,州首府为关丹(Kuantan),关丹是西马东海岸最大的城市。彭亨州内大部分地区被原始热带雨林覆盖,占州内面积的75%,地处广阔的彭亨河流域。其内陆为宽广肥沃的山间盆地,中部是河流交错的平原,沿海有32公里宽的冲积地。马来半岛的最高峰大汉山坐落于彭亨州北部。

二、人口特征

2020年,彭亨州人口总数为159万[①],其中马来人占比为81%,华人占比为14.7%,印度裔占比为3.7%,其他族群占比为0.6%。2021年,劳动力总人数为72.94万,就业人数为70.54万,劳动参与率为64.4%,失业率为3.3%。

---

① 马来西亚国家统计局基于《2020年人口和住房普查报告》估计2022年彭亨州总人口为161万。

三、经济发展

2021年彭亨州的生产总值为554亿林吉特(2015年不变价),人均生产总值为38 010林吉特,低于马来西亚人均生产总值(47 439林吉特)。彭亨州服务业占比约为49.1%,而旅游业又是彭亨州经济中最大的部门之一。彭亨州生物种类丰富,拥有从高地、热带雨林到岛屿和海滩各类自然景观,是马来西亚绝佳的生态旅游目的地。农业部门是该州另一个重要的经济部门。州内土地肥沃,雨量充足,适合栽种橡胶、油棕、可可和各种热带水果,其沿海三角洲大面积种植水稻。另外,该州也出产椰子、烟草、古塔胶(黏性树乳生成物)、藤条等。特别值得一提的是,金马仑高原已经发展成为全国蔬菜、水果及鲜花供应的一个主要地区。彭亨州制造业发展基础较好,目前州内有马中关丹产业园(MCKIP)、甘邦清真园、北干汽车工业园和关丹综合生物园四座工业园,主要产业基本上属于资源类,包括橡胶、木材、棕榈油等加工和石化产品、清真产品加工。2021年,州政府成功吸引了108亿林吉特的投资额,其中制造业占了总投资的半数。目前,在马来半岛东海岸彭亨州的制造业投资额仅次于登嘉楼州。

第九节 柔佛州

一、地理概况

柔佛州位于马来西亚西部的最南端,东面是南中国海,西面是马六甲海峡,南面隔着柔佛海峡与新加坡毗邻,面积为19 106平方公里。下辖新山、峇株巴辖、居銮、古来、麻坡、哥打丁宜、昔加末、笨珍、东甲、丰盛港 10 个县。柔佛州的地形主要是平原,地面平坦,起伏较小。坐落于东甲县高约 1 276 米的金山是柔佛州最高峰,也是马来西亚半岛南部的最高峰。2003 年 1 月 31 日,柔佛境内的龟咯岛、丹绒比艾、蒲莱河被《拉姆萨尔公约》列为"国际重要湿地"。柔佛州首府新山是马来西亚在马来半岛最南端也是欧亚大陆最南端的城市,有"马来西亚的南方门户"之称,是马来西亚第二大城市。

二、人口特征

2020 年,柔佛州人口总数为 401 万[①]。其中,马来人占比为 60.1%,华人占比为 32.8%,印度裔占比为 6.6%。2021 年,柔佛州劳动力总人数 183.5 万,就业人数 176.5 万,劳动参与率 70%,失业率 3.8%。

三、经济发展

2021 年,柔佛州生产总值为 1 311 亿林吉特(2015 年不变价),州经济增长率达 2.4%,人均生产总值为 36 474 林吉特,低于马来西亚人均生产总值(47 439 林吉特)。其中,农业总产值占州经济的比重为 13.5%。制造业总产值占州经济的比重为 30.6%,主要驱动力是电气和电子业。服务业总产值占州经济的比重为 47.1%,主要驱动力是批发和零售业。另外,还包括有公用事业、运输业、金融业、保险业、地产业等。

马来西亚政府于 2006 年在柔佛州启动了马来西亚依斯干达经济特区(Iskandar Malaysia,简称 IM)。经过近 20 年的发展,不仅推动了柔佛州的经济发展,而且成为全国发展最快的地区之一。该区持续受

[①] 马来西亚国家统计局基于《2020 年人口和住房普查报告》估计 2022 年柔佛州总人口为 402 万。

到国内外投资者的支持和青睐,并一直提供税收优惠政策以吸引全球投资。

第十节　森美兰州

一、地理概况

森美兰州位处马来西亚半岛西海岸,毗邻雪兰莪州、彭亨州、柔佛州及马六甲州,面积为 6 656.47 平方公里。森美兰州下辖日拉务县、仁保县、瓜拉庇劳县、波德申县、林茂县、芙蓉县、淡边县 7 个县,州首府是芙蓉市。森美兰州地形主要是平原,中央是蒂迪旺沙山脉延伸段。森美兰州气候属于热带雨林气候,无四季之分,温差变化极小。森美兰州是全马唯一还保留米南加保文化习俗的州属,该文化习俗强调女性为一家之主的"母系制度"。

二、人口特征

2020 年,森美兰州总人口为 120 万[①]。人口主要以马来人为主(63.3%),其余依次是华裔(21.9%)、印度裔(14.3%)、其他族群(0.5%)。芙蓉县是州内人口最密集的区域,州内大约 40% 的人口都居住于此。2021 年,劳动力人数 48.78 万,就业人数 46.75 万,劳动参与率 63.3%,失业率 4.2%。

---

① 马来西亚国家统计局基于《2020 年人口和住房普查报告》估计 2022 年森美兰总人口为 121 万。

三、经济发展

2021年,森美兰州的生产总值为477亿林吉特(2015年不变价),人均生产总值为44 495林吉特,略低于马来西亚人均生产总值(47 439林吉特)。

森美兰州最主要的经济活动为服务业、制造业和农业。森美兰是马来西亚两个州内没有机场的州属之一。为了加强地区经济发展,州政府已推出森州经济发展蓝图计划,涵盖工业、农业及生物多样化科技。该计划重点发展三个方向,即宏愿谷、务农市镇及生物多元发展计划,以确保该计划在城市与郊外的城镇得以平衡发展。未来,在大马宏愿谷2.0计划、东海岸铁路计划(ECRL)及隆新高铁(HSR)三个巨型发展项目的刺激下,森美兰州经济将迎来发展新契机。

第十一节　马六甲州

一、地理概况

马六甲州位于马来半岛西南面,与印尼的苏门答腊岛遥望相对,北部与森美兰州交接,东部则与柔佛州相连,面积1 720平方公里。马六甲州是海上贸易通道的重要中转站,每年有30多万艘船途经濒临的马六甲海峡,素有"世界门户"之称。首府马六甲市是原马六甲王国所在地,郑和下西洋6次在此停靠,联合国教科文组织于2008年7月7日宣布马六甲市正式被列入世界遗产名录。出于管理需要,马六甲州分为三个司法区,即马六甲、亚罗牙也和野新。

二、人口特征

2020年,马六甲州人口总数为99万[①],人口年均增长率为2.4%,居民主要由马来人(约占71.7%)、华人(约占22.1%,基本为福建籍)、印度人(约占5.6%)组成。马六甲州的劳动力总数为44.41万,就业人数为43.51万,劳动参与率为68.2%,失业率为2%,远低于全国平均水平。

三、经济发展

2021年,马六甲生产总值为418亿林吉特(2015年不变价),人均生产总值为44 610林吉特,低于马来西亚人均生产总值(47 439林吉特),居全国第9位。

马六甲州自然资源相对匮乏,旅游业及制造业为该州的两大经济支柱。马六甲州拥有丰富的文化遗产和众多历史古迹,其旅游宣传口号为"观光马六甲就如观光马来西亚"。2022年到访马六甲州的游客超过604万人次,超出原定560万游客人次的目标。近年来,马六甲州不断深化与中国的合作,合作投资项目不断增多,包括如印象马六甲、郑和贸易中心岛、浪琴湾、马六甲小迪拜、侏罗纪公园等大型项目,预计这些项目将在5~10年内陆续开发完成。

马六甲州是马来西亚制造业中心,拥有23个工业区和2个自由贸易区,具备先进的电子芯片、医疗设备、飞机零部件和汽车制造能力。由于1898年开始发展橡胶业,该州现有许多华人橡胶种植园,而马六甲港则为橡胶出口和杂货进口的重要港口。

---

① 马来西亚国家统计局基于《2020年人口和住房普查报告》估计2022年马六甲州总人口为101万。

第十二节 沙捞越州

一、地理概况

沙捞越州位于婆罗洲岛北部,其南部和印度尼西亚交界,北接文莱国及沙巴州,海岸线长达 800 千米,总面积为 124 450 平方千米,是马来西亚面积最大的州。该州地势东南高,西北低,拥有马来西亚最长的河流——拉让江,全长约 563 千米。沙捞越地处赤道以北,属热带雨林气候,2/3 的土地覆盖着茂密的热带雨林,气候高温多雨。州下设 12 个省,分别是古晋省、诗里阿曼省、诗巫省、美里省、林梦省、泗里街省、加帛省、三马拉汉省、民都鲁省、沐胶省、木中省、西连省。州首府为古晋市,被誉为"水上之都"。

二、人口特征

2020 年,沙捞越州总人口为 245 万[1],占马来西亚总人口的 7.55%。其中,土著占比约 75.7%,华裔占比约 23.8%,印度裔占比约 0.2%,其他民族占比约 0.3%。2021 年,州内劳动力人数为 133.86 万,就业人数为 127.82 万,劳动参与率为 67.0%,失业率为 4.5%。

---

[1] 马来西亚国家统计局基于《2020 年人口和住房普查报告》估计 2022 年砂拉越总人口为 247 万。

三、经济发展

2021年,沙捞越生产总值为1 312亿林吉特(2015年不变价),州经济增长率达2.9%,人均生产总值为65 971林吉特,高于马来西亚人均生产总值(47 439林吉特),居全国第3位。

沙捞越州海岸线拥有丰富的油田,石油及液化天然气是州经济的主要来源之一。该州土地适于农业耕种,水稻种植面积已经超过1.6万平方千米,其他经济作物还包括油棕、西米、胡椒、橡胶等。其中,胡椒产量占马来西亚总产量的90%。沙捞越还是世界上最大的热带硬木出口产地之一,大规模的采伐活动已导致该州热带雨林减少。自20世纪80年代起,沙捞越开始经济转型,大力实施经济多元化和工业化。制造业和高科技产业已在该州经济中扮演重要角色。

2008年2月,马来西亚政府启动了沙捞越再生能源走廊(The Sarawak Corridor of Renewable Energy,简称SCORE)发展计划,涉及民都鲁、加帛、诗巫、沐胶及泗里街,计划施行至2030年。该计划的重点核心领域是能源资源,尤其是水力发电、煤炭及天然气。目前该计划已经进入第二阶段发展,共吸引了约793亿林吉特的投资额,其中私人投资项目多达22项,大约创造了6.1万个就业机会。

2015年8月17日,州政府宣布推行一项为期15年的沙捞越社会经济转型长期发展规划(SETP),涉及1 800亿林吉特的拨款,实施时间是2016年至2030年的15年,主要包含制定经济增长的长远目标、推动乡村及内陆地区转型、加强基础设施建设、确保天然资源及环境的永续发展管理、提供人力资源保障、提升人民生活质量等六大发展策略,以期在2030年达到高收入州属的目标。产业发展重点包括制造业、旅游业以及创建清真食品中心,并全力发展数字经济,走向颠覆性的改革之路。近年来,沙捞越州政府致力于改善基础设施建设,不断增加财政预算来建造更多的道路及桥梁,以改善交通连接,并改善电供及水供的覆盖率,吸引了不少投资者到沙捞越州发展。

第十三节　沙巴州

一、地理概况

沙巴州位于加里曼丹北部,海岸线长达 1 440 公里,面积为 7.45 万平方千米。沙巴州东北部与菲律宾为邻,面向苏禄海;东部南部是印尼苏拉维西及加里曼丹,面向苏拉威西海;东南部与文莱及沙捞越州为邻,西部面向南中国海。沙巴州西半部是多山地区,包含马来西亚三座最高的山峰,最高峰京那巴鲁山海拔为 4 095 米。沙巴境内最长的河流是京那巴当岸河(Kinabatangan River),全长约 560 千米,河流的下游盆地是马来西亚面积最大的湿地平原,更是马来西亚最大的野生物聚居地。沙巴州位于赤道附近,属于热带雨林气候,常年如夏且潮湿,无四季之分。全州下设 5 省 24 县(市),5 省分别是西海岸省、内陆省、古达省、山打根省、斗湖省,州首府为亚庇。沙巴长期由英国统治,直到1963 年 9 月 16 日加入马来西亚。1984 年纳闽从沙巴州被分割出来设立联邦直辖区,纳闽联邦直辖区目前是马来西亚唯一的离岸金融中心。

二、人口特征

2020 年,沙巴州总人口为 342 万[①],是马来西亚人口第三多的州,仅次于雪兰莪州和柔佛州。从人口构成来看,土著约占 88.7%,华裔约

---

① 马来西亚国家统计局基于《2020 年人口和住房普查报告》估计 2022 年沙巴总人口为 339 万。

占9.5%，印度裔约占0.2%，其他族群约占1.5%。2021年，全州劳动力人口为202.2万，就业人数为185.65万，劳动参与率为70.4%，失业率为8.2%，是马来西亚失业率最高的州属。沙巴州经济高度依赖持有工作准证的移民以及大量来自印尼、菲律宾和东帝汶等国非法移民，但沙巴州也面临本地人外迁他州的情况。

三、经济发展

沙巴州早期经济主要依赖大量出口热带龙脑香木材。随着自然森林资源的枯竭，该州已经逐渐调整其经济策略。目前油棕已成为其主要种植的经济作物，其他重要的农产品还包括橡胶和可可。沙巴州的经济来源主要是服务业（特别是旅游业），再者是采石采矿业、农业、制造业。

2021年，沙巴州生产总值为787亿林吉特（2015年不变价），人均生产总值为29 960林吉特，低于马来西亚人均生产总值（47 439林吉特），居全国倒数第4位。沙巴州目前是马来西亚最贫穷的州属，贫穷率达16%，超过全国平均值的3倍，拥有全马最多生活在贫困线以下的居民，但生活开销却相对较高。

根据马来西亚统计局的数据资料，沙巴州2021年农业总产值占州经济的比重为19.1%，制造业总产值占州经济的比重为7.5%，采矿和采石业总产值占州经济的比重为29.6%。采矿业包括铝土矿、金矿、煤炭、铁矿、锡、钛铁矿等，采石则包括花岗岩、石灰石、采砂等。服务业总产值占州经济的比重为40.8%，服务业包括公用事业、运输业、旅游业、金融业、保险业、地产业等。2008年1月，马来西亚联邦政府启动沙巴发展走廊（Sabah Development Corridor，简称SDC）区域性经济计划，计划施行至2026年，重点领域涵盖了农业、制造业和服务业三大领域。

沙巴州政府积极发展基础设施，改善全州投资环境，目前正逐渐成为马来西亚投资热门地点之一。沙巴州内共有4个机场，其中哥打基纳巴卢国际机场是马来西亚第二繁忙的机场;拥有实邦加湾集装箱港、哥打基纳巴卢港、山打根港、斗湖港和实邦加湾输油港等装卸集装箱和处理散货能力港口。2016年4月,马来西亚政府启动了潘婆罗高速公路沙巴段工程项目(Pan Borneo Highway Sabah),计划建设一条全长1 236千米的双向四车道高速公路,覆盖沙巴东南部地区(包括斗湖、古纳和仙本那)的海洋综合集群(MIC)、拿笃棕榈油产业园(POIC)以及实必丹石油和天然气工业园区(SOGIP)。然而,沙巴州供水设施和服务较为落后,达不到全国平均水平,位居全马13州中倒数第2位。

第十四节　马来西亚三个联邦直辖区

一、吉隆坡联邦直辖区

吉隆坡是马来西亚三个联邦直辖区之一,地处马来西亚半岛西岸,位于蒂迪旺沙山脉的山脚,被雪兰莪州环绕,面积约240平方公里。吉隆坡是全马来西亚人口最多以及最密集的城市。2020年,人口规模达198万[①],人口年均增长率为2.2%。劳动力人口约89.33万,就业人口达85.56万,劳动参与率为71.7%,失业率为4.2%。

吉隆坡及其周边城市地区(大吉隆坡都会区)是马来西亚工业化程度最高、经济发展最快的地区。虽然联邦政府行政机构已搬迁至布城,但吉隆坡仍然是马来西亚的经济和商业中心。吉隆坡及其周边地区的基础设施发展,如吉隆坡国际机场、多媒体超级走廊的建立和巴生港的扩建,则进一步强化吉隆坡的经济地位。此外,马来西亚股票交易所也

[①] 马来西亚国家统计局基于《2020年人口和住房普查报告》估计2022年吉隆坡总人口为195万。

是吉隆坡的核心经济活动之一。

2021年,吉隆坡生产总值为2 182亿林吉特(2015年不变价),州经济增长率达0.8%,人均生产总值为111 292林吉特(包括布城),远高于马来西亚人均生产总值(47 439林吉特),居全国首位。吉隆坡的制造业发达,部门齐全,产品种类繁多,产值及就业人数均居马来西亚全国第一。服务业所占比重接近90%,主要由批发与零售贸易、金融与保险、通信和专业服务推动。

吉隆坡市内设有越来越多的伊斯兰金融机构,如世界上最大的伊斯兰银行Al-Rajhi银行。道琼公司与吉隆坡证券交易所合作,创立马来西亚指数股票型基金,提升了马来西亚在东南亚的商业金融地位。许多本地和跨国金融、会计和资讯科技公司在吉隆坡设立总部。值得一提的是,由马来西亚政府主导及推动的TRX敦拉萨国际贸易中心位于马来西亚吉隆坡新黄金三角区,是马来西亚首个金融中心,同时也是马来西亚唯一整体规划的国际金融中心,力图打造成为东南亚世界级金融中心。

吉隆坡是亚洲教育科研机构高度集中地区,也是许多2022年QS世界大学排名前200名顶尖高等学府分校的所在地,包括蒙纳士大学马来西亚分校、马来亚大学、诺丁汉大学马来西亚分校、马来西亚博特拉大学、马来西亚国立大学等。吉隆坡也是马来西亚重要科研机构的聚集地,如马来西亚橡胶研究所、马来西亚森林研究院和马来西亚医学研究所等。

二、纳闽联邦直辖区

纳闽联邦直辖区地处沙巴州东北部,面积91.64平方千米,范围包括纳闽主岛(面积87.52平方千米)和周边的6个小岛。马来西亚于1984年4月16日宣布纳闽岛为联邦直辖区,1990年10月1日正式立法成为国际离岸金融中心。纳闽国际商业金融中心是马来西亚联邦政府财政部直属机构,负责推进纳闽岛的发展。2018年6月12日,马来西亚国际经济交流协会与马来西亚纳闽国际商业金融中心签署合作协议,双方宣布携手在纳闽岛打造面向全球的"一带一路"国际交流合作新平台。

2020年,纳闽人口总数为9.5万[①]。2021年,劳动力人数为4.8万,就业人数约4.4万,劳动参与率为66.4%,失业率为7.4%,失业率仅次于沙巴州,居全国第2位。

2021年,纳闽联邦生产总值为76亿林吉特(2015年不变价),人均生产总值为81 345林吉特,高于马来西亚人均生产总值(47 439林吉特),居全国第2位。银行业、金融业、旅游业和教育业正日渐成为该岛的迅速发展的产业,石油和天然气产业也是当地主要的经济支柱。

纳闽目前拥有全亚洲最广阔的商业和投资架构,能够帮助企业加快跨境交易、商业往来和财富管理工作。马来西亚政府在1990年颁布的离岸公司法和离岸商贸活动法例让纳闽离岸岛公司享有了一个专业且颇具弹性的公司结构,使它成为亚洲一个非常方便的避税天堂。纳闽于2001年把境外、离岸的属性更改成中岸、实体属性,并允许纳闽公司与马来西亚本土公司进行贸易往来,也允许马来西亚人享有纳闽公司的优惠税制。

纳闽富有吸引力的税务体系、高效的营商环境、现代化和国际认可的法律框架等因素让其在"一带一路"国际合作中具备独特的竞争力。随着"一带一路"倡议的不断落实,纳闽岛通过与中国合作,有望形成辐射东盟的人民币清算中心,在服务共建国家经贸往来、促进马来西亚经济发展中将发挥重要作用。

---

① 马来西亚国家统计局基于《2020年人口和住房普查报告》估计2022年纳闽总人口为10万。

三、布城联邦直辖区

布城位于马来西亚半岛西海岸中部,处于雪兰莪州内,靠近吉隆坡国际机场。2001年2月1日,布城从雪兰莪州划出成为马来西亚的第3个联邦直辖区,是马来西亚的联邦行政中心。

2020年布城总人口为11万[1],其中,土著约占97.9%,华裔约占0.6%,印裔约占1.2%,其他民族约占0.2%。2021年,劳动力人数为3.78万,就业人数为3.72万,劳动参与率为75.0%,失业率仅为1.6%,远低于全国水平4.6%。

马来西亚政府选定布城作为新的行政中心,主要有以下三个原因:一是优越的区位,其位于首都吉隆坡和吉隆坡国际机场之间的"多媒体超级走廊"区域内,距离首都吉隆坡约25公里,距离吉隆坡国际机场约20公里,地理位置极其优越;二是低开发成本,四通八达的交通网络,土地征收及基础设施建设成本不高;三是优美的自然生态环境,布城原本是一片原始森林,原始自然植被和地貌保存良好,环境清幽宜人。

布城的建设从1996年开始启动,经过近30年的规划建设,已成为颇具规模的一座现代化新兴城市,也成为马来西亚最新的旅游景点之一。布城面积约为49平方公里,其中70%的部分是绿化种植,以湖水可循环利用的生态化人工湖PUTRAJAYA LAKE环绕其中。布城不仅是马来西亚新的行政中心,而且是一座环境宜人的智慧型花园城市。整个城市面积广阔,山林起伏,宏伟壮观,红花绿叶相映,马来西亚首相署和政府各部已迁入布城办公,住宅区、商业区、文化、休闲设施和交通体系已基本配套。

---

[1] 马来西亚国家统计局基于《2020年人口和住房普查报告》估计2022年布城总人口为12万。

第四篇

马来西亚国际贸易与投资

第十章 马来西亚国际贸易发展

马来西亚位于东南亚核心地带、印度洋和南中国海之间,是通往东盟市场和前往中东、澳洲的桥梁,早在16世纪末就已成为区域贸易中心。优越的地理位置、稳固的经济基础和广泛的贸易联系,使马来西亚成为从事国际贸易和投资的理想之地。

第一节 国际贸易发展历程

马来西亚为出口导向型经济,对外贸易在国民经济中占据重要地位,对外贸易总额超过GDP总额,自1998年至2019年,连续22年实现贸易顺差。同时,根据世界银行统计,2012—2019年,马来西亚货物和服务贸易总额占GDP的比重一直超过120%,平均为134.21%,对外贸易依存度较高。这些数据表明马来西亚市场对于全球贸易的参与度不断提高,同时也意味着其经济容易受到全球贸易环境的影响,需要不断调整国家发展战略来应对不确定的外部风险。

从国际贸易的视角,马来西亚经济发展战略大致经历了四个阶段,即第一次进口替代战略阶段(1957—1970年)、出口导向战略阶段(1970—1980年)、第二次进口替代战略阶段(1980—1990年)、金融危机后的经济调整战略和贸易自由化战略阶段(1990年至今)。

一、第一次进口替代战略

独立初期,马来西亚的出口产品以热带经济作物和矿产资源为主,日用工业品几乎完全依赖进口。然而,以大量农产品换取工业品的发展模式无法带动经济持续发展。为了调整工业结构,马来西亚于1958年颁布了《先驱工业法令》,从此开启了进口替代工业化道路。许多外国公司利用马来西亚政府给予的优惠措施进口原料,生产制成品,并且在受到高度保护的马来西亚国内市场上销售,从而获得丰厚的利润。进口替代战略的效果很明显,推动制造业增加值占GDP的比重从1957年的约6.3%提高到1970年的13.1%。

二、出口导向战略

20世纪60年代中期开始,制约进口替代发展战略的因素愈益明显,关税保护和进口配额使部分"先驱工业"严重依赖国家政策,经济增长势头趋缓。马来西亚政府被迫对工业发展战略进行调整,采取了一系列重要举措:1968年通过《投资奖励法》鼓励扩大制成品的出口,这一立法文件明确了工业化发展战略的重点开始从进口替代转为出口导向;1969年提出实行"新经济政策"(NEP);1975年颁布了工业协调法(CA);1972年设立了自由贸易区,为出口加工活动提供更为安全、更为协调和更易控制的环境。得益于一系列政策支持,两种类型的出口导向工业得到了迅速发展:一类是以资源为基础的工业,包括传统的橡胶、锡矿、棕榈油和木材等新兴初级产品加工与出口;另一类是以非资源为基础的出口工业,包括某些为了获得优惠待遇而搬迁到自由贸易区内经营的劳动密集型制造业,其中,经营电器与电子元件组装的企业增长最快。在这一时期,制造业占GDP的比重由1960年的8%提高到1978年的18%。同时,对外贸易迅速扩大,1973—1978年间年均增长率超过25%,其中,1979年总进口额为171.61亿林吉特,总出口额为242.22亿林吉特,贸易顺差为70.61亿林吉特。

三、第二次进口替代战略

20世纪80年代初暴发的世界经济危机使马来西亚陷于战后以来最为严重的经济衰退。为了摆脱对世界市场的依赖,政府决定"向东看",借鉴韩国从1972年至1979年期间在推行重工业发展的过程中所取得的经验,开始发展本国重工业,主要涉及钢铁、水泥、汽车、摩托车引擎、石油提炼与石化、纸浆等一系列重化工业建设项目。1980年建立专门负责重化工业项目的官方机构(HCOM)。1985年至1990年间,由政府控制的重工业项目的生产率显著提高,尤其是以政府与外国企业合营的方式推行的重工业建设项目。例如,马来西亚国产汽车公司宝腾汽车(PROTON)通过与日本三菱公司合营,获得了很多先进的技术,并开启了产品的国际化发展道路。

四、进口替代和出口导向混合发展

伴随着劳动密集型产业转移的热潮,马来西亚政府利用优惠的激励措施、相对良好的基础设施、宽松的环境保护限制、充足廉价的高素质人力资本,成功吸引了日资、台资和韩资将其国内生产基地大规模转移到马来西亚,这大大推动了制成品的生产与出口。自1985年起,马来西亚政府大幅放宽了1975年《工业协调法案》针对外资投资的限制,以适应全球范围的贸易自由化。

根据马来西亚国际贸易及工业部发布数据,2022年马来西亚进出口贸易额同比增长27.8%,达2.849兆林吉特(约合6 639亿美元),连续2年保持在2兆林吉特以上,为1994年以来贸易额增长最快的年份。2022年,马来西亚贸易总额、进口额、出口额和贸易顺差均创下历史纪录。全年出口额增至 1.552 兆林吉特,同比增长 25%;进口额也首次突破 1 兆林吉特大关,至 1.297 兆林吉特,同比增长 31.3%。贸易顺差增长 0.6%,达 2 551 亿林吉特,自 1998 年以来连续 25 年实现顺差。

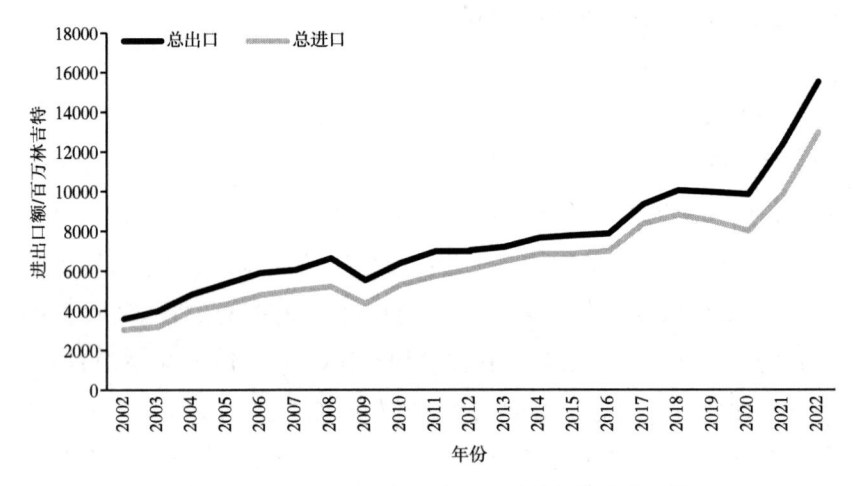

图 10-1　2002—2022 年马来西亚对外贸易进出口额

数据来源:CEIE 数据库。

第二节　主要市场和贸易结构

根据 2023 年马来西亚国际贸易及工业部公布的统计数据,东盟国家、中国、美国、欧盟和日本是马来西亚的主要贸易伙伴,上述国家与马的贸易额占到马来西亚对外贸易总额的 67.7%。其中:

与东盟国家的贸易额为 7 206.6 亿林吉特,下降了 6.5%,占马来西亚对外贸易额的 27.3%。新加坡、泰国和越南是马来西亚的主要出口目的地,这三个国家的累计出口额占马来西亚对东盟出口额的 78.5%。

中国连续 15 年成为马来西亚最大的贸易伙伴。2023 年中马双边贸易额为 4 508.4 亿林吉特,下降了 7.3%,占马来西亚贸易总额的

17.1%。其中马来西亚对华出口1 922亿林吉特,下降8.7%;马来西亚自中国进口2 586.3亿林吉特,下降6.2%,中国是马来西亚最大的进口来源地,占马进口总额的21.3%。

与美国的贸易额为2 502亿林吉特,下降了6.5%。美国是自2015年以来马来西亚第三大贸易伙伴。马对美出口1 613亿林吉特,下降3.5%;自美进口889.6亿林吉特,下降11.4%。

与欧盟的贸易额2 066.9亿林吉特,下降了4.4%,占马对外贸易额的7.8%。其中出口1 128.8亿林吉特,下降10.5%;自欧盟进口938亿林吉特,增长4%。

与日本的贸易额为1 566.4亿林吉特,下降了13.8%,占马总贸易额的5.9%,其中马对日本出口857亿林吉特,下降13.1%;马自日本进口709.4亿林吉特,下降14.6%。自2015年以来,日本一直是马来西亚的第四大贸易伙伴。

目前,马来西亚签署了16个地区和双边自由贸易协定。2023年,马来西亚与上述地区和国家开展的贸易额为1.776万亿林吉特,下降了7.2%,占马来西亚总贸易额的67.4%。马来西亚对上述地区国家的出口额为9 928亿林吉特,占马出口总额的70%;进口额为7 834亿林吉特,占马进口总额的65%。

从贸易结构来看,马来西亚进出口商品以制成品为主,制成品所占比重约为70%。其中,出口产品主要是电子电器产品、化工产品、石油制品、机械设备、纺织服装类、木材及木材制品等;进口产品主要是工业运输设备、电子产品、消费品、燃油和汽油等燃料以及一些初级矿产品。根据马来西亚国际贸易及工业部公布的统计数据,2023年,电子电器、石油及其产品、化学及化工产品、机械设备及零部件、金属制品等五大类产品的出口额分别为5 754亿、1 434亿、714亿、572亿、563亿林吉特,占马来西亚出口总额的63.4%。中间品、资本品和消费品是马来西亚进口主要种类,上述三个品类进口额分别为6 208.7亿、1 288.3亿和1 041亿林吉特,占马来西亚进口总额的70.5%。

第十一章
马来西亚国际直接投资发展

第一节 马来西亚外国直接投资

一、外国直接投资概况

马来西亚自启动工业化进程之初就一直鼓励使用外资。在马来西亚工业化道路的不同阶段，外资均发挥了明显的支撑作用：在第一次进口替代战略阶段的 1958 年至 1968 年间，外资投资额为 2.61 亿林吉特，占同期工业总资本的 56.7%。在出口导向战略阶段，截止到 1975 年底，"新兴工业企业"中外资投资总额达 12.73 亿林吉特。进入到第二次进口替代战略阶段的 20 世纪 80 年代中后期，外资投资空前增长，1986 年至 1990 年间累计吸引外资达 129.15 亿林吉特，平均增长率达 85%。在 1998 年金融危机后的经济调整战略和贸易自由化战略阶段，马来西亚利用外资出现大幅下降趋势，下降幅度居东南亚各国之首。为此，从 2010 年开始，马来西亚推行经济转型计划，陆续出台了一系列吸引外资的政策与措施，如放宽外资股权限制、外商投资企业的股东构成限制和外商投资领域等，吸引外资金额快速上升。[①] 2010 年至 2019

[①] 张丽娇：《马来西亚当前经济困境及前景分析》载《现代经济信息》2017 年 11 期，第 4～6 页，第 28 页。

年间,马来西亚年均吸引外资金额为 359 亿林吉特。根据世界银行的 2020 年商业报告,在吸引外国投资方面,马来西亚在全球 190 个经济体中排名第 12 位(获得分数为 81.50 分),在东南亚地区仅次于新加坡。

对外国投资商来说,马来西亚之所以成为具有吸引力的市场,一方面是因为完善的监管框架为希望其投资、研究成果和产品受到保护的长期投资商提供了稳定性和安全性;另一方面,马来西亚广泛的融资渠道使企业能够轻松获得资本和贷款或在证券交易所上市。此外,马来西亚政府也出台了很多优惠政策。根据 2022 年财政预算,马来西亚政府已拨出 20 亿林吉特的特别基金,以吸引外国公司在马来西亚投资,并且对将业务转移到马来西亚的制造和服务公司的收入免税期长达 15 年。根据马来西亚统计局的报告,2022 年该国的外来直接投资净流入达到 746 亿林吉特,较 2021 年的 504 亿林吉特增长 48.0%,创下自 2021 年以来的最高水平。制造业仍然是吸引最多外来直接投资的领域,占总额的 66.4%,达到 495 亿林吉特;其次是金融服务领域和矿产领域。

在投资来源国方面,马来西亚的外商直接投资主要来自中国、新加坡、日本、韩国、德国、荷兰和英国。2021 年,荷兰成为马来西亚最大的投资来源国,投资额达 780 亿林吉特。紧随其后的是新加坡,投资额为 473 亿林吉特;中国以 313 亿林吉特位列第 3;奥地利和日本分别以 189 亿林吉特和 99 亿林吉特位列其后。这 5 个国家的投资总额占马来西亚制造业、服务业和基础工业获批外资总额的 88.9%。

在马来西亚国内州区级层面,雪兰莪、柔佛、槟城、吉隆坡等一直是热门的投资目的地。2021 年,槟城获新批投资金额最高,达 780 亿林吉特;其次为吉打,683 亿林吉特;吉隆坡,377 亿林吉特;雪兰莪,288 亿林吉特;沙捞越,257 亿林吉特。

二、外国投资准入制度

外国投资准入制度是东道国外资管辖权的核心内容之一,主要体现在三个方面:第一,是否允许某些行业或领域的外国投资;第二,是否对某些行业或领域的外国投资的股权比例加以限制,以及限制的程度;第三,根据何种标准对外资进行审查以及审查是否严格。

(一)外国投资准入的法律规定

马来西亚对外国投资基本上采取友好和鼓励的态度,该国虽然拥有相对较为完备的外商投资法律体系,但至今并无一部统一的法律法规对外国投资和市场准入加以规定,相关法规分散在不同时期颁布的不同法令之中,且内容繁杂,易受政策影响,变动性较大。马来西亚规范外资准入的法律规定包括两类:一类是马来西亚本国制定的外商投资法律规范,另一类是马来西亚签署的双边及多边经贸协定中与外商投资相关的国际法规范。

国内投资法律规范由规定外资准入条件和管理外商投资的专门外商投资法律和投资合作相关的一般性法律组成。主要包括:《1986年促进投资法》(Promotion of Investment Act,1986),旨在通过减免税负的形式来鼓励和促进马来西亚建立和发展工业、农业和其他商业企业,促进出口以及其他相关目的;《1998年特许经营法》(Franchise Act,1998)及2012年的修订法案,对特许经营作出了较宽泛的定义,并规定了注册、规范特许经营的规则及其他事项;《2010年竞争法》(Competition Act,2010),主要规制垄断协议和滥用市场支配地位等不正当竞争行为;《2016年公司法》(Companies Act,2016),负责调整公司设立、运营、变更、终止一系列的法律关系,还规定了有关外商投资的相应规则;《2016年收购、合并和强制收购规则》(The Ruleson Takeovers,Mergers and Compulsory Acquisitions,2016),是对《2010年收购、合并和强制收购规则》的修订,完善了马来西亚的收购及并购监管体系,为该国的并购法律制度提供了具体详细的规定等。

国际投资法律规范由马来西亚签署的全球或区域内的双边及多边经贸协定中的投资规范组成。主要包括:一是中马签署的双边协议,如《关于相互鼓励和保护投资的协定》、《关于加强产能与投资合作的协定》、《关于政府市场主体准入和商标领域合作谅解备忘录》等;二是中马签署和加入的多边协议,如《中国—东盟全面经济合作框架协议》、《中国—东盟全面经济合作框架协议投资协议》、《关于修订〈中国—东盟全面经济合作框架协议〉及项下部分协议的议定书》以及《服务贸易总协定》(General Agreement on Trade in Services,GATS)、《与贸易有关的投资措施协议》(Agreement on Trade-Related Investment Measures,TRIMs)等世界贸易组织(WTO)管辖的多边贸易协议;三是区域全面经济伙伴关系协定。2020年11月15日中国和东盟十国及日本、韩国、澳大利亚、新西兰正式签署了《区域全面经济伙伴关系协定》(Regional Comprehensive Economic Partnership,RCEP),目的是通过削减关税和非关税壁垒,建立签署国之间的相互开放市场、实施区域经济一体化,RCEP的签署标志着当前世界上人口最多、经贸规模最大、最具发展潜力的自由贸易区正式启航。

(二)外资准入的主要制度

1.外资准入的范围

在外资准入范围领域,马来西亚明确划分了限制和禁止领域、鼓励领域两大类:

一是鼓励领域。马来西亚政府一直以来都鼓励外资进入其国内的高科技领域及出口导向型的生产制造类企业。目前能够享受优厚政策的行业主要有:半导体相关产业、光电科技、医药、医疗器材设备、纳米技术、农业生产和加工、橡胶制品、棕榈油产品、木材、纸浆制品、纺织、石油化工、钢铁、有色金属、可再生能源、非金属矿物制品、机械设备及零部件、交通设备及部件、电子电器、专业医学、科学测量仪器制造、相机及光学产品、塑料制品、酒店与旅游业、影视制作以及一些制造业相关的服务业。受马来西亚政府鼓励发展的行业,现在外国投资者均可以拥有100%的股权。另外,马来西亚政府还先后设立了伊斯干达开发区、北部经济走廊、东海岸经济区、沙巴发展走廊、沙捞越再生能源走廊五大经济特区,以及多媒体超级走廊、多个自由工业区和保税工厂,每个经济特区或自由工业区重点推动和鼓励发展的行业和领域均有侧重,对投资有着不同的规定。

二是限制和禁止领域。马来西亚对外资投资范围的限制主要集中在服务业领域。目前马来西亚限制外国投资者在金融业、电信业、保险业、直销及分销、能源供应和供水等行业的投资,具体表现为严格限制外资的持股比例,并且在一定程度上限制外籍人员的聘用。在这些行业中,一般外资持股比例不能超过50%甚至30%。另外,马来西亚禁止发展的行业还涉及烈性酒和烟草的生产、经营等。处于限制和禁止行业的外国投资者在政府审批上面临较大的障碍。不过,2009年以来,马来西亚政府不断放开外资准入的领域,鼓励将外资引入到急需发展的行业中去。2009年4月,马来西亚政府开放了计算机相关服务、保健与社会服务、旅游服务、运输服务、体育及休闲服务、商业服务、租赁服务、运输救援服务等8个服务业领域的27个分支行业,允许外商在这些领域进行投资,不设股权限制。2012年,又逐步开放了17个服务业分支领域的外资持股比例限制,允许外资拥有100%股权,主要涉及电讯业如服务商执照申请,教育业如国际学校、特殊技术与职业教育、私立大学,医疗行业如私立医院、独立牙医门诊,中介服务业如会计与税务服务、工程服务、法律服务等。

2. 外资准入的商业投资形式

外国投资者在马来西亚从事任何性质的商业活动均须向马来西亚公司委员会(Suruhanjaya Syarikat Malaysia,SSM)进行登记、注册并设立符合法律规定的商业主体。外国投资者可以采用的商业主体主要有合伙、有限责任合伙、外商独资有限公司、合资有限公司和外国公司分支机构。设立各商业主体有不同要求，外国投资者需要根据不同的投资领域准入政策等因素选取合适的商业主体。

从投资的形式来看，主要有以下三种：(1)直接投资。外国投资者依照马来西亚的有关法律，在其境内举办各类企业，独立经营，自负盈亏。直接投资可以采取现金投入、技术合作、设备入股和特许权等形式实现。(2)跨国并购。马来西亚允许外资收购本地注册企业股份，并购当地企业。不同领域的并购由相关政府主管部门决定。(3)股票市场收购。马来西亚股票市场向外国投资者开放，允许外国企业或投资者收购本地企业上市，规定25%公众认购的股份中要有一半分配给土著，即强制分配12.5%股份给土著；此外，拥有"多媒体超级走廊地位"、生物科技公司地位以及主要在海外运营的公司可不受土著股权须占公众股份50%的限制。

3.外资准入的审批和管理

马来西亚目前没有专门的政府机构对外国投资进行全面统一的管理，具体主管部门因投资行业和投资内容而异。其中，负责外资管理的主要机构包括马来西亚国际贸易和工业部（Ministry of International Trade and Industry，MITI）、国际贸易和工业部下属的马来西亚投资发展局（Malaysian Investment Development Authority，MIDA）以及马来西亚外商投资委员会（Foreign Investment Commission，FIC）。

在外资管理分工方面，马来西亚国际贸易和工业部主要负责国际贸易和投资政策及工业发展规划的制定，促进制造业和服务业领域的国内外投资。马来西亚投资发展局全面负责制造业和服务业领域的外资项目管理、外籍员工数量及职位和企业税收优惠等工作。2009年，马来西亚废除了外商投资委员会制定和实施的外商投资指引规则，外商投资委员会仅负责审核资产价值超过2 000万林吉特的跨国并购项目。另外，外资与内资持股比例变化的投资申请和PPP项目的立项由经济计划署（Economic Planning Unit，EPU）负责。

针对银行金融、建筑、石油天然气、批发零售业等行业的新设投资，则需要马来西亚相关部门和机构的特别审批。例如：根据《1989年银行和金融机构法》，马来西亚中央银行（Central Bank of Malaysia）负责对经营银行业、货币经纪业、折扣房产、信贷和金融分支机构、商业银行、存款机构和其他特定金融业务进行营业执照的审批和管理；从事建筑业和建造业的投资者在进行公司注册或从事相关建设业务前，一般需要获得马来西亚建筑业发展局（Construction Industry Development Board，CDB）的许可；在马来西亚投资开发油气储备的外国投资者，进行公司注册时需要和马来西亚国家石油公司（Petroliam Nasional Berhad，Petronas）签署产量分成协议；外国投资者拟从事批发零售业、进出口企业和餐厅，在准备注册公司前，应当取得批发零售业委员会（Committeeon Wholesaleand Retail Trade，CWRT）的许可等。

第二节　马来西亚对外直接投资

马来西亚的对外直接投资历程大致可分为三个阶段：

一是初级发展阶段（20世纪90年代以前）。20世纪70年代及以前，马来西亚企业的境外投资数额也非常小，主要集中在美国和澳大利亚等发达国家的金融和银行部门。1980年，马来西亚的对外直接投资额为7 180万林吉特，此后80年代对外直接投资额约保持在1亿～3亿林吉特之间。

二是快速发展阶段（20世纪90年代—21世纪初）。进入20世纪90年代，马来西亚的对外投资金额呈现出快速增长态势，1990年超过5亿林吉特，1992年超过10亿林吉特，1995年超过60亿林吉特。投资目的地主要集中在邻近的东盟国家、日本、中国，并开始向一些中东国家和美国、英国等地逐步扩展。在行业上，主要集中在纺织品、木制品、橡胶制品、运输设备和石油工业。例如：马来西亚国家石油公司(Petronas)投资伊朗、越南的油田开发；马来西亚企业在埃及投资建设棕榈油精炼厂、在中国建立橡胶制品厂、在毛里求斯建立纺织厂等。而此阶段最具标志性意义的事件莫过于马来西亚汽车制造商宝腾(Proton)和其大股东 Yahaya Ahmad 于 1996 年 10 月成功收购英国著名汽车制造商莲花 80% 的股权，并在 2003 年实现对莲花汽车的 100% 控股。对莲花汽车的跨国并购意义重大，一方面能够通过其在英国的设计和工程中心，为本国的宝腾汽车提供设计、工程和技术方面的强有力支持；另一方面，充分利用莲花公司在复合材料领域的专业优势，能够为马来西亚进军航空航天提供有价值的支持。

三是调整发展阶段（21 世纪初至今）。随着全球化竞争压力的增大以及马来西亚贸易开放度的提高，马来西亚企业必须将其生产活动拓展到国外，以获得竞争成本优势并扩大市场，或者向上游转移，以在本国实现更高的附加值和全要素生产率。根据马来西亚统计局发布的数据，该国海外直接投资（DIA）净流出量自 2003 年以来呈现上升趋势，2007 年对外投资流出量首次超过外商直接投资流入量，2008 年创下 499 亿林吉特的新纪录，2009 年因经济低迷降至 274 亿林吉特。2010 年以来原油价格的上涨刺激了矿业和采石行业的投资增加，并在 2014 年达到峰值，海外直接投资净额达到 536 亿林吉特。然而，在随后的 6 年里，由于全球环境的不确定性和原油价格低迷，海外直接投资一直处于下降趋势。2020 年，马来西亚 DIA 净额仅为 119 亿林吉特，这主要是因为采矿和服务部门对外投资减少所致。2021 年出现触底反弹，当年马来西亚 DIA 净额为 593 亿林吉特，主要由制造业和服务业推动，占总收入的 76.9%。其中制造业取代服务业成为 DIA 的重要部门，占总投资的 40.5%，主要是在电气、运输设备和其他制造业分部门。荷兰、加拿大和印度尼西亚是马来西亚 DIA 流入的主要目的地。荷兰在 2021 年成为马来西亚 DIA 最大的投资目的地，特别是与石油和天然气相关的投资。图 11-1 展示了 2001—2021 年间马来西亚海外直接投资(DIA)净流出量变动趋势。

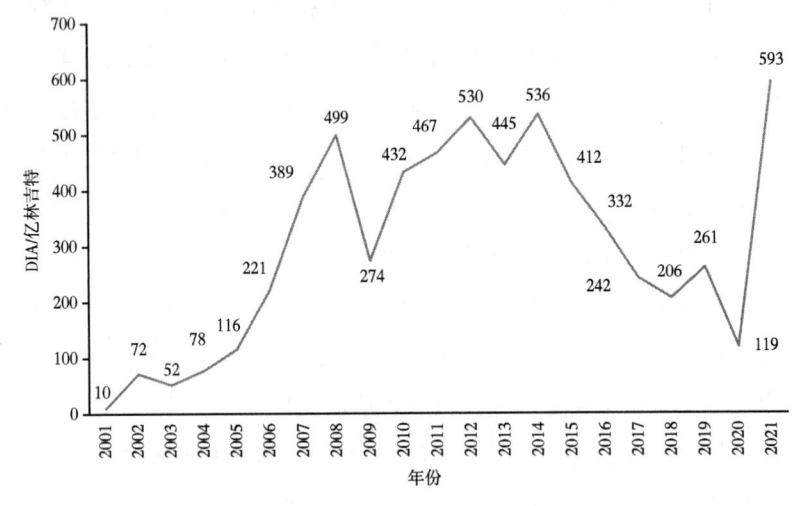

图 11-1　马来西亚 DAI 净流出量

数据来源：马来西亚国家统计局。

2022年，马来西亚海外直接投资持续增长，特别是在金融、矿业、制造业和农业领域，显示出马来西亚企业在扩张、竞争和参与区域和全球供应链方面的强大竞争力。根据马来西亚统计局发布的数据，马来西亚企业的 DIA 总头寸在 2022 年增长了 10.1%，达到 6 021 亿林吉特。在行业领域上，金融服务业占 41.6%（2 503 亿林吉特），其次是采矿和采石业（760 亿林吉特）和制造业（595 亿林吉特）。在目标国上，新加坡排名第一，达 1 268 亿林吉特，占 21.1%；其次是印度尼西亚（635 亿林吉特，占 10.5%）和荷兰（388 亿林吉特，占 6.5%）。

第十二章
马来西亚对外开放重点区域

第一节 五大经济发展走廊

为进一步鼓励外资流入和平衡区域发展,马来西亚联邦政府在2006年"大马第九计划"推动设立五大经济发展走廊计划,具体包括:马来西亚半岛上马来西亚依斯干达(Iskandar Malaysia,IM)、北部经济走廊(Northern Corridor Economic Region,NICER)、东海岸经济区(East Coast Economic Region,ECER),以及在婆罗洲岛的沙捞越再生能源走廊(Sarawak Corridor of Renewable Energy,SCORE)和沙巴发展走廊(Sabah Development Corridor,SDC)。2011年,"区域性中心城市和经济走廊改造计划"发布,以检查各区域当前的发展问题,并强调重点二线城市的未来发展。2015年5月,"第十一个马来西亚计划"(2016—2020)提出五大区域的经济走廊将获得2 360亿林吉特的投资,并会制造47万个就业机会。在2018年的财政预算案中,联邦政府拨出1亿林吉特作为上述5个特区的专项提升资金,目标是将五大经济特区打造成国家"经济引擎"。

一、马来西亚依斯干达

马来西亚依斯干达此前曾命名为柔南经济特区(Wilayah Pembangunan Iskandar)及依斯干达经济特区(Iskandar Development Region),最后正式确定的命名为马来西亚依斯干达。该经济特区于2006年7月30日成立,是马来西亚政府启动的第一项大型区域性经济发展计划。整个特区面积2217平方公里,位于马来西亚的最南端、与新加坡仅一条海峡之隔的柔佛州。此经济特区的地位被形容为如深圳之于香港,与新加坡、印尼巴淡岛经济开发区一起构成了极具经济互补性的成长三角区。

马来西亚依斯干达的发展受到依据《伊斯干达开发区管理机构法》(2007)设立的法定机构依斯干达开发区管理局的监管。重点推动服务业成为经济发展的关键动力,鼓励投资行业包括旅游服务、教育服务、医疗保健、物流运输、创意产业及金融咨询服务等。马来西亚依斯干达一共分成五个区域,每个区域为功能不同的重点发展区域:新山市(A区)定位为金融、文化及城市发展;努莎再也(B区)定位为新行政中心、教育、医疗、娱乐休闲、旅游等;西大门发展区(C区)定位为物流、国际贸易采购等;东大门发展区(D区)定位为制造业、石油化工等工业区;士乃—士古来区(E区)定位为机场、数码城、高科技与航空制造业。

经过十多年发展,马来西亚依斯干达不仅提升了柔佛州的经济,也一跃成为马来西亚发展最快的地区。截至2021年,马来西亚依斯干达总投资额累计达3 414亿林吉特,其中61%的项目已经落实。[①] 来自国外的投资额约占总投资额的40%,中国是最大的外资来源国,主要投资领域为房产和制造业;新加坡次之,主要投资对象为中小型企业和创意产业。2023年8月25日,马来西亚首相兼财政部部长拿督斯里安华宣布将依斯干达经济特区内的森林城市列为金融特区,并表示:凡在金融特区工作的合格熟练员工,将享有15%的所得税特别税率,还将获得特殊居留签证及享受海关快捷通道。2024年1月11日,马来

[①] 《依斯干达特区首4月投资总额73亿》,http://www.malaysiaeconomy.net/my_economy11/special_industry_zone1/2021-06-22/50591.html,引用日期:2023年3月12日。

西亚、新加坡两国领导在新山签署柔新经济特区谅解备忘录,以进一步推动马来西亚依斯干达发展。

二、北部经济走廊

北部经济走廊于 2007 年 7 月正式启动,直至第十二个马来西亚计划结束的 2025 年,范围涵盖马来西亚北部的玻璃市州、槟州、吉打州及马来半岛的霹雳州北部区域,占地面积约 1.8 万平方公里,人口 429 万。北部经济走廊的发展受到依据《北部经济走廊执行机构法》(2008)设立的北部经济走廊执行局的监管,重点鼓励投资行业,包括农业、制造业、旅游及保健、教育及人力资本和社会发展等。

根据计划,马来西亚联邦政府在 2015 年前筹集并投入 1 770 亿林吉特资金,其中 1/3 的资金将来自政府,其余依靠私人界,包括私人融资计划(PFI)。2011 年底,北部经济走廊推出"走廊及城市实验室"计划,鼓励与私人界合作,选定农业、制造业、旅游业等 26 个项目,力争在 2025 年前贡献 174.6 亿林吉特的生产总值,吸引投资 270.2 亿林吉特,为北部各州创造 7 万个就业机会。

三、东海岸经济区

马来西亚东海岸经济区是继马来西亚依斯干达和北部经济走廊之后联邦政府提出的又一重要经济开发区。该区横跨彭亨、登嘉楼、吉兰丹三州和柔佛州的丰盛港,占地面积 66 736 平方公里,覆盖马来半岛 51% 的土地面积。

由于该地区经济发展较缓慢,落后于全国平均发展水平。马来西亚联邦政府十分重视对该区的开发建设,整体计划由马来西亚第一大国有企业马来西亚国家石油公司(Petronas)牵头规划,并成立东海岸经济区发展委员会管理,确保计划的 1 120 亿林吉特总投资额和 227

项工程项目得以落实。开发项目主要集中在公共建设和旅游领域,其中交通等基础设施占43％,旅游15％,教育15％,制造业9％,农业4％,其他14％。服务业和制造业是其发展重点。

相比于马来西亚依斯干达和北部经济走廊,东海岸经济区最大的亮点在于各类专业园区建设,如塑料园、知识园、城中城、动画中心、农业城、商业交易所等。该走廊设立了全国第一个塑料园区,计划带来2 000个就业机会。此外,还重点发展包括渔业、家禽、谷物及其相关领域的加工业服务业,设立了18个研究培育中心和全国第一个农业城。① 中国和马来西亚合作开发的马中关丹产业园就位于东海岸经济区范围内的彭亨州。

四、沙巴发展走廊

沙巴发展走廊是马来西亚推出的第四个经济特区,于2008年1月正式启动。该计划拟用18年时间,到2025年吸引1 050亿林吉特外资,创造90万个就业机会,使沙巴州的国民生产总值增加4倍,增至632亿林吉特,人均收入增长3倍,达到14 800林吉特,失业率降低至3.5％,区域内全面消除贫困。沙巴发展走廊分为西部、中部和东部三大区域,主要发展农业、制造业和服务业三大领域,以发展高附加值产品、实现经济发展和分配均衡、确保可持续发展为三大目标。马来西亚联邦政府成立了沙巴经济发展执行局(The Sabah Economic Development and Investment Authority,SEDIA),以吸引外来投资,支持该计划的发展。

虽然沙巴发展走廊的基础设施相对落后,但当局利用其丰富的天然资产发展旅游业、农业、生物科技以及地热与生质能等替代能源相关

---

① 《依斯干达特区首4月投资总额73亿》,http://www.malaysiaeconomy.net/my_economy11/special_industry_zone1/2021-06-22/50591.html,引用日期:2023年3月12日。

产业。2012年底，联邦政府核准一系列的奖励配套措施，以优厚的租税优惠发展京那巴鲁黄金海岸海滨、沙巴农基工业园、沙巴石油与天然气工业园、综合畜牧中心、海洋综合区以及拿笃棕榈油工业综合区。然而，到目前为止，沙巴的经济仍然高度依赖旅游业和农业，工业占生产总值比例几近于零。沙巴州盛产油棕、橡胶、可可、咖啡等。其中，油棕是沙巴州三大支柱产业之一，联邦政府希望通过沙巴走廊计划，将沙巴州打造成区域油棕中心。

五、沙捞越再生能源走廊

沙捞越再生能源走廊于2008年2月正式启动。该走廊覆盖沙捞越州中部地区，包括民都鲁、加帛、诗巫、沐胶及泗里街，占地面积70 709平方公里，占沙捞越州土地总面积的57%，人口超过60万。该走廊的发展核心是能源资源，尤其是水力发电、煤炭及天然气。该走廊计划在2008年至2030年的23年期间，共吸引投资3 340亿林吉特，并为沙捞越州创造160万个就业机会。马来西亚联邦政府成立区域走廊发展机构（Regional Corridors Development Authorities，简称Recoda），作为一站式处理沙捞越再生能源走廊发展事务的机构。

五大经济发展走廊计划不仅通过投资发展使该区人民受益，还通过开展人力资源培训提升当地居民的经济生活水平。根据马来西亚《南洋商报》报道，自2006年推行经济走廊计划以来，马来西亚五大经济走廊已吸引投资264.5亿林吉特，创造了13.2万个工作机会。其中伊斯干达发展区（IDR）吸引投资额最高，达83.4亿林吉特，创造了5.6万个工作机会；北部经济走廊（NCER）吸引投资68.9亿林吉特，创造了2.6万个工作机会；东海岸经济区（ECER）吸引投资51.4亿林吉特，创造了2.7万个工作机会；沙巴发展走廊（SDC）吸引投资54.2亿林吉特，创造了1万个工作机会；沙捞越再生能源走廊（SCORE）吸引投资额8.3亿林吉特，创造了1.3万个工作机会。

第二节 "大吉隆坡"计划

"大吉隆坡"计划是2010年9月25日马来西亚经济转型计划（ETP）中提出的国家关键经济领域（NKEAs）之一。大吉隆坡位于吉隆坡巴生谷，涵盖了吉隆坡附近10个城市，占地面积约2 800平方公里。概念参考了大伦敦（Greater London）和大多伦多地区（Greater Toronto Area），计划从基础设施、人民收入和居住环境三方面着手，将吉隆坡打造成为世界前二十大适合居住的国际大都市之一。

大吉隆坡计划主要包括基础设施建设和敦拉萨国际贸易中心计划两方面的内容。

一、基础设施建设

高速铁路（马新高铁）：兴建从大吉隆坡至新加坡的高速铁路，通车后从吉隆坡至新加坡仅需1.5小时。这项计划分为两期，第一期计划是从吉隆坡到新加坡的高铁行程，将途经吉隆坡国际机场、芙蓉、爱极乐、麻坡、峇株巴辖、柔佛巴鲁的依斯干达经济特区，再进入新加坡。至于第二期计划是从吉隆坡延伸至槟城，途经怡保。高铁的最高时速为每小时280公里，最低时速为每小时250公里。

捷运系统：政府计划新开设三条地铁线，其中两条是以双溪毛糯为起点，另外一条则是连接吉隆坡经济区和商业区的环城线，以加强大吉隆坡地区交通的连贯性。三条主要捷运路线将达到141公里，并涵盖主要中心城市半径20公里，大约能载运多达200万名乘客。

二、敦拉萨国际贸易中心计划

敦拉萨国际贸易中心(Tun Razak Exchange,简称 TRX)原称吉隆坡国际金融区,位于吉隆坡燕美地区,占地 30 公顷,距离吉隆坡石油双塔楼及武吉免登旅游区只有 3 分钟的车程,且直接通往精明隧道及隆布大道。该计划于 2012 年 7 月动工,发展期限预计超过 15 年。为鼓励国际金融机构入驻吉隆坡,马来西亚联邦政府推出一系列优惠政策,如在敦拉萨国际贸易中心营运的国际金融机构将获免税 10 年。其他奖励还包括豁免印花税、工业建筑津贴(IBA)、加速资本递减以及房地产发展商可获免税。敦拉萨国际贸易中心第一期的海外直接投资预计逾 35 亿林吉特,同时也将带来超过 260 亿林吉特发展总值,将吸引 250 家国际金融服务公司。

第三节 巴生港自由贸易区

巴生港自由贸易区(Port Klang International Free Trade Zone,PKFZ)是马来西亚国家级自由贸易区,是全马第一个集自由贸易和工业生产为一体的自由区,也是马来西亚联邦政府自 1990 年后推出的第二大港口投资计划。巴生港自由贸易区占地 1 000 英亩,依托巴生港坐落在马六甲海峡咽喉位置的商业地理优势,旨在吸引海外跨国公司、中小企业以及物流业者,并为它们提供完备的现代化工业与商业设施、便利的海运和仓储物流条件、优惠的投资奖励政策、一站式的快捷便利的服务。

面对全球拥有 57 个国家(18 亿人口)的穆斯林市场及区域经济一体化中的东盟十国(近 6 亿人口)的东盟市场,马来西亚联邦政府规划与确定了"马来西亚巴生港国际贸易与清真产业中心"作为巴生港自由贸易区发展的核心项目。该中心已成为东盟唯一的清真产品交易中心、亚洲最大的清真产品转运中心和世界穆斯林的产品集散地。它依托巴生港自由贸易区已经完善的工业加工、仓储物流、转口贸易等多功能配套设施,利用马来西亚政府给予巴生港自贸区发展的优惠条件及一站式服务的优势,集中国际穆斯林市场上需求的各类名、优、特、新产品,高科技产品;吸引全球各类商家与大型采购商团,齐聚巴生港国际贸易与清真产业中心,成为全球穆斯林市场极具影响力的国际贸易平台。

第四节 数字自由贸易区

2017年3月,马来西亚正式设立全球首个数字自由贸易区(DFTZ),这也是阿里巴巴集团首个eWTP(Electronic World Trade Platform)海外"试验区",阿里巴巴、菜鸟网络、Lazada及大马邮政(POS Malaysia)等均已签约成为首批入驻企业。根据合作计划,阿里巴巴集团将在数字自贸区内打造一个国际贸易和物流枢纽,为马来西亚中小企业跨境贸易提供物流、仓储、通关、贸易、金融等一系列供应链设施和商业服务,成为马来西亚中小企业通向世界的窗口。

马来西亚数字自由贸易区位于吉隆坡国际机场内,占地面积约2.2万公亩(1公亩=100平方米)。该贸易区的功能主要包括以下三个方面:一是作为区域电子仓配枢纽,为跨境电商提供仓储、配送、运输等方面的服务,其实体设施占地约9 000公亩;二是提供数字化的贸易便利化服务;三是支持马来西亚中小企业参与全球贸易。

数字自由贸易区不仅让小企业享有平等的贸易便利,而且世界各地到吉隆坡机场的货物如今都可以实现线上数字通关,通关效率大幅提升，平均通关效率已由以往传统线下申报的48小时缩短至3小时内，其中99.9%的线上申报包裹获得秒级通关，大幅推动马来西亚中小企业的商品出口，并有望创造6万个工作岗位。目前，马来西亚联邦政府已经陆续在槟城国际机场、梳邦机场和巴生港口等地点新建3个数字自由贸易区。

第五篇

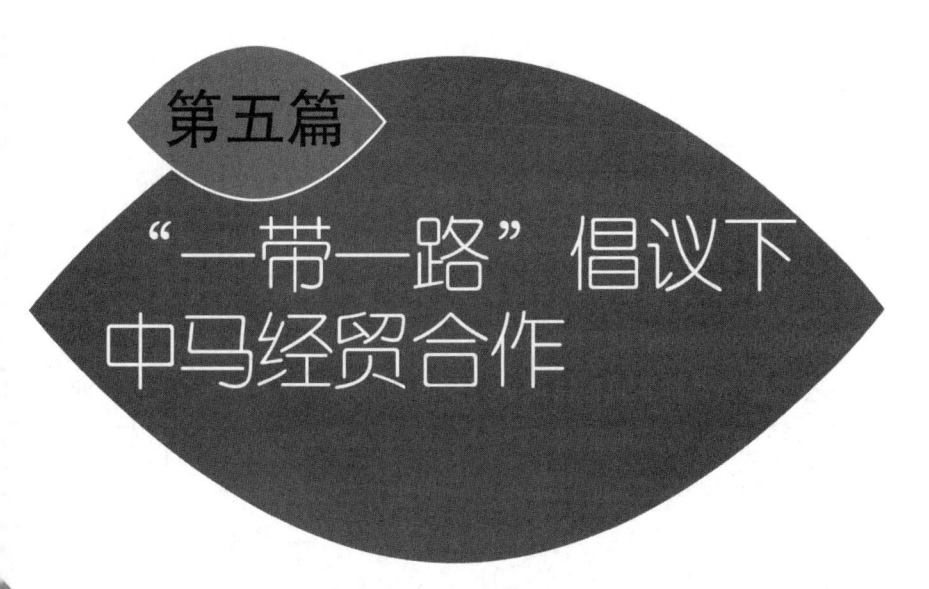

"一带一路"倡议下中马经贸合作

第十三章
中马经贸合作的发展概况

马来西亚是古代东西方海上交通必经之地,也是中国接触最早、往来最频繁的海外国家之一,两国关系发展一直走在地区国家前列。马来西亚与中国之间的交往可以追溯到公元1世纪左右,这一时期中国的汉朝开始派遣使节到南洋地区,与当地的王国建立贸易关系。公元11世纪,中国的宋朝与马来半岛的马六甲王国建立了外交关系,进一步促进了两国之间的经贸交流。600多年前,郑和七下西洋就有五次带着大量中国商品到达马六甲王国,推动了双方经济贸易往来,至今在当地仍能找到许多历史遗迹。在19世纪初到1957年马来亚联合邦独立这一个半世纪里,英国殖民者从中国广东、福建引入约900万名华工到马来亚拓荒,种植橡胶,开采锡矿,修建港口、公路、铁路、桥梁,后来大部分人留居当地,成为今天的马来西亚华族。自1974年5月31日中马建交以来,两国不断拓展和深化双边关系,不但给双方带来了实实在在的利益,也为促进两国和本地区的繁荣与进步发挥了重要作用。

第一节 两国建交以来经贸发展历程

自1974年5月中国和马来西亚正式建立外交关系以来,两国经贸发展的历程大致可以分为三个阶段:

第一阶段是从 20 世纪 70 年代到 80 年代的起步阶段。1971 年 5 月,马来西亚向中国派出首个贸易代表团。同年 8 月,中国贸促会访马,由此开启了两国官方交往。1974 年 5 月 31 日,马来西亚领导人与中国领导人共同签署《联合公报》,正式确立外交关系,马来西亚成为东盟国家中第一个与中国建交的国家,是中国与东盟国家友好交往的典范与切入口。此后,中马双方开始直接贸易。到 1977 年,中国对马来西亚出口已从 1971 年的 2 672 万美元上升到 1.05 亿美元。

第二阶段是从 20 世纪 80 年代中期到 20 世纪末的快速发展阶段。1985 年 11 月,时任马来西亚首相马哈蒂尔访华,双方签署了一系列经贸协定和合作协议。1988 年,两国签署了贸易协定和投资保障协定,决定成立"中马经济和贸易联合委员会"。1989 年,两国贸易额已达 10 亿美元,相互投资累计达 9 亿美元。此后,中马两国贸易增长越来越快。

第三阶段是从 21 世纪初开始至今的全新发展阶段。自 21 世纪初以来,两国贸易额不断迈上新台阶。图 13-1 展示了从 1993—2023 年 31 年间两国贸易额的增长过程,其中显示了几个关键时间节点:2002

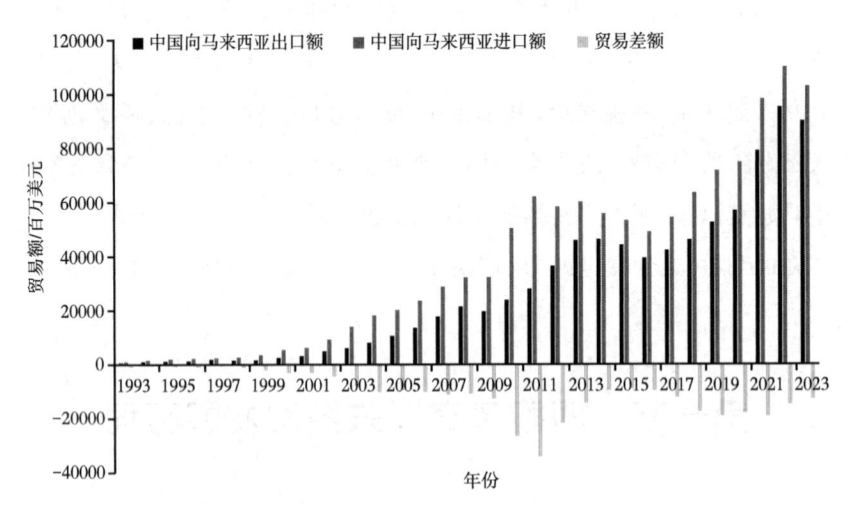

图 13-1　1993—2023 年中国与马来西亚贸易差额

数据来源:中国海关总署。

年,中马双方贸易额首次突破百亿美元,马来西亚超过新加坡,成为中国在东盟十国中最大的贸易伙伴。2003年中马双边贸易额突破200亿美元。2009年,中国成为马来西亚最大的贸易伙伴国。2013年,中马双边贸易额首次突破千亿美元大关,达到1 060亿美元。2013年至2016年期间两国双边贸易额有所下滑。2018年,中马双边贸易额重回千亿美元,达1 086亿美元,是1975年中马两国建交时候的678倍。2022年中马贸易首度突破2 000亿美元大关。

中马双方贸易基础较好,有利于双边投资合作的发展。中国对马来西亚的直接投资流量从2013年的6.16亿美元提升至2021年的13.36亿美元,在2016年达到第一个高峰;2016年至2019年,中国对马来西亚的直接投资流量出现较大下滑;2019年开始回升,平均年增长率为9.74%,低于8年间14.4%的平均水平。中国对马来西亚的直接投资存量(2021年调整后)在2019年急速下降,达到历史谷底3.61亿美元,而后又在2020年迅速回暖,达到新的历史高点102.12亿美元,远高于2016年的83.87亿美元。2021年,中国对马来西亚的直接投资存量(2021年调整后)进一步上升至103.55亿美元。

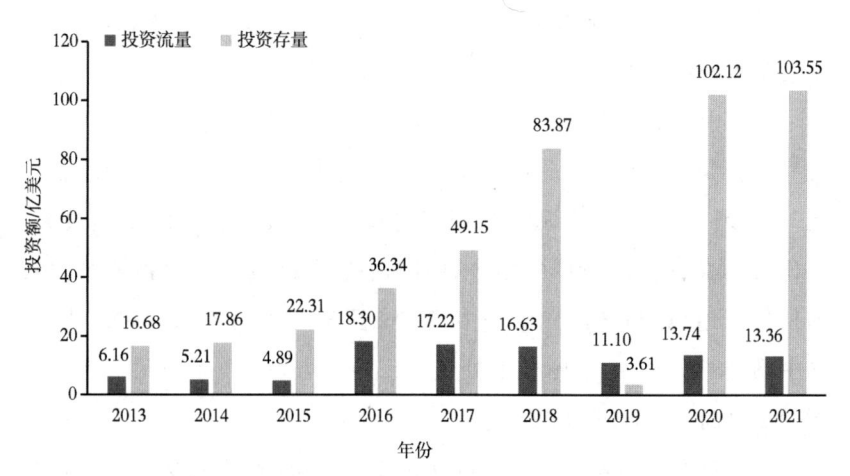

图13-2 2013—2021年中国向马来西亚直接投资额

数据来源:国家统计局。

根据马来西亚投资发展局的统计数据,2022年中国是该国最大外资来源地,在马来西亚批准外国直接投资1 633亿林吉特中,来自中国的投资额达554亿林吉特,占33.9%。迄今为止,共有423个中国参与的制造业项目在马来西亚运行,投资总额达159亿美元,创造了超过7万个就业机会。2023年是中马建立全面战略伙伴关系10周年,双方就共建中马命运共同体达成共识,并且中马共建"一带一路"已经逐步形成东部关丹产业园、关丹港"一园一港"同西部巴生港经由东海岸铁路"一线"贯穿的格局。2024年迎来两国建交50周年,两国各领域合作不断走深走实,为两国人民带来更多福祉。迄今为止,中马两国已经签订了《避免双重征税协定》《贸易协定》《投资保护协定》《海运协定》《民用航空运输协定》等10余项经贸合作协议。

第二节　双边贸易

目前,中马双边贸易、投资和经济合作已形成多层次、多领域、多形式的互利合作格局,双边经贸关系进入历史最好时期。

根据中国商务部公布的统计数据,2022年,中马贸易额2 035.9亿美元,同比增长15.3%。其中,中国对马来西亚的出口额为937.1亿美元,同比增长19.7%;而从马来西亚进口的贸易额为1 098.8亿美元,同比增长11.8%。2009年至今,中国连续15年保持马来西亚最大贸易伙伴国地位,马来西亚则是中国在东盟框架内的第二大贸易伙伴。在中马经贸合作中,中国长期处于贸易逆差方,2022年两国贸逆差达到历史最高值,为161.68亿美元。

在出口商品结构上,自2008年以来,马来西亚主要从中国进口机电产品、贱金属及制品、化工产品、光学钟表医疗设备等,其中机电产品占比高达60%以上,除贱金属及制品外,大多为二次加工产品。根据中国海关总署的统计数据,2021—2023年间,中国出口马来西亚22类商品中的第16大类(机器、机械器具、电气设备及其零件;录音机及放声机、电视图像、声音的录制和重放设备及其零件、附件)占中国向马来西亚总出口的最大比例,第6大类(化学工业及其相关工业的产品)、第7大类(塑料及其制品;橡胶及其制品)、第11大类(纺织原料及纺织制品)、第15大类(贱金属及其制品)和第20大类(杂项制品)也是我国向马来西亚出口的重要行业。从HS4位编码分类来看,8542(集成电路)与8517(电话机,包括用于蜂窝网络或其他无线网络的智能手机及其他电话机;其他发送或接收声音、图像或其他数据用的设备,包括有线或无线网络的通信设备)是中马相互贸易最多的两种HS4位编码商品。除电子类产品外,中国还向马来西亚出口较多的石油制品和箱包。另外,我国出口到马来西亚排名前10的省份分别为广东、山东、浙江、江苏、福建、上海、四川、陕西、湖南、湖北,其中广东、江苏是中国向马来西亚出口16大类商品最多的两个省份。

在进口商品结构上,2008年以来,马来西亚对中国出口的主要商品为机电产品、动植物油脂、塑料橡胶、矿产品、化工产品等,其中机电产品占据半壁江山,但其出口产品多为初级产品或一次加工产品。根据中国海关总署的统计数据,在2021—2023年间,中国从马来西亚进口的前10位商品分别为(按金额排序):其他用作处理器及控制器的集成电路(HS85423190);石油原油及从沥青矿物提取的原油(HS27090000);以天然沥青等为基本成分的沥青混合物(HS27150000),其他集成电路(HS85423990);液化天然气(HS27111100);5~7号燃料油,不含有生物柴油(HS27101922);固态硬盘(SSD)(HS84717011);铜废料及碎料(HS74040000);耗散功率≥1瓦的晶体管(HS85412900);未列名测量或检验仪器、器具及机器(HS90318090)。

第三节　双边投资

　　根据中国商务部公布的统计数据，2022年，中国企业对马直接投资流量为16.1亿美元。中国在马来西亚的投资领域涵盖了基础设施、能源、制造业、金融以及数字经济等多个行业，为马来西亚的经济发展和就业创造提供了支持和帮助。在基础设施领域，中资企业在马来西亚承包工程业务是中国与马来西亚务实合作的重要组成部分，而且中资企业在马来西亚承包工程主要着眼于基础设施建设，积极实现建营一体化转型，在建项目主要集中在水电站、桥梁、铁路、房地产等领域。2022年中国企业在马新签工程承包合同额90.3亿美元，完成营业额64亿美元。一些重大的合作项目，如中马产业园、东海岸铁路、马六甲港、吉隆坡的双子塔、吉隆坡地铁等，都是中马合作的旗舰和标志，也是"一带一路"倡议在马来西亚的具体体现。在能源领域，中国石油天然气集团在马来西亚有多项投资，包括石油和天然气的勘探、开采和加工等；中国电力公司在马来西亚也有多项投资，包括发电和输电等项目。在制造业领域，2017年浙江吉利汽车控股集团收购了马来西亚"国民汽车品牌"宝腾汽车49.9%的股份，推动宝腾汽车从一家年亏损近20亿的企业成为从2020到2023年连续3年都实现盈利的企业，2023年吉利宣布将投资100亿美元把马来西亚霹雳州丹戎马林打造成该地区最大的汽车城；华为公司已在马来西亚投资建设了多个制造工厂，主要生产通信设备、网络设备等。在服务业领域，中国银行在马来西亚有多家分行，提供各类金融服务；中国国际航空公司等多家航空公司也在马来西亚设立了代表处，提供航空服务。

　　近年来，马来西亚对中国项目的投资持续增长，这不仅反映了马来西亚在寻求经济增长和多元化的过程中的积极态度，也体现出中国市场的巨大潜力和良好投资环境。根据中国商务部公布的统计数据，2022年马来西亚对华投资达11.3亿美元。2023年以来，马来西亚投资局宣布了一系列新的投资项目，其中包括在中国的几个重大项目。这些项目涵盖了多个领域，包括科技、制造业、农业和服务业。其中最引人注目的是马来西亚石油公司对华投资。除此之外，马来西亚的科技公司也对中国市场表示出强烈的兴趣，如马来西亚主权财富基金——马来西亚国家石油公司（Petronas）旗下的创新科技公司，计划在中国投资高科技项目，以利用中国的创新能力和巨大市场。

第十四章
"一带一路"倡议下中马经贸合作典范——"两国双园"新模式

中马"两国双园"即中国—马来西亚钦州产业园区与马来西亚—中国关丹产业园区,是中国和马来西亚两国领导人直接倡议并亲自推动的国际合作园区,2012年4月、2013年2月分别在中国广西壮族自治区钦州市、马来西亚彭亨州关丹市开园建设,这一举措开创了两个国家在对方互设产业园区、联袂发展的先河。两国历经时代变迁,合作模式逐渐磨合定型,成为独树一帜的"两国双园"创新跨国合作新模式。

第一节 中马钦州产业园概况

中国—马来西亚钦州产业园区(CMQIP)地处广西壮族自治区南部北部湾中心位置,毗邻粤港澳,背靠大西南,面向东南亚,是华南经济圈、西南经济圈与东盟经济圈的交汇处。它拥有便捷的交通网络和多条铁路(高速铁路)、高等级公路交会的便利条件,是广西北部湾经济区的海陆交通枢纽、西南地区便捷的出海通道,是中国—东盟自由贸易区的前沿城市。中马钦州产业园区是中国政府与外国政府合作的第三个

第十四章
"一带一路"倡议下中马经贸合作典范——"两国双园"新模式

国际园区,园区规划面积 55 平方千米,园区功能分区包括工业区、科技研发区、配套服务区和生活居住区。首期 15 平方千米,其中启动区 7.87 平方千米。

一、发展定位

围绕一个目标:突出中马投资合作,发展特色产业,推进产城一体化生态新城建设,创建自治区改革创新先行园区,将产业园区打造成为中国和马来西亚两国投资合作旗舰项目具体而言:

1.先进制造基地——延伸北部湾产业链条的聚集区

利用区位优势和东盟的资源优势,深化传统产业合作,积极发展新兴战略产业,延伸主导产业链条,生物、多媒体等先进制造新兴产业聚集区。

2.信息智慧走廊——具有国际竞争力的研发先导区

借鉴马来西亚"多媒体超级走廊"计划的成功经验,发挥各自优势,互惠互利,共同发展生物、多媒体技术交流和研发试验基地,构筑产学研一体化的智慧园区。

3.文化生态新城——展现东南亚风情的宜居山水城

将中马钦州产业园区的城市空间与周边的自然山体、主要水系(金鼓江)有机融合,创造绿色生态的山、水、城相融合的艺术空间。同时,在城市景观的塑造中尽量展现东南亚风情特色。

4.合作交流窗口——开放的产业园区

依托邻近东盟的区位优势,将中马钦州产业园区打造成服务中国—东盟自由贸易区的信息发布平台、贸易往来平台、项目展示及商务合作窗口。

二、产业规划

围绕两个方向:一是立足现有基础,深化特色优势产业合作,作为园区近期发展的切入点;二是着眼未来发展,培育战略性新兴产业,作为园区中长期提升竞争力的着力点。

三、发展重点

园区主动服务中马合作大局,以推动国际产能合作为导向,重点推动生物医药、电子信息、装备制造、新能源、新材料和现代服务业六大产业以及东盟传统优势产业项目落户园区。表14-1列出了中马钦州产业园区重点发展产业的具体内容。

表14-1 中马钦州产业园区重点产业

重点产业	具体内容
生物医药	大南药及现代中药、海洋生物制药、农业生物技术、生物医药保健、生物环保技术等
电子信息	智能电子仪器、智能家电、自动化数据处理设备、新一代移动通信设备、集成电路、新型显示器、多媒体设备及关键器件等
装备制造	工程机械、汽车及零配件、电力、农业等专用和通用设备,医疗设备等
新能源	风电、光伏、储能、新能源汽车及配套产品等
新材料	棕榈产品提取新材料、新型合金材料、化工新材料、海洋新材料等
现代服务业	现代物流、金融保险、商贸会展、文化康乐、技术咨询、服务外包、教育培训、区域总部经济等
东盟传统优势产业	燕窝加工、保健及清真食品、特色农产品及海产品深加工等

资料来源:中马钦州产业园区工管委办公室。

截至2023年底,启动区产业项目布局基本完成,注册企业超过380家,鑫德利光电(一期)、凯利数码(一期)、慧宝源生物医药、科艺新能源(一期)、中动科技、天昊生物、由你造3D打印等10余个具有规模和发展前景的高技术项目相继实现投产。重大项目布局实现突破,总投资100亿元的广西泰嘉7.5代超薄玻璃基板生产线、总投资70亿元的中农批国际冷链与清真产业基地、总投资超过20亿元的川桂产业园等一批战略性新兴产业项目相继落户并开工建设。

中马钦州产业园区已成为马来西亚企业投资中国的热土。该园区投资15.6亿元人民币建设了马来西亚中小企业集聚区,旨在加速构建面向东盟的跨境产业链供应链,涵盖燕窝、棕榈油、榴莲、再生铝、高端绿色化纤、新能源电池材料等领域。特别值得一提的是,燕窝产业在该园区的发展尤为突出。

在《区域全面经济伙伴关系协定》(RCEP)的框架下,中马钦州产业园区依托"两国双园"模式,成功构建了中国第一条燕窝跨境产业链。在该园区内,投资7亿元人民币建设的燕窝加工贸易基地不仅成为全国首个中国—东盟燕窝跨境全产业链发展平台,还被商务部认定为国家外贸转型升级基地。该基地具备每年加工500吨毛燕的能力。目前,钦州港片区共注册22家燕窝企业,其中14家燕窝生产企业入驻片区燕窝加工贸易基地,12家燕窝生产企业获得海关总署批准进口毛燕指定加工企业资质,占全国(16家)资质企业总量的3/4。

第二节　马中关丹产业园概况

马来西亚—中国关丹产业园(MCKIP)位于马来西亚彭亨州首府关丹市,距离关丹港仅5公里,距离关丹市区25公里,距离关丹机场40公里,距离吉隆坡250公里,地理位置优越,交通便利。中马合资组建的马中关丹产业园有限公司(MCKIP Sdn. Bhd.)负责园区开发建设与运营。其中马方持股51%,由怡保工程(IJM)集团、彭亨州经济发展机构和森那美产业(Sime Darby Property Bhd.)共同参股;中方持股49%,由广西北部湾国际港务集团和钦州市开发投资有限公司共同参股。马中关丹产业园区是中国在马来西亚设立的第一个国家级产业园区。

一、园区规划

马中关丹产业园规划面积10.07平方千米,分两期建设。一期占地面积约6.07平方千米,二期约4平方千米。园区功能分区包括产业区、物流区、配套区(居住区、公共工程岛、综合服务中心和文教区)。

二、产业导向

园区以建设跨境国际产能合作示范区、带动两国产业集群式发展为目标,结合当地资源和产业发展情况,立足中国—东盟,面向亚太地区,打造特色产业。园区重点发展钢铁及有色金属、机械装备制造、清洁能源及可再生能源、加工贸易和物流、电气电子信息工业以及科学技术研发等产业。目前已入园或计划投资的重点项目包括:

(1)年产350万吨联合(大马)钢铁项目。这是签约的第一个入园项目,对关丹园区的顺利启动起着非常关键的引导作用。该项目由广西北部湾国际港务集团与广西盛隆冶金有限公司共同投资建设,计划总投资约14亿美金,投产后可以直接创造就业岗位3 500个,间接带动就业上万人。

(2)广西仲礼瓷业项目。这是马中关丹产业园第二个入园项目,项目总投资约5亿元人民币,占地500亩,产量达到每年2万吨,年产值5 000万美元,将直接创造就业岗位约800人,间接带动就业近2 000人。

(3)广西投资集团铝型材加工项目。该项目计划投资10亿元人民币,建设年产10万吨的铝型材加工基地,预计每年可实现工业总产值约为1.5亿美元,可以提供就业岗位2 000个。

(4)无锡尚德太阳能电力项目。该项目产品目标产量为每年3 000兆瓦,预计整个项目达产后,可实现约20亿美元的总销售额,可以提供就业岗位3 000~5 000个。

第十四章
"一带一路"倡议下中马经贸合作典范——"两国双园"新模式

特别值得一提的是,2021年,马中关丹产业园区迎来了目前园内最大的投资项目。这项总投资额约16亿美元的重庆博赛矿业集团投资项目是园区内产业革新和技术创新的重要步骤之一,预计将创造3 500个就业岗位,为关丹港带来每年近千万吨的吞吐量。

三、优惠政策

马中关丹产业园入园项目可享受马来西亚东海岸经济特区现有的所有奖励配套,还可享受园区特有优惠政策。目前制定的相关优惠政策有:

一是15年100%企业经营所得税减免,或拥有等同于5年符合资格的资本开销的所得税豁免额。

二是入园企业高管、高级技术工人可享受15%优惠个人所得税率。

三是进口原料、零部件、机械、器材等未在当地生产但在生产活动中直接使用的物品进口税豁免。

四是用于发展用地建筑物转卖租借的印花税豁免。

五是最高达2亿元林吉特的基础设施辅助基金或10%基础设施建设成本补助,专用于发展基础设施建设。

第三节 "两国双园"效益评价

依托"两国双园"优越的区位、政策、平台、资源、环境等优势,在政策沟通、设施联通、贸易畅通、资金融通、民心相通、新领域合作等六个方面不断拓展深化创新,取得了不少可借鉴、可推广、可落地的有价值的成功经验,正逐渐成为"一带一路"的新典范、新高地和新亮点。

一、推动政策沟通,协同共建跨境产业链

为高效推动"两国双园"开发建设,中马两国政府建立了高层级的"两国双园"联合合作理事会机制,双方合作的广度和深度得到不断拓展。自2014年以来,理事会已成功举办了四次会议,协调解决了一大批"双园"建设中遇到的重大问题。2020年5月,钦州港片区管委成立后,专门设立联合理事会秘书处,与马方建立常态化园企对接机制,持续深化协调沟通与合作发展顺畅便捷的合作机制,为"两国双园"把脉定向,园区高质量发展从此有了"时间表"和"路线图"。中马双方通过政策沟通,合作机制不断优化,推动了"两国双园"蓬勃发展。

"两国双园"以推动中马产能合作为导向,紧盯新材料、生物医药、装备制造、电子信息等重点行业及燕窝、榴莲等东南亚特色产品,大力开展市场化招商工作,加强与马来西亚中华总商会等联络沟通和交流合作,推动设立城市综合开发项目、马来西亚优势产业等工作小组,出台了针对马方的专项政策,服务马方项目的引进和建设。通过"两国双园"合作平台,中马双方构建起首条中国—东盟燕窝跨境产业链,现已取得显著成效。随着《区域全面经济伙伴关系协定》(RCEP)的生效实施,中马企业进一步捕捉协同共建跨境产业链供应链的新机遇。例如,吉利科技集团积极谋划并实施"国际园区合作计划",并在第十二届泛北部湾经济合作暨2022北部湾国际门户港合作论坛上与中马钦州产业园区管委签署《共同推动国际园区项目合作框架协议》[①]。该协议旨在推动中马"两国双园"升级版建设,探索"两国双园多区"联动机制;构建跨国产业链,推动汽车零部件、新能源新材料、智能制造等产业聚集发展;共建大宗商品国际贸易平台和物流基地,推动更多经贸政策创新

[①] 《第十二届泛北论坛召开 中马钦州产业园区管委与吉利科技集团签署合作框架协议》,2022年7月11日,http://qzftz.gxzf.gov.cn/zwdt/xwdt/t1278435 7.shtml,引用日期:2023年1月12日。

第十四章
"一带一路"倡议下中马经贸合作典范——"两国双园"新模式

试点,探索建设跨国自由贸易合作区。

统计数据显示,截至2023年底,中马钦州产业园总开发面积已达25平方千米,园区累计注册企业超25 000家,签约落户项目超240个,合同协议总投资超2 659亿元;累计实现地区生产总值超255亿元,累计完成工业总产值733.65亿元,累计完成固定资产投资284.4亿元,累计完成外贸进出口总额296.1亿元,实际使用外资累计8.4亿美元,形成了以燕窝、棕榈油、生物医药、电子信息、新能源等为主的产业集聚,带动就业人数超3万人。中伟新材料、格派新能源电池材料等一批产业龙头项目在园区注册落户,鑫德利光电、慧宝源医药、云波健康科技、天源电池级氢氧化锂、雅保锂业、量孚新能源科技、鼎隆新能源、港创智睿智能终端产业园、见炬热管理新材料及集成电路精准温控、睿显科技微型显示屏等一批高技术产业项目建成投产。累计引进新业态平台企业超70家,实现产值超20亿元,税收超1亿元;积极培育科技创新研发平台,建成国家级科技创新研发平台1个,自治区级科技创新研发平台4个。[①]

马中关丹产业园的发展也同样令人瞩目。自2013年开园以来,马中关丹产业园12平方千米的规划土地已开发约9平方千米。截至2021年底,园区已累计签约项目12个,协议投资超400亿元人民币,工业总产值超350亿元人民币,预计将直接创造近2万个就业机会,同时带给关丹港每年3 000万吨的吞吐量及100万标箱的吞吐量。[②] 2023年,马中关丹产业园区累计签约项目13个,协议投资超460亿元人民币。

[①] 黄海志:《十年远航鼓风帆,产能合作新风范‖中马钦州产业园区开发建设10周年综述》,2022年4月1日,http://zmqzcyyq.gxzf.gov.cn/xwzx/ywjj/t11706944.shtml,引用日期:2023年1月13日。

[②] 中国新闻社、中国(广西)自由贸易试验区钦州港片区协调指导局:《中国这十年‖中马"两国双园"比翼双飞》,2022年6月23日,http://qzftz.gxzf.gov.cn/zwdt/mtbd/t12641686.shtml,引用日期:2023年1月13日。

二、推动设施联通,打通港口物流通道

一方面,2022年广西北部湾国际港务集团所属的钦州港启动了中国首个海铁联运自动化集装箱码,目前海铁联运班列线路已覆盖47个城市、91个站点。2023年,钦州港、关丹港实现双向集装箱直航,服务西部陆海新通道沿线和更广阔经济腹地。

另一方面,广西北部湾国际港务集团与马来西亚关丹港母公司怡保工程集团于2015年完成股权交割手续,持有关丹港40%股权。北港集团入股关丹港后,关丹港当年实现吞吐量及营业收入双翻番,2018年一跃成为马来西亚最大的公共散货专业化码头,并投资建成两个15万吨级深水码头,新深水港码头建成之后整个港区总吞吐能力可达5 200万吨,为"两国双园"跨境产能合作提供强有力的物流运输保障。马中关丹产业园区发展以钢铁、轮胎、玻璃、铝型材为主的产业集群,直接带动关丹港每年新增吞吐量1 000万吨。在中方入股后,关丹港与中方合作伙伴的合作交流及业务往来日益密切。2014年,钦州港与关丹港正式结为姐妹港,拉开了双方在众多领域合作的序幕。两港之间集装箱国际直航班轮开通,直航时间大大缩减。中马双方还建立了联合招商团队,共同向中国企业推介关丹港。

三、推动资金融通,开展跨境金融试点

中马钦州产业园区积极开展金融创新试点,致力于推动金融服务"一带一路"建设,为"两国双园"提供稳定、透明、高质量的资金支持。2020年8月3日,为支持面向东盟的金融开放门户建设,人民银行总行批复同意广西开展中马钦州产业园区金融创新试点。截至2022年末,共有14家银行的48家分支机构备案成为试点银行,121家企业纳入"跨境人民币双向流动便利化业务白名单",5项试点业务全部落地,

金额共计 213 亿元。跨境人民币双向流动便利化政策获批在广西自贸试验区 3 个片区全面推广,境外项目贷款政策从马中关丹产业园区推广到东盟十国,为两国乃至东盟企业家提供便利化跨境金融服务。广西首个合格境外有限合伙人 QFLP 基金项目 2021 年正式落户中马产业园区。北部湾(广西)大宗商品交易平台 2022 年 11 月建成试运行,实现了自贸试验区钦州港片区本土化孕育和自主性经营的大宗商品现货交易平台业务零的突破。

四、推动贸易畅通,实现互惠双赢

依托中国—东盟自由贸易区和中马"两国双园"合作架构,中马钦州产业园成功推动马来西亚冷冻榴莲、毛燕等产品输华,大力推动棕榈油、再生铝等特色产品加工贸易扩类增量,启动了中国—东盟(钦州)水果交易中心、东南亚特色产品进口基地等项目建设。统计数据显示,2023 年钦州市燕窝进口 2.8 亿元,产值同比增长 11%;棕榈油产品贸易量 10 万吨,同比增长 43%;榴莲产品贸易量 2 500 吨,同比增长 24%。中马钦州产业园不仅为马来西亚燕窝、棕榈油、榴莲进口建立了贸易通道,而且推动了马来西亚特色商品进口加工稳步增长。

与此同时,联合钢铁、新迪轮胎、建晖纸业等企业通过在马中关丹园区的投资,不仅实现了产能的扩张,而且实现了对外贸易的快速提升。由中国港湾工程有限责任公司、马来西亚 IJM 集团、广西北部湾国际港务集团合作开发的马中关丹国际物流园重点发展临港临园仓储、物流配送、加工及中转贸易,将充分发挥关丹港、东铁优势,积极构建联系中马贸易互通和产能合作的桥梁,进一步促进中马两国设施联通、贸易畅通,打造国际陆海贸易新通道东南亚物流枢新节点。

五、推动民心相通,深化全面合作

中马"两国双园"项目自2012年启动建设以来,为推动中马经贸合作及双方全面战略伙伴关系发展作出了积极贡献。得益于"两国双园"这一平台载体引领示范作用的不断强化,"两国双园"所在地的钦州市和关丹市、广西和彭亨州的友谊日渐加深。多年来,钦州和关丹两市轮流举办"两市双日"活动,促成两地报社缔结为姊妹报,在中马钦州产业园区共建"两国双园"国际创新创业联合孵化基地。广西于2018年、2020年先后举办马来西亚(南宁)燕窝节、中国—马来西亚(广西)线上榴莲节,推动"两国双园"从国家间合作向城市间、省州间合作延伸,并从经贸合作向文化、艺术教育、科技等全领域拓展。

六、推动新领域合作,携手升级谋发展

根据钦州市规划,一方面,中马"两国双园"合作将抓住《区域全面经济伙伴关系协定》(RCEP)生效红利、共建西部陆海新通道和中国—东盟自贸区3.0版等重要机遇,做大做强燕窝跨境产业链,加快棕榈油跨境产业链建设,推动片区生物质柴油项目开工,加快建设广西高质量实施RCEP示范项目集聚区。同时,培育发展新型高端电子信息产业,谋划布局储能、电芯电池、智能终端等新兴产业,积极拓展新能源电池及材料的应用领域,打造千亿级新能源材料产业集群。

另一方面,积极服务和融入"一带一路"高质量发展,在政策沟通、设施联通、贸易畅通、资金融通、民心相通等"五通"建设方面持续发力,推动中马"两国双园"向"两国双园多区"新模式转化。加密钦州港和关丹港"两港"航线协同打造连通马来西亚、辐射东盟的多式联运联盟基地和服务中心,成为推动"五通"建设的具体举措之一;还计划进一步扩大跨境人民币使用的试点银行和企业的支持,拓展合格

境外有限合伙人、跨境人民币融资等试点任务,共建跨境金融合作示范区;同时加强与中印尼、中菲、中越、中柬等"两国双园"合作和经贸创新发展示范区建设经验交流互鉴,拓展园区开展跨境产业链供应链合作空间。

第十五章 "一带一路"倡议下中马经贸合作新趋势

第一节 "一带一路"倡议下中马经贸合作机遇与挑战

自1974年正式建交以来,中马两国在经贸领域取得了十分丰硕的成果。目前,中马两国互为重要的贸易伙伴和投资对象。截至2023年,中国已经连续15年成为马来西亚第一大贸易伙伴国,而目前马来西亚不仅是中国在东盟的第二大贸易伙伴国,也是中国在全球的第七大贸易伙伴国。近年来,双方政治互信持续巩固,互利合作不断深化,贸易投资逆势上扬,各领域合作不断拓展并成果显著,尤其是两国以"遇山一起爬,遇沟一起跨"的合作理念克服种种困难和共同应对挑战。中马关系走在中国—东盟关系前列,双方全面战略伙伴关系的日益巩固发展对两国和地区和平发展起到了积极作用。

一、中马经贸合作机遇

首先,两国政治互信持续深化。作为第一个同中国建交的东南亚国家同时也是首批欢迎中国"一带一路"倡议的东盟国家之一,中国和

第十五章
"一带一路"倡议下中马经贸合作的新趋势

马来西亚的友好关系具有十分深厚的基础。2023年不仅是"一带一路"合作倡议提出10周年,也是中马全面战略伙伴关系建立10周年,2024年是两国建交50周年,两国全面战略伙伴关系正在并必将进入新阶段,双方政治互信水平不断提升。一方面,中马均奉行友好外交政策,两国高层交往频繁,并致力于加强双边合作和对话。2023年3月,习近平主席同来访的马来西亚总理安瓦尔举行会谈,双方就共建中马命运共同体达成重要共识;同年9月17日,安瓦尔出席第20届中国—东盟博览会,并同李强总理会晤,双方表示将更加紧密地协调配合。另一方面,中马两国在多边机制中始终保持密切合作,并致力于保持双边关系的稳定和持续发展。比如,中马两国在东盟地区论坛、亚太经合组织等始终保持密切沟通,由此加强了对彼此立场和关切的了解,增进了政治互信。另外,双方发展理念高度契合,在实践中相辅相成,如马来西亚政府的"第十二个马来西亚计划"特别关注的包括港口在内的基础设施建设与"一带一路"倡议中所倡导的区域互联互通、经济和贸易发展以及基础设施建设等方面高度契合。

其次,两国经贸领域互补合作不断深化。中马两国经济互补性突出,马来西亚拥有丰富的自然资源,在棕榈油、橡胶、天然气、石油等资源上具有相对比较优势,但在基础设施建设领域存在发展瓶颈,而我国在基础设施(高铁、核电)、通信设备、纺织品、建筑材料、机电、化工等方面却具有相对比较优势,务实合作前景广阔。马来西亚国家石油公司(Petronas)与中国最大的液化天然气进口商中国海油于2021年签署了一项为期10年的液化天然气供应协议。此协议为期10年,涉及每年220万吨的液化天然气供应,与布伦特及阿尔伯塔能源公司(AECO)指数挂钩,交易估值约为70亿美元。备受关注的马来西亚东海岸铁路项目"进展顺利",其工程进度已完成近40%,预计2027年初可投入运营。2023年上半年,中国企业在"一带一路"共建国家非金融类直接投资中马来西亚位列第3位。近些年来,越来越多的中资企业在马来西亚投资兴业。东方日升、华为、隆基绿能、字节跳动、吉利汽车集团等均将马来西亚作为其首选投资目的地。长城、比亚迪在马来西亚陆续推出电动车型,助力马来西亚新能源转型;华为、小米、OPPO等中国科技产品纷纷走进马来西亚;马来西亚最流行的移动支付品牌"一触即通"近年来与支付宝密切合作,推出了包括电子钱包、跨境移动支付在内的多种服务,以便利两国民众。

第三,RCEP助力两国经贸再上新台阶。2022年3月18日《区域全面经济伙伴关系协定》(RCEP)在马来西亚正式生效。根据协定,从3月18日起,我国对原产马来西亚的部分进口货物开始实施RCEP东盟成员国所适用的第一年税率。在RCEP协定下,中马两国均在中国—东盟自贸区的基础上新增了市场开放承诺,部分产品可获得新的关税优惠。例如,中国出口马来西亚的加工水产品、可可、棉纱及织物、化纤、不锈钢、部分机械设备和零部件,以及马来西亚出口中国的菠萝罐头、菠萝汁、椰汁、胡椒等农产品以及部分化工品、纸制品等,在中国—东盟自贸区的基础上均可获得新的关税减免。RCEP正式生效后,中国对马来西亚立即零关税的比例为67.9%,马来西亚对中国立即零关税的比例达69.9%,达到前所未有的高水平。

二、中马经贸合作挑战

其一,各类政治风险交织。这些政治风险包括大国博弈、地缘政治和马方国内政治风险等。作为中国周边外交的优先方向和美国"印太战略"的核心,东南亚的战略地位一直备受各方关注。2017年开始美国实施的"印太战略"一开始就是封闭排他的小圈子,旨在按照美国自身的利益和意志塑造中国的周边环境,实现针对、排挤、遏制中国的目的,因此中美在整个东南亚地区的角力日益激烈。同时,中马两国在南海问题上各有立场,马方国内不少民众担心在经贸合作中对中国过分依赖会受制于人。另外,自2018年第14届大选以后,马来西亚政坛动荡,激烈的政治博弈给经济造成了不少负面影响,特别是不同领导人执政,容易导致经济政策多变。

其二,项目落地实施存在不少障碍。作为互联互通的基石,基础设施建设是"一带一路"建设的核心内容。然而,基础设施项目一般投资规模大、工程周期长、施工难度大、技术标准高,中方的基建团队在海外推进项目时常受到一系列不稳定因素的困扰,往往是一波三折。例如,超级工程"东海岸铁路项目"就曾被一度叫停,停工1年后才终于被重启。另外,马来西亚用工环境比较复杂,法律对"劳工制度"施加了诸多约束,并且存在严重的"用工荒",劳动力市场上"工找人"的现象远多过"人找工",尤其依赖海外劳动力。马来西亚人才流失趋势严峻,国内熟练劳动力和高素质人才非常匮乏。

其三,马方各界对"一带一路"倡议国际认同度存在分歧。近年来,马来西亚对"一带一路"倡议的认同度不断提升。但是,受某些复杂因素的影响,特别是美国等西方国家频频制造的负面舆论,对马来西亚社会认知和认同该倡议产生了较大的消极影响,在一定程度上恶化了"一带一路"建设的国际环境,如在马来西亚国内时常有人质疑执政党企图从中马合作项目中另有所图,并担心中资大规模进入会挤占市场。此外,马来西亚本土的主流媒体鲜少报道与"一带一路"相关的新闻,这阻碍了马来西亚不少民众对"一带一路"倡议的深入了解。

第二节　中马经贸合作的发展趋势

2024年是中国支持高质量共建"一带一路"行动全面落实的第一年,是马中建交50周年,也是马中全面战略伙伴关系建立11周年,两国关系走上了成熟的发展轨道。当前,马中关系正处于发展的关键时期,双方应探索制定新的目标和新的重点,推动双边合作迈上新的台阶。

一、持续推进项目平台建设提质升级

设施联通是共建"一带一路"的优先方向，也是中马经贸合作的重要基础。西部陆海新通道是共建"一带一路"框架下重要的国际公共产品和国际合作重要平台，即以重庆为运营中心，利用铁路、海运、公路等运输方式，向南经广西、云南等沿海沿边口岸通达东盟国家，物流时间比传统东向出海通道大幅缩短。未来可依托陆海新通道建设，聚焦中国西部与马来西亚资源型、电子等优势互补产业，推动通道沿线省（区、市）电子电器、化工原料产业在马来西亚建立集散分拨中心，在重庆等地集中打造马来西亚大宗货物分拨中心，打造"两国双园＋陆海新通道"共建模式，服务中马双边经贸往来。

以中马钦州产业园区、马中关丹产业园区为代表的"两国双园"是两国"一带一路"倡议合作的旗舰项目之一，历经10多年的发展，中马共建"两国双园"的合作正加速推进。特别是在疫情笼罩的大背景下，产能合作的呼声愈发强烈，中马"两国双园"的升级版也因此应运而生。具体而言，"两国双园"的升级版建设将围绕构建"1＋2＋3"特色产业体系，以航运等现代服务业为引领，以加工贸易和东盟特色产品为两大支柱产业，培育电子、生物医药、新材料三大战略性新兴产业，内容包括加快构建高效便捷的多式联运物流体系、深化跨区域产业转移对接合作、打造中国—东盟"数字丝路"建设示范区、推动互联互通建设陆海新通道重要节点等。

二、打造数字经济合作新亮点

随着新一轮科技革命和产业变革的深入推进，当前数字经济已成为引领经济增长的重要引擎。马来西亚政府于2021年制定并实施了《马来西亚数字计划（MyDigital）》，提出要将该国打造为数字经济的区域领导者,并提出六个重点推进方向。近年来,在中方推广"数字丝绸之路"与马方实现数字化转型的需求的推拉力作用下,中马在电子商务、数字基建、数字研发等领域的数字经济合作取得了丰硕的成果,彰显出双方强劲的合作动力。例如,作为中国移动的子公司——中国移动国际(CMI)在吉隆坡成立CMI马来西亚公司以来,已投资多条海缆及陆缆,同时建设了本地网络环路及PoP点,极大地丰富了马来西亚本地的国际网络资源,同时CMI马来西亚公司为马来西亚企业及在马中资企业提供了涵盖从云网融合、数据中心、国际数据连接、ICT解决方案到物联网智慧方案等多样化的企业解决方案及服务。

虽然双方数字经济合作的势头强劲,但目前马来西亚国内数字平台的不健全、数据本土化政策的阻碍、中小企业参与度仍有待提升、数字人力资源的"半成熟"状态以及来自其他合作伙伴的竞争等因素的制约,都在不同程度上影响着双方数字经济合作的纵深推进。未来如果能妥善处理上述相关问题,中马数字经济合作的前景依然广阔。下一步,中马在促进数字经济发展绿色化、数字抗疫、网络安全等领域的合作将大有作为,特别的,中马双方可在《区域全面经济伙伴关系协定》(RCEP)框架内积极构建数字贸易、数字治理的规则和标准,做大做强"数字自由贸易区",形成示范效应。

三、构建金融支撑服务体系

资金融通是共建"一带一路"的重要支撑,亦是中马经贸合作的可靠保障。在多边框架及双边合作中,中国和马来西亚的金融合作在东盟区域内处于领先地位。同时,中马两国在货币互换、外汇及债券等领域均有合作往来,并且马方与亚投行关于加强基础设施开发领域合作也达成了诸多共识:马来西亚央行早在2009年就将人民币纳入其外汇储备,并于2015年在吉隆坡正式启动人民币清算行;中国建设银行于2015年在马来西亚发行全球首只"21世纪海上丝绸之路"离岸人民币债券;2017年马来西亚中国银行正式启动智能银行网点并发布手机银行服务等。

下一步,针对现有金融合作中的"痛点""难点"问题,紧紧围绕提升金融服务实体企业成效这一任务,更好支撑两国之间经贸发展:一是协调推动跨境贸易汇兑结算便利化。持续推动我国地方法人银行加大与马来西亚银行机构代理合作,增强对双边本币交易的流动性支持、降低结售汇价差,提升贸易双方使用本币直接交易的积极性。二是加大对跨境贸易投资的融资支持。支持我国地方法人银行与马来西亚当地银行合作,共享国内母体企业信用信息及授信额度,深入开展内保外贷、外保内贷等合作业务。三是联动加大海外终端消费金融服务。打通中资行低成本人民币资金转贷支持境外消费金融通道,降低境外金融公司发放消费贷款成本,不断增强对"出海"中资企业的服务能力和效率。四是优化中企海外经销商合作体系。依托国内金融机构,积极与马来西亚当地金融机构推荐的优质海外经销商客户对接,拓宽销售渠道和金融服务通道。五是探索打造贸易融资区块链。充分发挥我国金融机构的网络优势,打造更多境内外银行和商贸物流企业参与的贸易融资区块链"联盟链",共享客户资源及信用信息,丰富应用场景,畅通跨境供应链管理及金融服务。

四、最大程度抓住 RECP 红利

RCEP 对马来西亚生效实施,叠加中国—东盟自贸区,将进一步释放中马货物贸易发展潜力,这也将有助于促进区域产业转型升级,为区域经济发展注入更多新活力。

在关税减免方面,RCEP 将为大约 1/4 的马来西亚出口产品特别是机电类产品带来新的增长空间,将进一步拓宽马来西亚产品对华输出的机遇;首先,零关税会降低马来西亚输出商品的成本,使价位更具竞争优势,也让进口商家的让利空间大;其次,在高水平的贸易便利化措施下,随着通关时间的缩短,消费者可以更快收到进口商品,尤其是鲜活产品,且品质也会更好。与此同时,自 2003 年以来每年到粤港澳大湾区经营的马来西亚企业都以 10% 的速度增长,如今在粤港澳大湾区投资的马来西亚企业约有 200 家,涉及棕榈油、榴莲、燕窝、橡胶等众多产业。

在贸易形式革新上,随着 RCEP 的落地和生效,中国和马来西亚的数字贸易将蓬勃发展。一方面,数字贸易通过数据流动促使制造业、服务业紧密融合,带动传统产业数字化转型。另一方面,数字贸易又会催生大量贸易新业态、新模式,促进产业链在不同地区进行更高效地分配资源。未来中国和马来西亚可以共同商讨并制定数字贸易制度和规范,逐步形成较为成熟的数字贸易模式。

在海关程序简化上,RCEP 生效后,在贸易自由化和便利化方面也将带来更多改变,如无纸化贸易、电子认证等方面的规定将让跨境物流运输变得更加便捷;清关时间由过去至少需要 10 天降低到 3~7 天,将极大地降低企业的成本,加快商品的流通。